CAPITALISMO SEM CAPITAL

A ASCENSÃO DA ECONOMIA INTANGÍVEL

JONATHAN HASKEL E STIAN WESTLAKE

CAPITALISMO SEM CAPITAL

A ASCENSÃO DA ECONOMIA INTANGÍVEL

ALTA BOOKS
GRUPO EDITORIAL

Rio de Janeiro, 2024

Capitalismo sem Capital

ISBN: 978-85-508-2279-2

Alta Cult é uma Editora do Grupo Editorial Alta Books.

Impresso no Brasil — 1ª Edição, 2024 — Edição revisada conforme o Acordo Ortográfico da Língua Portuguesa de 2009.

Dados Internacionais de Catalogação na Publicação (CIP)
(Câmara Brasileira do Livro, SP, Brasil)

Haskel, Jonathan

Capitalismo sem capital : a ascensão da economia intangível / Jonathan Haskel, Stian Westlake. -- 1. ed. -- Rio de Janeiro : Alta Books, 2024.

ISBN 978-85-508-2279-2

1. Capitalismo 2. Economia I. Westlake, Stian.II. Título.

24-195357 CDD-330.15

Índices para catálogo sistemático:
1. Capitalismo : Economia 330.15
Eliane de Freitas Leite - Bibliotecária - CRB 8/8415

Grupo Editorial Alta Books

Produção Editorial: Grupo Editorial Alta Books
Diretor Editorial: Anderson Vieira
Editor da Obra: José Ruggeri
Vendas Governamentais: Cristiane Mutüs
Gerência Comercial: Claudio Lima
Gerência Marketing: Andréa Guatiello

Produtor Editorial: Thiê Alves
Tradução: João Costa
Copidesque: Edite Siegert
Revisão: Alessandro Thomé
Diagramação: Fernanda Buccelli

ALTA BOOKS
GRUPO EDITORIAL

Rua Viúva Cláudio, 291 — Bairro Industrial do Jacaré
CEP: 20.970-031 — Rio de Janeiro (RJ)
Tels.: (21) 3278-8069 / 3278-8419
www.altabooks.com.br — altabooks@altabooks.com.br
Ouvidoria: ouvidoria@altabooks.com.br

Editora
afiliada à:

SUMÁRIO

LISTA DE ILUSTRAÇÕES

Figuras

Tabelas

Boxes

AGRADECIMENTOS

NÃO SERIA POSSÍVEL escrever este livro sem os anos de trabalho feitos com determinação e perspicácia por economistas e outros que vislumbraram os primórdios da economia intangível e buscaram entendê-la e mensurá-la. Desde o início, Carol Corrado, Chuck Hulten e Dan Sichel foram extraordinariamente abertos e generosos com seu tempo e seus conselhos e se tornaram coautores e amigos encantadores. Particularmente, Carol Corrado fez comentários detalhados e valiosos sobre o manuscrito.

De igual modo, é um prazer agradecer aos nossos vários coautores próximos ao longo dos anos, já que muitos dos pensamentos e das informações contidos neste livro são extraídos de nosso trabalho conjunto. Agradecimentos especiais são devidos a Tony Clayton, do Office for National Statistics e do UK Intellectual Property Office, Peter Goodridge (Imperial College), Massimiliano Iommi (ISTAT), Cecilia Jona-Lasinio (LUISS), Gavin Wallis (Bank of England), Albert Bravo Biosca (Nesta), Mariela Dal Borgo (Warwick), Peter Gratzke (Nesta), Brian MacAulay (Nesta), Martin Brassell (Inngot), Ben Reid (Nesta) e Mauro Giorgio Marrano (Queen Mary).

Também somos gratos às organizações que financiaram esta obra, incluindo o Engineering and Physical Sciences Research Council (EPSRC, EP/K039504/1), a European Commission Seventh Framework Programme (COINVEST, 217512; SPINTAN 612774), HM Treasury, e a Agensi Inovasi Malaysia. Em particular, grande parte dos dados entre países presentes neste livro é proveniente dos projetos financiados pelo COINVEST e SPINTAN, com os coautores de longa data Carol Corrado, Massimiliano Iommi e Cecilia Jona-Lasinio.

Nossa parceria autoral começou com nossa colaboração no Índice de Inovação da Nesta, um projeto que não teria acontecido sem o apoio de Richard Halkett e Jonathan Kestenbaum, da Nesta, John Kingman, da HM Treasury, e David Currie, que presidiu o conselho consultivo. Ryan Avent, colunista do *The Economist*, nos deu a ideia de escrever algo para um público mais amplo.

Agradecemos também às pessoas que nos desafiaram a pensar sobre as implicações mais abrangentes dos intangíveis para a economia e para a sociedade e que pacientemente comentaram os manuscritos. Agradecimentos especiais a Diane Coyle, por seus conselhos e comentários perspicazes ao longo do projeto, e a Alex Edmans, Fernando Galindo Rueda, Neil Lee, Mike Lynch, David Pitt Watson e Giles Wilkes, que comentaram capítulos específicos, e Simon Haskel, que leu o texto na íntegra. Outros leitores e debatedores aos quais somos muito gratos incluem Hasan Bakhshi, Daniel Finkelstein, Tom Forth, John Kay, Juan Mateos Garcia, Ramana Nanda, Paul Nightingale, Robert Peston e Bart van Ark. Jonathan agradece a seus alunos Hussam Bakkar, Viktor Bertilsson, Shi The e Xiaoyi Wang, enquanto Stian agradece ao departamento de política e pesquisa da Nesta por suas contribuições e seu apoio.

Claro, todos os erros e omissões são de nossa responsabilidade.

A participação de Stian no projeto foi possibilitada por um período de licença concedido pela Nesta, que não teria sido possível se não fosse pela generosidade de Geoff Mulgan e por Louise Marston, que liderou a equipe com talento em sua ausência. Jonathan agradece o apoio do Imperial College e do projeto SPINTAN, financiado pela Comissão Europeia durante o período de escrita. Durante todo o tempo, Gemima King, da Nesta, e Donna Sutherland Smith, do Imperial College, ajudaram a manter o andamento das atividades.

A Princeton University Press tem sido uma fonte de apoio e encorajamento o tempo todo; somos especialmente gratos a Sarah Caro, Hannah Paul e Chris Van Horne por seu trabalho árduo.

Acima de tudo, somos gratos a nossas famílias por seu apoio e encorajamento ilimitados ao longo deste projeto: Stian, agradece a Kirsten, Aurelia e Clara; e Jonathan, a Sue, Hannah e Sarah. Dedicamos este livro a eles com amor.

PREFÁCIO

Não muito depois de terminarmos de escrever este livro, tivemos uma experiência que trouxe à tona, para nós, a natureza da transição na economia sobre a qual estávamos escrevendo.

Tínhamos acabado de fazer as marcações nas provas finais impressas do livro e as levado a um escritório da FedEx, em Londres, para que fossem enviadas à editora nos Estados Unidos. Lacramos o manuscrito no envelope da FedEx e começamos a preencher a guia de remessa: endereço, remetente, natureza do conteúdo, e assim por diante, até chegarmos à pergunta "valor da remessa".

Sem saber o valor exato de nosso pacote, deixamos essa pergunta sem resposta. "Você não pode declarar zero", disse o funcionário da FedEx. "A Alfândega dos Estados Unidos pode achar isso estranho e atrasar a entrega. O que vocês estão enviando?"

"Uma cópia impressa de nosso livro", dissemos.

O balconista pegou o pacote. "Um bloco de papel bem pesado", disse ele. "Vou declarar £5."

Não poderia ser mais irônico que estivéssemos ali, intrigados com a relação entre uma pilha de papel e um ativo intangível — as ideias de um livro — e tendo problemas para declarar seu valor. Foi um lembrete de que, muitas vezes, você pode apreciar as coisas plenamente apenas quando as experimenta.

Nosso processo de aprendizado continuou depois que a versão em capa dura do livro foi publicada. Tyler Cowen, da Marginal Revolution, desenvolveu nossas ideias sobre como o investimento intangível poderia levar à estagnação secular e as expressou com mais clareza do que conseguimos. Da mesma forma, Danny Finkelstein, do *The Times*, e Martin Wolf, do *Financial Times*, nos deram novas maneiras de comunicar nossa estrutura dos "quatro elementos" para a economia dos intangíveis. O escritor da coluna Buttonwood, do *The Economist*, apontou que a ascensão de empresas baseadas em intangíveis pode mudar radicalmente os mercados de ações, criando uma pequena elite de ações de alto desempenho, e Chris Dillow, do *Investor's Chronicle*, analisou algumas das implicações para os investidores.

Em palestras na Nesta, no Google e no Conference Board, as pessoas apresentaram conosco a ideia de que a tecnologia *blockchain* poderia ajudar a gerenciar os transbordamentos de intangíveis e estabelecer as bases para um novo crescimento econômico. Falar com formuladores de políticas públicas no Tesouro do Reino Unido e na 10 Downing Street, na OCDE e em Washington nos levou a pensar sobre as consequências dos intangíveis para os governos.

Um evento nos noticiários foi ilustrativo de maneira particular a respeito do problema de mensurar e avaliar intangíveis: a falência da Carillion, empresa britânica de terceirização e construção. Você pensaria que a Carillion, conhecida como uma empresa de construção, seria a própria personificação do capitalismo tangível: pavimentando estradas, construindo condomínios empresariais, usando enormes escavadeiras... tudo muito sólido. Afinal, eles costumavam ser chamados de Tarmac [asfalto, em tradução livre].

Surpreendentemente, eles acabaram não sendo nada disso. Não muito depois da falência da Carillion, jornalistas financeiros apontaram que seu balanço continha £2 bilhões em ativos (não monetários), dos quais 75%, cerca de £1,5 bilhão, eram intangíveis — especificamente, *goodwill* [ágio por rentabilidade futura]. Os comentaristas perguntaram o que eram esses ativos intangíveis e por que se mostraram tão instáveis.

Na verdade, essa foi uma lição modeladora sobre como os padrões contábeis das empresas são insatisfatórios na representação de investimentos intangíveis. Como havíamos aprendido, em sua maioria, as contas das empresas ignoram os intangíveis. Mas elas abrem uma exceção quando um negócio compra outro: nesse caso (para simplificar um pouco) a diferença do valor entre o preço pago para adquirir a empresa e o valor contábil de seus ativos é transformada em um único ativo intangível, denominado goodwill, e colocada no balanço do comprador.

Esse ativo não está relacionado a nenhum intangível específico, como P&D, projetos ou relações comerciais do tipo que descrevemos no livro. Na verdade, ele se assemelha mais a um ativo financeiro (o valor implícito dos títulos da empresa adquirida) do que a um ativo produtivo. O goodwill, então, é um tipo de criatura muito diferente dos ativos intangíveis de que falamos neste livro, e o fato de que somente ele, de todos os intangíveis, é capitalizado pelas contas da empresa é mais um sinal da lacuna existente entre os balanços das empresas e os tipos de ativos que realmente importam na economia de hoje.

Estamos animados com *Capitalismo sem Capital* e por ter esta oportunidade de agradecer a todos que tiveram a gentileza de dedicar seu tempo lendo e comentando a obra. Esperamos que isso provoque uma discussão mais ampla sobre o que o aumento do investimento intangível significa para o bem-estar da sociedade, das políticas públicas, dos gestores e dos investidores.

1
INTRODUÇÃO

Valuation, o Jeito Antigo: Ou Mil Anos em Essex

Colin Matthews estava irritado. Ter avaliadores rastejando por todo o seu aeroporto era a última coisa que ele queria. Mas depois de três anos, aquilo não podia mais ser interrompido.

Era o verão de 2012. Por três anos, ele lutou contra as tentativas das autoridades de concorrência do Reino Unido de desmembrar a British Airports Authority (BAA), a empresa que ele dirigia e a qual possuía a maioria dos grandes aeroportos da Grã-Bretanha. Ele havia esgotado suas opções jurídicas e estava desistindo.

Portanto, agora os homens e as mulheres com ternos, planilhas e coletes refletivos estavam percorrendo seus aeroportos, calculando quanto valiam para os compradores em potencial. Contadores, advogados, peritos e engenheiros mensuraram e contaram e, pouco a pouco, chegaram a um valor para todo o Stansted, o quarto aeroporto mais movimentado da Grã-Bretanha, a nordeste de Londres.

Precificaram a pista, o terminal, o equipamento de bagagem. Havia um valor acordado para os estacionamentos, a rodoviária e o hotel do aeroporto. Houve alguma discussão sobre as bombas subterrâneas de combustível, mas o cálculo não era incomum para os contadores da BAA: o custo do ativo menos sua depreciação, com algum ajuste pela inflação. Com certeza, quando o Stansted foi vendido, em 2013, (por £1,5 bilhão), o preço estava bem próximo do que os contadores haviam estimado.

Em certo sentido, o valuation do aeroporto de Stansted parecia uma cena essencialmente do século XXI. Lá estava o próprio aeroporto.

O que poderia ser um emblema melhor da alta modernidade globalizada do que um aeroporto? Havia a trupe de contadores e advogados, esses onipresentes servidores do capitalismo financeiro. E, claro, havia a lógica econômica do processo: desde a privatização que colocou a BAA no setor privado, em primeiro lugar e a política de concorrência que provocou o desmembramento, até os fundos de infraestrutura que circularam para comprar os ativos após o desmembramento; tudo muito moderno.

Mas, ao mesmo tempo, a avaliação de Stansted era o tipo de coisa que vinha acontecendo havia séculos. O negócio de descobrir quanto valia algo contabilizando e mensurando coisas físicas tem uma longa e nobre tradição.

Nove séculos antes, Stansted, então apenas mais um vilarejo do interior, abrigara uma cena semelhante. Magistrados e mensageiros, os precursores do século XI dos contadores e advogados que tanto irritaram Colin Matthews, haviam se dirigido ao local para avaliar seu valor para o Domesday Book, o vasto levantamento da riqueza da Inglaterra realizado por Guilherme, o Conquistador. Usando bastões de contagem, em vez de laptops, eles realizaram seu próprio valuation. Eles conversaram com as pessoas e contabilizaram coisas. Registraram que Stansted tinha um moinho, dezesseis vacas, sessenta porcos e três pessoas escravizadas. Então eles mensuraram o que haviam contabilizado e avaliaram o feudo de Stansted em £11 por ano.[1]

E embora o valor que eles atribuíssem à vila medieval de Stansted fosse bem menor do que o £1,5 bilhão que a BAA obteve com a venda do aeroporto em 2013, os magistrados e emissários que se encarregaram das medições para Guilherme, o Conquistador, fizeram algo fundamentalmente semelhante ao que os contadores de Colin Matthews estavam fazendo.

Durante séculos, quando as pessoas queriam mensurar o valor de algo — uma propriedade, uma fazenda, um negócio, um país —, elas contabilizavam e mediam coisas *físicas*. Em particular, mensuravam o que tinha valor duradouro. Essas coisas se tornaram os ativos fixos nos balanços dos contadores e os investimentos que os economistas e estatísticos nacionais contabilizavam em suas tentativas de entender o crescimento econômico.

Com o tempo, a natureza desses bens e investimentos mudou: campos e bois perderam importância, animais deram lugar a máquinas, fábricas, veículos e computadores. Mas a ideia de que ativos são, em sua maioria, coisas que você pode tocar e que investimento significa construir ou comprar objetos físicos era tão verdadeira para os contadores e economistas do século XX quanto para os escribas do Domesday Book.

Por que Investimentos São Importantes

A natureza do investimento é importante para todos os tipos de pessoas, de banqueiros a gerentes. Os economistas não são exceção: o investimento ocupa um lugar central em grande parte do pensamento econômico. O investimento é o que constrói o capital, que, com o trabalho, constituem os dois insumos medidos para a produção que movem a economia, os tendões e as articulações que fazem a economia funcionar. O produto interno bruto (PIB) é definido como a soma do valor do consumo, investimento, gastos do governo e exportações líquidas; destes quatro, o investimento é, muitas vezes, o condutor de booms e recessões, uma vez que tende a subir e cair mais drasticamente em resposta à política monetária e à confiança empresarial. O elemento de investimento do PIB é onde o espírito animal da economia ladra e onde uma recessão morde pela primeira vez.

Como resultado, os estatísticos cujo trabalho é calcular a renda nacional têm feito esforços longos e contínuos para medir quanto as empresas investem, ano após ano, trimestre após trimestre. Desde a década de 1950, as agências nacionais de estatística enviam questionários regulares às empresas para descobrir quanto elas estão investindo. Estudos periódicos são feitos para entender quanto tempo duram determinados ativos e, especialmente para investimentos de alta tecnologia como computadores, o quanto eles estão melhorando ao longo do tempo.

Até muito recentemente, os investimentos medidos pelos institutos nacionais de estatística eram todos ativos tangíveis. Embora esses investimentos representem a era moderna em toda a sua glória industrial (em 2015, no Reino Unido, por exemplo, as empresas investiram £78 bilhões em novos prédios; £60 bilhões em TI, instalações e máquinas; e £17 bilhões em veículos[2]), o princípio básico de que o investimento fosse sobre bens físicos teria feito sentido para os magistrados de Guilherme, o Conquistador.

A Matéria Escura dos Investimentos

Mas, é claro, a economia não funciona apenas com investimentos tangíveis. O aeroporto de Stansted, por exemplo, possuía não apenas pistas, terminais e caminhões, mas também coisas que eram mais difíceis de ver ou tocar: softwares complexos; acordos valiosos com companhias aéreas e varejistas; conhecimento interno. Tudo isso levou tempo e dinheiro para ser construído e tinha um valor duradouro para quem quer que fosse o dono do aeroporto, mas não consistia em coisas físicas, mas em ideias, conhecimento e relações sociais. Na linguagem dos economistas, eles eram *intangíveis*.

A ideia de que uma economia poderia vir a depender de coisas imateriais é antiga. Futuristas como Alvin Toffler e Daniel Bell começaram a falar sobre o futuro "pós-industrial" já nas décadas de 1960 e 1970. À medida que o poder dos computadores e da internet se tornou mais aparente na década de 1990, a ideia de que coisas imateriais eram economicamente importantes tornou-se cada vez mais amplamente aceita. Os sociólogos falavam de uma "sociedade em rede" e de uma economia "pós-fordista". Os gurus dos negócios exortaram os gerentes a pensar em como prosperar em uma economia do conhecimento. Os economistas começaram a pensar em como a pesquisa e o desenvolvimento e as ideias que daí resultaram poderiam ser incorporados a seus modelos de crescimento econômico, uma economia resumida parcimoniosamente pelo título do livro de Diane Coyle, *The Weightless World*. Autores como Charles Leadbeater sugeriram que em breve estaríamos "vivendo no ar".

O estouro da bolha pontocom em 2000 abafou algumas das alegações mais ousadas sobre uma nova economia, mas a pesquisa continuou entre os economistas para entender o que exatamente estava mudando. Foi nesse contexto que um grupo de economistas se encontrou em Washington, em 2002, em uma reunião da Conference on Research in Income and Wealth para pensar sobre como medir exatamente os tipos de investimento que as pessoas estavam fazendo no que chamavam de "nova economia". Nessa conferência, e posteriormente, Carol Corrado e Dan Sichel, do US Federal Reserve Board, e Charles Hulten, da Universidade de Maryland, desenvolveram uma estrutura para pensar sobre diferentes tipos de investimento na nova economia.

Para se ter uma ideia do que são esses tipos de investimento, considere a empresa mais valiosa do mundo na época da conferência:

Microsoft. O valor de mercado da Microsoft em 2006 era de cerca de US$250 bilhões. Se você olhasse para o balanço patrimonial da Microsoft, que registra seus ativos, encontraria um valuation de cerca de US$70 bilhões, US$60 bilhões dos quais em dinheiro e vários instrumentos financeiros.[3] Os ativos tradicionais de instalações e equipamentos eram de apenas US$3 bilhões, insignificantes 4% dos ativos da Microsoft e 1% de seu valor de mercado. Pela contabilidade convencional de ativos da época, a Microsoft era um milagre moderno. Esse era o capitalismo sem capital.

Não muito depois da conferência, Charles Hulten vasculhou as contas da Microsoft para explicar por que ela valia tanto (Hulten, 2010). Ele identificou um conjunto de ativos intangíveis, ativos que *"normalmente envolvem o desenvolvimento de produtos ou processos específicos, ou são investimentos em capacidades organizacionais, criando ou fortalecendo plataformas de produtos que posicionam uma empresa para competir em determinados mercados"*. Os exemplos incluíram as ideias geradas pelos investimentos da Microsoft em P&D e design de produtos, o valor de suas marcas, suas cadeias de suprimentos e estruturas internas e o capital humano desenvolvido pelo treinamento.

Embora nenhum desses ativos intangíveis seja físico como os condomínios empresariais ou servidores da Microsoft, todos eles compartilham as características de investimentos: a empresa teve de gastar tempo e dinheiro com eles antecipadamente, e eles entregaram valor ao longo do tempo do qual a Microsoft foi capaz de se beneficiar. Mas eles normalmente eram escondidos dos balanços das empresas e, não surpreendentemente, do balanço do país nas contabilidades nacionais oficiais. O trabalho de Corrado, Hulten e Sichel forneceu um grande impulso para desenvolver maneiras de estimar o investimento intangível em toda a economia, usando pesquisas, séries de dados existentes e triangulação.

Uma Coisa Engraçada Aconteceu no Caminho para o Futuro

E assim se desenvolveu o programa de pesquisa de intangíveis. Em 2005, Corrado, Hulten e Sichel publicaram suas primeiras estimativas de quanto as empresas norte-americanas estavam investindo em intangíveis. Em 2006, Hulten visitou o Reino Unido e ministrou um seminário sobre seu trabalho no Tesouro de Sua Majestade, que imediatamente contratou uma equipe (que incluía um dos autores deste livro) para estender o trabalho ao Reino Unido. O trabalho também começou no Japão. Agências como a Organização para Cooperação e Desenvolvimento Econômico (OCDE), que chegaram muito cedo ao cenário intangível (veja, por exemplo, Young, 1998), promoveram a ideia de investimento intangível em políticas e círculos políticos, de modo que a ideia atraiu alguma atenção entre comentaristas e a emergente blogosfera econômica. Como mostra a Figura 1.1, a menção a "intangível" tornou-se cada vez mais popular, mesmo em periódicos acadêmicos formais.

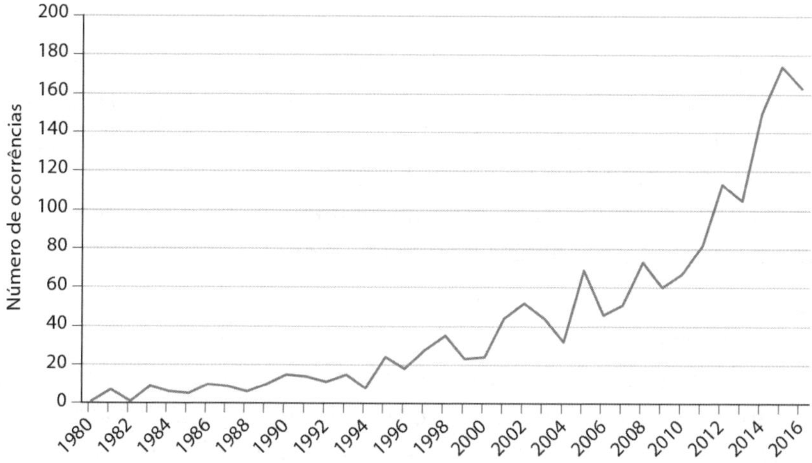

Figura 1.1. Referências "intangíveis" em revistas científicas. Os dados representam o número de menções à palavra "intangível" no Abstract (Resumo), Título ou Palavra-chave em periódicos acadêmicos da área "Economia, Econometria e Finanças" registrados no banco de dados ScienceDirect. Fonte: cálculos dos autores da ScienceDirect.

Mas então aconteceu algo que mudou a agenda econômica: a crise financeira global. Economistas e formuladores de políticas econômicas estavam, com razão, menos interessados em entender uma suposta nova economia do que em impedir que a economia como um todo entrasse em colapso. Uma vez evitada a parte mais perigosa da crise, um conjunto de problemas novos e bastante sombrios passou a dominar o debate econômico: como consertar um sistema financeiro que havia falhado de forma tão calamitosa, a crescente consciência de que a desigualdade de riqueza e renda havia aumentado de forma acentuada, e como responder a uma estagnação obstinada no crescimento da produtividade. À medida que a ideia da nova economia ainda era discutida, ela era principalmente enquadrada em termos pessimistas, até mesmo distópicos: o progresso tecnológico desacelerou irreversivelmente, destruindo nossas esperanças econômicas? A tecnologia se tornaria ruim, produzindo robôs que roubariam os empregos de todos ou daria origem a formas malignas e poderosas de inteligência artificial?

Mas enquanto esses desafios sombrios dominavam o debate público sobre economia em colunas de opinião e blogs, o projeto para mensurar novas formas de capital progredia silenciosamente. Pesquisas e análises foram realizadas para produzir séries de dados de investimento intangível, primeiro para os Estados Unidos, depois para o Reino Unido, e depois para outros países desenvolvidos. Os ministérios da fazenda e organismos internacionais continuaram a apoiar o trabalho, e as agências estatísticas nacionais começaram a incluir alguns tipos de intangíveis, notadamente P&D, em suas pesquisas de investimento. Foram construídas séries históricas de dados, estimando como os investimentos intangíveis mudaram ao longo do tempo. E, como veremos, o investimento intangível tem, em quase todos os países desenvolvidos, uma importância cada vez maior. De fato, em alguns países, isso agora supera o investimento tangível.

Por que o Investimento Intangível É Diferente

Agora, não há nada intrinsecamente incomum ou interessante do ponto de vista econômico sobre uma mudança nos tipos de coisas em que as empresas investem. Na verdade, nada poderia ser mais normal: o estoque de capital da economia está sempre mudando. As ferrovias substituíram os canais, o automóvel substituiu o cavalo e a carroça, os computadores substituíram as máquinas de escrever e, em um nível mais pulverizado, as empresas revisam e mudam seu mix de investimentos o tempo todo. *Nosso argumento central neste livro é o de que há algo fundamentalmente diferente sobre o investimento intangível, e que entender o movimento constante para ele nos ajuda a entender algumas das questões-chave que enfrentamos hoje: inovação e crescimento, desigualdade, o papel da gestão e reforma financeira e política.*

Devemos argumentar que há duas grandes diferenças em relação aos ativos intangíveis. Em primeiro lugar, a maioria das convenções de medição os ignora. Existem algumas boas razões para isso, mas como os intangíveis se tornaram mais importantes, isso significa que agora estamos tentando mensurar o capitalismo sem contabilizar todo o capital. Em segundo lugar, as propriedades econômicas básicas dos intangíveis fazem com que uma economia rica em intangíveis se comporte de maneira diferente de uma rica em tangíveis.

Medição: Capitalismo sem Capital

Como discutiremos, a prática contábil convencional é não medir o investimento intangível como a criação de um ativo de capital de longa duração. E isso tem uma explicação. O investimento da Microsoft em uma mesa e em um prédio de escritórios pode ser observado, ao passo que o mercado de equipamentos de segunda mão e de aluguel de escritórios informa mais ou menos diariamente o valor desse investimento. Mas não há mercado onde você possa visualizar o valor bruto de seu investimento no desenvolvimento de um software melhor ou no redesign de sua interface de usuário. Portanto, tentar medir o "ativo" associado a esse investimento é uma tarefa extremamente difícil, e os contadores, que são pessoas cautelosas, preferem não fazer isso, exceto em circunstâncias limitadas (normalmente, quando o programa foi desenvolvido com sucesso e vendido e há um preço de mercado observável).

Essa abordagem conservadora funciona muito bem em uma economia em que há pouco investimento nesse tipo de bem. Mas à medida que esse investimento começa a exceder o investimento tangível, ele torna cada vez maiores áreas desconhecidas da economia.

Propriedades dos Intangíveis: Por que a Economia Está se Tornando Tão Diferente

A mudança para o investimento intangível poderia ser um problema relativamente menor se tudo o que estivesse em jogo fosse a medição incorreta. Seria como se estivéssemos contando a maioria dos novos bens na economia, mas deixando de lado alguns deles: uma questão interessante para os departamentos de estatística, mas é mais do que isso.

Mas argumentaremos que existe uma consequência mais importante da ascensão dos intangíveis: estes ativos têm, em geral, características econômicas bastante diferentes daquelas do investimento tangível, que tradicionalmente tem predominado.

Em primeiro lugar, o investimento intangível tende a representar um custo irrecuperável. Se uma empresa compra um ativo tangível, como uma máquina-ferramenta ou um condomínio empresarial, normalmente pode vendê-lo, caso seja necessário. Muitos investimentos tangíveis são assim, mesmo os grandes e incomuns. Se você já imaginou um daqueles gigantescos tratores de mineração australianos, pode comprá-los usados em um website de leilões online chamado Machinery Zone; a World Oils vende plataformas de perfuração usadas e em bom estado; e uma empresa chamada UVI Sub-Find negocia submarinos de segunda mão. Os ativos intangíveis são mais difíceis de vender e têm maior probabilidade de serem específicos da empresa que os produz. A Toyota investe milhões em seus sistemas de produção enxuta, mas seria impossível separar esses investimentos de suas fábricas e, de alguma forma, vendê-los. E embora parte da pesquisa e desenvolvimento dê origem a patentes que podem, em alguns casos, ser vendidas, muito mais é adaptada às necessidades específicas da empresa que investe nelas, certamente o suficiente para tornar os mercados de propriedade intelectual muito limitados.

A segunda característica dos investimentos intangíveis é que eles geram *transbordamentos*. Suponha que você administre uma empresa que fabrica aguilhas [pontas de cadarço] e possua um ativo tangível na forma de uma fábrica e um ativo intangível na forma de um novo e excelente design para uma aguilha. É quase trivialmente fácil garantir que sua empresa obtenha a maior parte dos benefícios da fábrica: você coloca uma fechadura na porta. Se alguém pedir para usar sua fábrica de graça, você recusa de forma educada; se eles invadirem, você pode chamar a polícia e prendê-los; na maioria dos países desenvolvidos, este seria um caso de fácil solução. Na verdade, certificar-se de obter os benefícios dos ativos tangíveis que você possui, como uma fábrica, é tão simples que parece uma pergunta boba de se fazer. Os projetos, no entanto, são um negócio completamente diferente. Você pode mantê-los em segredo para evitar que sejam copiados, mas os concorrentes podem comprar algumas aguilhas e fazer engenharia reversa. Você pode obter uma patente para desencorajar as pessoas a copiá-lo, mas seus concorrentes podem "inventar uma alternativa" e mudar apenas aspectos suficientes do produto para que sua patente não ofereça proteção. Mesmo que sua patente seja segura, obter reparação por violação de patente é muito mais complicado do que fazer com que a polícia expulse intrusos de sua fábrica — você pode enfrentar meses ou anos de litígio e pode não vencer no final. Após seu primeiro voo de carreira mundial, os irmãos Wright passaram grande parte de seu tempo não desenvolvendo uma aeronave melhor, mas lutando contra desenvolvedores rivais que eles achavam que estavam infringindo suas patentes. A tendência de outros se beneficiarem do que deveriam ser investimentos privados — o que os economistas chamam de efeito de transbordamento — é uma característica de muitos investimentos intangíveis.

Os ativos intangíveis também são mais propensos a ser *escaláveis*. Considere a Coca-Cola: a Coca Cola Company, com sede em Atlanta, Geórgia, é responsável por apenas um número limitado de coisas que acontecem para produzir um litro de Coca-Cola. Seus ativos mais valiosos são intangíveis: marcas, acordos de licenciamento e a receita de como fazer o xarope que faz a Coca-Cola ter gosto de Coca-Cola. A maior parte do restante do negócio de fabricação e venda de Coca-Cola é feita por empresas engarrafadoras independentes, cada uma das quais assinou um acordo para produzir Coca-Cola em sua parte do mundo. Esses engarrafadores geralmente possuem suas próprias fábricas de envazamento, equipes de vendas e frotas de veículos. Os ativos intangíveis da The Coca-Cola Company of Atlanta podem ser dimensionados em todo o mundo. A fórmula e a marca da Coca funcionam da mesma forma, quer 1 bilhão ou 2 bilhões de Cocas sejam vendidas por dia (o número real é atualmente de cerca de 1,7 bilhão). Os ativos tangíveis dos engarrafadores não escalam tão bem. Se os australianos aumentarem drasticamente sua sede pelo refrigerante, a Coca-Cola Amatil (a engarrafadora local) provavelmente precisará investir em mais caminhões para entregá-lo, em linhas de produção maiores e, por fim, em novas fábricas.

Finalmente, os investimentos intangíveis tendem a ter *sinergias* (ou o que os economistas chamam de complementaridades) uns com os outros: são mais valiosos juntos, pelo menos nas combinações certas. O protocolo MP3, combinado com o disco rígido miniaturizado e os acordos de licenciamento da Apple com gravadoras e habilidades de design criaram o iPod, uma inovação muito valiosa. Essas sinergias, muitas vezes, são imprevisíveis. O forno de micro-ondas foi o resultado de um casamento entre um empreiteiro de defesa, que descobriu acidentalmente que as micro-ondas de equipamentos de radar podiam aquecer alimentos, e um fabricante de produtos da linha branca, que usou habilidades de design de eletrodomésticos. Os ativos tangíveis também têm sinergias — entre o caminhão e o compartimento de carga, digamos, ou entre um servidor e um roteador, mas normalmente não na mesma escala radical e imprevisível.

Conclusão

Essas características econômicas incomuns significam que a ascensão dos intangíveis é mais do que uma mudança trivial na natureza do investimento. Como os investimentos intangíveis, em média, se comportam de maneira diferente dos tangíveis, podemos razoavelmente esperar que uma economia dominada por intangíveis também se comporte de maneira diferente.

Na verdade, uma vez que levamos em consideração a natureza mutável do capital na economia moderna, muitas coisas intrigantes começam a fazer sentido. No restante deste livro, veremos como a mudança para o investimento intangível nos ajuda a entender quatro questões de grande interesse para quem se preocupa com a economia: estagnação secular, o aumento de longo prazo da desigualdade, o papel do setor financeiro, sistema de apoio à economia não financeira e a questão de que tipo de infraestrutura a economia precisa para prosperar. Munidos desse entendimento, veremos o que essas mudanças econômicas significam para os formuladores de políticas governamentais, empresas e investidores. Nossa jornada nos levará para além dos antigos avaliadores, para o território não mapeado que é o investimento intangível moderno.

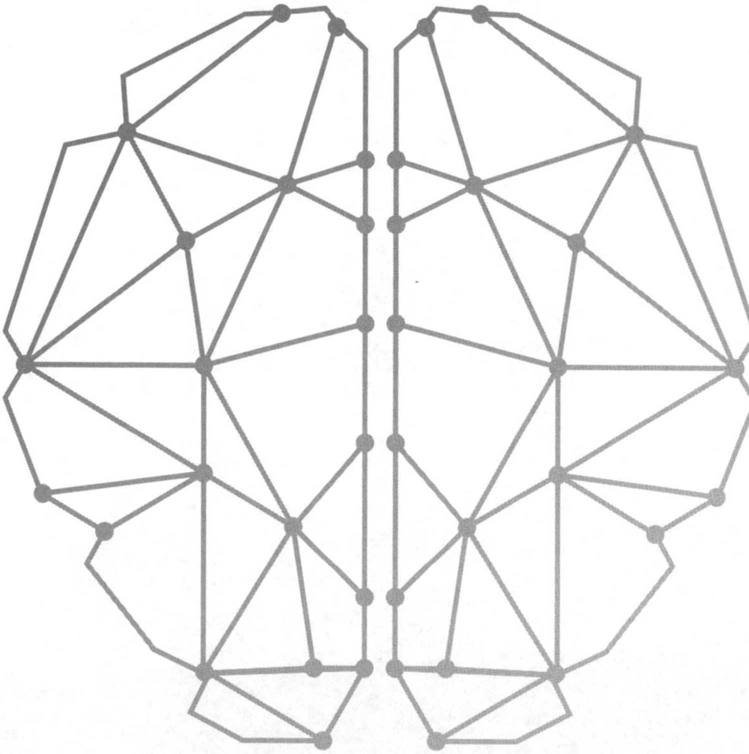

PARTE 1

A ASCENSÃO DA ECONOMIA INTANGÍVEL

2

A LEI DO DESAPARECIMENTO DE CAPITAL

O investimento é uma das atividades mais importantes da economia. Mas nos últimos trinta anos, sua natureza mudou. Este capítulo descreve a essência dessa mudança e considera suas causas. No Capítulo 3, veremos como essa mudança no investimento pode ser medida. No Capítulo 4, exploraremos as propriedades econômicas incomuns desses novos tipos de investimento e por que podem ser importantes.

O INVESTIMENTO É FUNDAMENTAL para o funcionamento de qualquer economia. O processo que envolve comprometer tempo, recursos e dinheiro para que possamos produzir coisas úteis no futuro é, do ponto de vista econômico, uma parte determinante do que empresas, governos e indivíduos fazem.

O ponto de partida deste livro é uma observação: nas últimas décadas, a natureza do investimento tem mudado de maneira gradual, mas significativa.

A mudança não é principalmente sobre tecnologia da informação. O novo investimento não assume a forma de robôs, computadores ou chips de silício, embora, como veremos, todos desempenhem papéis coadjuvantes na história. O tipo de investimento que tem crescido inexoravelmente é *intangível*: investimento em ideias, conhecimento, conteúdo estético, software, marcas, redes e relacionamentos.

Este capítulo descreve essa mudança e por que ela aconteceu.

Uma Viagem à Academia

Nossa história começa na academia, ou melhor, em duas academias. Entraremos em uma academia convencional em 2017 e em 1977 e observaremos algumas das diferenças. Como veremos, as academias fornecem um exemplo vívido, mas típico, de como mesmo as indústrias que não são obviamente de alta tecnologia mudaram sutilmente os tipos de investimento que fazem.

As academias são um lugar interessante para começar nossa busca pela economia intangível porque, à primeira vista, não há nada muito intangível nelas. Mesmo que você evite academias como uma praga, provavelmente tem uma ideia do tipo de coisa que encontrará lá. Nossa academia em 2017 está cheia de equipamentos de que o negócio precisa para funcionar: uma recepção com computador e talvez uma catraca, aparelhos de ginástica, alguns pesos, chuveiros, armários, tapetes e espelhos ("os equipamentos mais usados na academia", como brincou o dono de uma). Tudo isso se reflete nas finanças das empresas que possuem e administram academias: suas contas geralmente contêm muitos ativos que você pode tocar e ver, desde as instalações em que operam até as esteiras e os halteres que seus clientes usam

Agora, considere uma academia de quarenta anos atrás. Em 1977, os Estados Unidos estavam cheios de academias. O filme de estreia de Arnold Schwarzenegger, *O Homem dos Músculos de Aço,* acabara de ser lançado, apresentando cenas dele treinando na Gold's Gym em Venice Beach, Los Angeles, fundada em 1965 e com franquias em toda a América. Outras academias continham aparelhos como o Nautilus, o aparelho original de peso fixo, inventado por Arthur Jones no final dos anos 1960. Se você olhasse uma academia da época, ficaria surpreso ao ver muitas semelhanças com as academias de hoje. É claro, poderia haver menos aparelhos de musculação, e eles seriam menos avançados. A adesão seria registrada em fichas de papel, em vez de em um computador; talvez os acessórios físicos fossem mais simples, mas, fora isso, muitos dos ativos visíveis da empresa teriam a mesma aparência: algumas salas de ginástica, alguns vestiários e alguns equipamentos.

Mas se voltarmos à nossa academia de 2017 e olharmos mais de perto, veremos algumas diferenças. Acontece que a academia moderna investiu em uma série de coisas em que sua contraparte de 1977 não investiu. Existe o software por trás do computador na recepção, para registrar membros, agendar aulas e cadastrar a lista de funcionários, vinculados a um banco de dados central. A academia tem uma marca, construída por meio de campanhas publicitárias cuja sofisticação e custo superam os das academias da década de 1970. Há um manual de operações informando à equipe como realizar várias tarefas, desde a entrada de novos membros até como lidar com clientes inadimplentes. Os membros da equipe são treinados para seguir o manual e fazem as coisas com uma eficiência rotineira que pareceria estranha no mundo tranquilo de *O Homem dos Músculos de Aço*. Todas essas coisas — software, marcas, processos e treinamento — são um pouco como os aparelhos de musculação ou a catraca ou o prédio onde a academia fica, pois custam dinheiro em curto prazo, mas com o tempo ajudam a academia a funcionar e lucrar. Mas, ao contrário das características físicas, a maioria dessas coisas não pode ser tocada — certamente não há risco de deixá-las cair no pé como uma anilha. As empresas de academias ainda são grandes usuárias de ativos físicos (todas as quatro maiores academias do Reino Unido são de propriedade de empresas de capital privado, que tendem a gostar de negócios intensivos em ativos), mas em comparação com suas contrapartes de quatro décadas atrás, elas têm muito mais ativos intangíveis.

E a transformação é mais profunda do que isso. Em uma de suas salas, a academia oferece aulas regulares de ginástica para seus associados; uma das mais populares é chamada de Bodypump, ou, como a placa na porta diz, "Bodypump®". Acontece que a empresa que administra a academia não é a única que opera no local — e esse segundo negócio é ainda mais interessante do ponto de vista econômico.

Bodypump é um tipo de exercício chamado "HIIT" (High Intensity Interval Training, ou treino cardíaco), em que os participantes se movem vigorosamente e levantam pequenos pesos no ritmo da música, mas essa descrição não faz jus à intensidade dos treinos ou à devoção adrenalizada que as aulas de HIIT bem administradas geram em seus clientes. A razão para o sinal de marca registrada é que Bodypump é projetado e de propriedade da outra empresa que trabalha no prédio, uma empresa da Nova Zelândia chamada Les Mills International.

Les Mills era um halterofilista olímpico que montou uma pequena academia em Auckland três anos depois que Joe Gold abriu sua primeira academia em Los Angeles. Seu filho Philip, depois de uma visita a L.A., viu o potencial de fundir música com exercícios em grupo: ele levou a ideia para a Nova Zelândia e adicionou pesos às rotinas para produzir o Bodypump em 1997. Ele percebeu que, ao criar as rotinas e sincronizá-las com compilações de músicas atuais e de alta energia, tinha um produto que poderia ser vendido para outras academias. Em 2005, as aulas da Les Mills como Bodypump e Bodycombat estavam sendo oferecidas em cerca de 10 mil estabelecimentos em 55 países, com um número estimado de 4 milhões de participantes por semana (Parviainen 2011); o site da empresa agora estima 6 milhões de participantes por semana. Os técnicos da Les Mills criam novas coreografias para seus programas a cada três meses. Eles filmam e enviam a gravação com orientações sobre a coreografia e os arquivos de música para seus instrutores licenciados. No momento em que escrevo, eles têm 130 mil desses instrutores. Para se tornar um instrutor, você tem de completar três dias de treinamento ao custo atual de cerca de £300, após os quais pode começar a ensinar. Mas para prosseguir, deve enviar um vídeo de uma aula completa para Les Mills, que verifica sua técnica, sua coreografia e seu treinamento.

As coisas que uma empresa como a Les Mills usa para ganhar dinheiro parecem muito diferentes dos halteres e tapetes de uma Gold's Gym de 1977. É verdade que alguns de seus ativos são físicos — equipamentos de gravação, computadores, escritórios —, mas a maioria deles não é. Elas têm um conjunto de marcas muito valiosas (clientes de academias costumam se amotinar se suas academias pararem de oferecer Bodypump), propriedade intelectual protegida por direitos autorais e marcas registradas, experiência em desenvolver aulas de exercícios e relacionamentos com um conjunto de fornecedores e parceiros (como distribuidores de música e treinadores). A ideia de ganhar dinheiro com ideias sobre como malhar não é nova — Charles Atlas vendia cursos de fisiculturismo uma década antes do nascimento da Les Mills —, mas a escala em que a Les Mills International opera e a maneira como ela combina marcas, música, desenvolvimento das aulas e treino é notável.

Nossa excursão ao mundo das academias sugere que mesmo um negócio muito físico — literalmente, o negócio dos físicos — nas últimas décadas tornou-se muito mais dependente de coisas imateriais. Esta não é uma história de disrupção impulsionada pela internet do tipo que conhecemos em centenas de notícias: as academias não foram substituídas por um aplicativo da mesma forma que as lojas de discos foram substituídas pelo Napster, iTunes e Spotify. O software não substitui a necessidade de levantar pesos. Mas o negócio, no entanto, mudou de duas maneiras diferentes. A parte que parece superficialmente semelhante a como era na década de 1970 — a própria academia — ficou repleta de sistemas, processos, relacionamentos e software. Isso não é tanto inovação, mas *inervação* — o processo de uma parte do corpo receber fibras nervosas, tornando-a sensível, ordenada e controlável. E novos negócios foram criados cujo sucesso depende quase inteiramente de coisas intangíveis.

No restante deste capítulo, veremos como as mudanças no investimento e nos ativos que ocorreram na indústria de academias podem ser vistas em toda a economia e as razões para essas mudanças. Mas, primeiro, vamos examinar mais rigorosamente o que realmente é investimento.

O que São Investimentos, Ativos e Capital?

Quando olhamos para as coisas que as academias compraram ou desenvolveram para funcionar e ganhar dinheiro, estávamos falando sobre ativos e investimentos. O investimento é muito importante para os economistas porque constrói o que eles chamam de "estoque de capital" da economia: as ferramentas e os equipamentos que os trabalhadores usam para produzir os bens e serviços que, juntos, compõem a produção econômica.

Mas "investimento", "ativos" e "capital" podem ser termos confusos. Veja "investimento". Os jornalistas financeiros normalmente se referem às pessoas que compram e vendem títulos como "investidores" e diagnosticam ansiosamente o "humor dos investidores". O mesmo jornalista pode chamar um financiador de longo prazo como Warren Buffett de "investidor" e seus rivais de curto prazo de "especuladores". Alguém que esteja pensando em ir para a faculdade pode ser avisado de que "a educação é o melhor investimento que se pode fazer".

Os termos "ativos" e "capital" também são usados de várias maneiras confusas. Em seu famoso livro *Capital in the Twenty-First Century*, Thomas Piketty (2014) definiu o capital como "todas as formas de riqueza que os indivíduos... podem possuir". Escritores marxistas comumente atribuem ao "capital" não apenas uma definição contábil, mas todo um sistema de exploração. "Ativos" também têm definições diferentes. Muitas empresas pensam em seus ativos de negócios como seu estoque de instalações e equipamentos. Para um contador, os ativos comerciais geralmente incluem o dinheiro na conta bancária da empresa e as contas que seus clientes ainda não pagaram, que não parecem ser máquinas usadas na produção do negócio, mas sim os resultados de sua execução.

Devido a esses múltiplos significados, e porque voltaremos a esses termos com frequência, será útil estabelecer definições práticas para investimento, capital e ativos. Vamos nos ater à definição internacionalmente aceita de investimento usada por agências de estatísticas em todo o mundo quando medem o desempenho das economias nacionais. Isso tem a vantagem de ser padronizado, fruto de muita reflexão, e de estar diretamente ligado a números como o do PIB. que estamos acostumados a ver nos noticiários.

De acordo com o Sistema de Contas Nacionais da ONU, a bíblia da contabilidade nacional, "*investimento é o que acontece quando um produtor adquire um ativo fixo ou gasta recursos (dinheiro, esforço, matérias-primas) para aprimorá-lo*".[1] Essa é uma afirmação bastante complexa, então vamos desvendar o que isso significa.

Em primeiro lugar, vamos olhar para a definição de *ativos*. Um *ativo* é um recurso econômico que se espera que forneça um benefício durante um período de tempo.[2] Se um banco compra um novo servidor ou um novo edifício comercial, espera obter um benefício que dure algum tempo — certamente mais do que apenas um ano. Se pagar a conta de luz trimestralmente, o benefício dura três meses. Então o servidor e o prédio são ativos, mas não a luz nem o fato de ter pago a conta.

Em segundo lugar, considere a palavra *fixa*. Um ativo *fixo* resulta do uso de recursos no processo de sua produção. Um avião, um carro ou uma patente de medicamento precisa ser produzido — alguém precisa trabalhar para criar algo do nada. Isso pode ser diferenciado de um ativo *financeiro*, como uma participação acionária em uma empresa pública. Uma participação acionária não é produzida (exceto no sentido trivial de que um certificado de ação pode ser impresso para representar a reivindicação). Isso significa que, quando os economistas falam em investimento, não estão falando em investir no sentido de finanças pessoais, ou seja, comprar títulos e ações. E porque eles estão falando sobre *ativos fixos*, não estão se referindo ao conceito contábil de dinheiro em uma conta bancária da empresa.

Em terceiro lugar, há a ideia de *gastar recursos*. Para ser considerado um investimento, o negócio que faz o investimento deve adquirir o ativo de outro lugar ou incorrer em algum custo para produzi-lo.

Por fim, temos a palavra *produtores*. As contas nacionais medem a *produção* das empresas, do governo ou do terceiro setor. A produção das famílias (digamos, lavar a roupa ou cozinhar em casa) não está incluída, assim como o investimento de uma família, digamos, em uma máquina de lavar ou um fogão. Esta é uma característica de definição da forma como as contas nacionais são calculadas e é uma das razões pelas quais as pessoas criticam o PIB (até porque é grande e porque exclui do registro uma parte da economia que, historicamente, tem sido dirigida principalmente por mulheres). Talvez um dia a "produção" tenha uma definição mais ampla nas contas nacionais; para nossos propósitos, acreditamos que a maioria das mudanças que descrevemos neste livro se aplica ao setor doméstico, bem como aos chamados produtores.

Portanto, neste livro, quando falamos de "investimento", *não* estamos falando de compra ou venda de ações na bolsa de valores ou de famílias que pagam financiamentos universitários. Em vez disso, estamos falando de gastos de empresas, do governo ou do terceiro setor que criam um ativo fixo (ou seja, não financeiro), ou seja, recursos gastos que criam um fluxo duradouro de serviços produtivos. Chamaremos esse ativo fixo que fornece esses serviços produtivos de longa duração de "capital". Como tanto o capital quanto o trabalho produzem tais serviços produtivos, os economistas se referem a eles como "fatores de produção".[3]

Nem Todos os Investimentos São Coisas que Você Pode Tocar

Um dos exemplos de investimento na seção anterior foi uma patente de medicamento, digamos, de propriedade de uma empresa farmacêutica. A empresa farmacêutica é obviamente um produtor, não uma família; a empresa tem de despender recursos para produzir a patente ou adquiri-la; a patente surge de um processo de produção — neste caso, o trabalho de cientistas em um laboratório —, e se ela for boa, terá um valor de longo prazo, pois a empresa pode desenvolvê-la para uso futuro e talvez vender medicamentos à base dela. A patente é um exemplo de ativo *intangível*, criado por um processo de investimento intangível. O mesmo aconteceu com os vários ativos na história da academia, desde o software de gestão dos afiliados até a marca Bodypump da Les Mills International. Eles surgiram de um processo de produção, foram adquiridos ou aprimorados pelos produtores e proporcionam um benefício ao longo do tempo.

Esses tipos de investimentos podem ser encontrados em toda a economia. Suponha que um fabricante de painéis solares pesquise e descubra um processo menos custoso para fabricar células fotovoltaicas: está incorrendo em despesas no presente para gerar conhecimento do qual espera se beneficiar no futuro. Ou considere uma startup de streaming de música que passa meses projetando e negociando acordos com gravadoras para permitir o uso de músicas de propriedade delas — novamente, gastos de curto prazo para criar ganhos de longo prazo. Ou imagine que uma empresa de treinamento pague pelos direitos de longo prazo para executar um teste psicométrico popular: ela também está investindo.

Alguns desses investimentos são novas ideias tecnológicas. Alguns são outros tipos de ideias que têm menos a ver com alta tecnologia: novos projetos de produtos ou novos modelos de negócios. Alguns assumem a forma de relacionamentos duradouros ou proprietários, como a rede de motoristas de um aplicativo para táxi. Alguns são informações codificadas, como um banco de dados de cartões de fidelidade do cliente. O que eles têm em comum é que não são físicos. Por isso, os chamamos de *investimento intangível*.

A Tabela 2.1 apresenta alguns exemplos. No lado esquerdo estão os investimentos comerciais tangíveis: edifícios, equipamentos de TIC, como hardware de computador, equipamentos não TIC e veículos. À direita estão os intangíveis: software, bancos de dados, design, exploração mineral, P&D e processos de negócios, por exemplo. Esses intangíveis na coluna da direita são aqueles elementos de gastos que os contadores nacionais e empresariais relutam em considerar como investimento, embora, como veremos, nos últimos quarenta anos alguns deles tenham sido incluídos como tal.

TABELA 2.1. EXEMPLOS DE INVESTIMENTOS COMERCIAIS TANGÍVEIS E INTANGÍVEIS

Investimentos tangíveis	Investimentos intangíveis
Edifícios	Software
Equipamento de TIC (por exemplo, hardware de computador, equipamento de comunicação)	Bancos de dados
Maquinário e equipamentos não computacionais	P&D
Veículos	Exploração mineral
	Criação de obras originais de entretenimento, literárias ou artísticas
	Design

Investimentos tangíveis	Investimentos intangíveis
	Treinamento
	Pesquisa de mercado e branding
	Reengenharia do processo de negócios

Fonte: Adaptado do Sistema de Contas Nacionais (SNA) 2008, parágrafo 10.67 e tabela 10.2, e Corrado, Hulten e Sichel 2005. O SNA também inclui como ativos tangíveis sistemas de armas e recursos biológicos cultivados. Como intangíveis, inclui P&D, exploração e avaliação mineral, software de computador e bancos de dados e criação de originais artísticos. Os outros ativos intangíveis são aqueles estabelecidos em Corrado, Hulten e Sichel 2005.

O Investimento Intangível Tem Crescido Constantemente

A história de como o investimento intangível se expandiu no negócio de academias não é incomum.

Considere outro setor que é familiar para a maioria das pessoas: supermercados varejistas. Se você se encontrasse em um supermercado de quarenta anos atrás, ele pareceria antiquado, mas não irreconhecível. Os supermercados de então eram grandes salas cheias de prateleiras, geladeiras e freezers, assim como são agora; os clientes colocavam seus próprios produtos em um carrinho de compras e os levavam ao caixa para pagar; nos bastidores, caminhões reabasteciam o supermercado a partir de armazéns centrais. É claro que aspectos dos ativos tangíveis de um supermercado mudaram desde então: as lojas mudaram de formato (algumas são maiores e estão nos arredores da cidade, outras são muito menores e ficam no centro das cidades), os caixas têm mais chips de silício e alguns deles são de autoatendimento. Mas essas mudanças são pequenas, em comparação com as mudanças nos ativos intangíveis dos supermercados. Mesmo na década de 1970, os códigos de barras eram cada vez mais usados para monitorar os estoques dos supermercados; com o passar das décadas de 1980 e 1990, surgiram sistemas informatizados de gestão das cadeias de suprimentos, aumentando significativamente a produtividade do setor. Os supermercados começaram a investir em sistemas complexos de preços; campanhas de branding e marketing mais ambiciosas (incluindo o lançamento de gamas de produtos de marca própria); processos e sistemas mais detalhados para o pessoal seguir, apoiados por treinamento; e sistemas de gerenciamento para permitir que lojas e escritórios centrais acompanhem o desempenho, equilibrem os níveis de estoque e planejem promoções. Paralelamente, surgiu no setor uma série de negócios intensivos em intangíveis, desde concorrentes online, como a FreshDirect e a Ocado, que usam software para substituir lojas, até empresas que processam informações para ajudar supermercados, como especialistas em dados de fidelidade, a DunnHumby e a LMUK.

As empresas de tecnologia de rápido crescimento são algumas das empresas mais intangíveis. Isso ocorre, em parte, porque software e dados são intangíveis, e o crescente poder dos computadores e das telecomunicações está aumentando o escopo das coisas que o software pode alcançar. Mas o processo descrito como "software comendo o mundo", nas palavras do capitalista de risco Marc Andreessen, não é apenas sobre software: envolve outros intangíveis em abundância. Considere os projetos da Apple e sua cadeia de suprimentos incomparável, que a ajudou a lançar produtos elegantes no mercado rapidamente e em número suficiente para atender à demanda do cliente, ou as redes de motoristas e anfitriões que gigantes da economia compartilhada como Uber e AirBnB desenvolveram, ou o *know-how* de fabricação da Tesla. Os computadores e a internet são importantes impulsionadores dessa mudança no investimento, mas a mudança é antiga e antecede não apenas a WWW, mas também a internet e o PC.

A ascensão do investimento intangível fica clara se olharmos para os dados da economia como um todo. Por alguns anos, os economistas vêm medindo os aspectos do capital intangível que não estão nas contas nacionais e construindo estimativas cada vez mais precisas da quantidade de investimento intangível em andamento. Discutiremos os componentes dessa medição e como ela é realizada no próximo capítulo, mas a Figura 2.1 mostra a tendência geral.

Embora os economistas da época não estivessem focados em medir o investimento intangível, nos últimos anos, os estudiosos conseguiram reconstruir quanto foi investido pelas empresas em ativos intangíveis décadas atrás.

Nos primeiros anos, mesmo nos países mais desenvolvidos, o investimento intangível era algo secundário. Como mostra o gráfico, com o tempo, esse equilíbrio começou a mudar. O investimento intangível aumentou constantemente. O investimento tangível, como proporção da economia como um todo, cresceu mais devagar, e em alguns casos, diminuiu. Nos

Estados Unidos, parece que o investimento intangível levou a melhor sobre o investimento tangível em meados da década de 1990.[4]

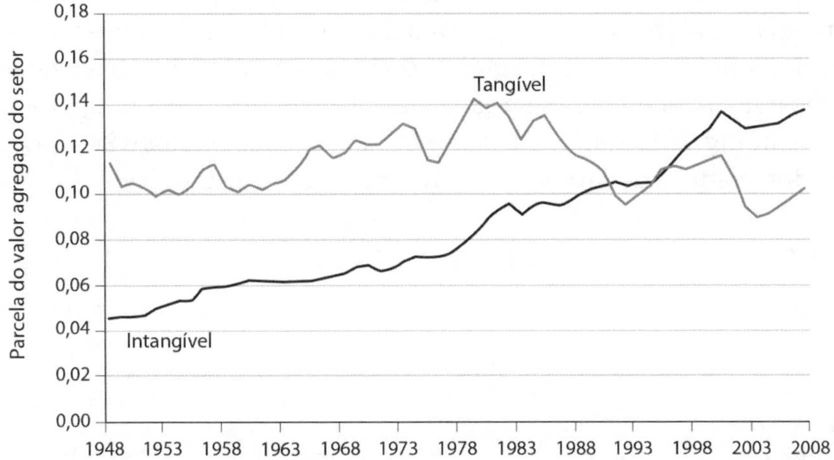

Figura 2.1. Investimento intangível e tangível ao longo do tempo, Estados Unidos. Os dados são investimentos empresariais dos EUA em ativos intangíveis e tangíveis em relação à produção do setor empresarial não agrícola dos EUA, incluindo produção intangível. O último apontamento de dados é 2007. Fonte: Corrado e Hulten, 2010, apêndice de dados online.

Somente nos Estados Unidos podemos voltar tão longe, mas para o Reino Unido, temos algumas estimativas de Peter Goodridge e seus colegas desde 1992 (Goodridge *et al.*, 2016). Eles concluíram que o investimento intangível ultrapassou o investimento tangível por volta do final da década de 1990 (ver Figura 2.2).

Uma série de projetos recentes financiados pela UE tentou coletar esses dados de forma consistente em todos os países da UE.[5] Os dados para as principais economias europeias são apresentados na Figura 2.3 e mostram que, embora os intangíveis estejam crescendo, eles ainda não ultrapassaram o investimento tangível.

Se juntarmos todos os países, obtemos a Figura 2.4, que sugere que o investimento intangível ultrapassou o investimento tangível na época da crise financeira global.

A divisão dos resultados por país mostra que alguns países são mais intensivos em intangíveis do que outros. A Figura 2.5 mostra as parcelas do PIB representadas por investimentos tangíveis e intangíveis para os países com dados disponíveis. O gráfico é classificado pela parcela de intangíveis. Começando à esquerda, estão a Espanha e a Itália. Ambos têm os níveis mais baixos de investimento intangível como proporção do PIB e níveis relativamente altos de tangíveis — são economias intensivas em tangíveis. Alemanha, Áustria, Dinamarca, Holanda e França vêm em seguida, com intensidade intangível de baixa a moderada e intensidade tangível de alta a moderada; todos eles investem mais em tangíveis do que em intangíveis. Finlândia, Reino Unido, Estados Unidos e Suécia têm maior intensidade de investimento intangível do que tangível.

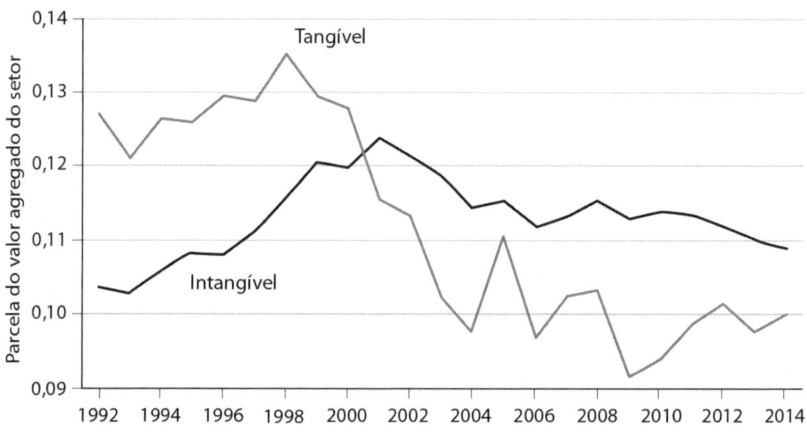

Figura 2.2. Investimento intangível e tangível ao longo do tempo, Reino Unido. Os dados são investimentos do setor de mercado do Reino Unido em ativos intangíveis e tangíveis em relação à produção do setor de mercado do Reino Unido, incluindo produção intangível. O último apontamento de dados é 2014. Fonte: Goodridge et al., 2016.

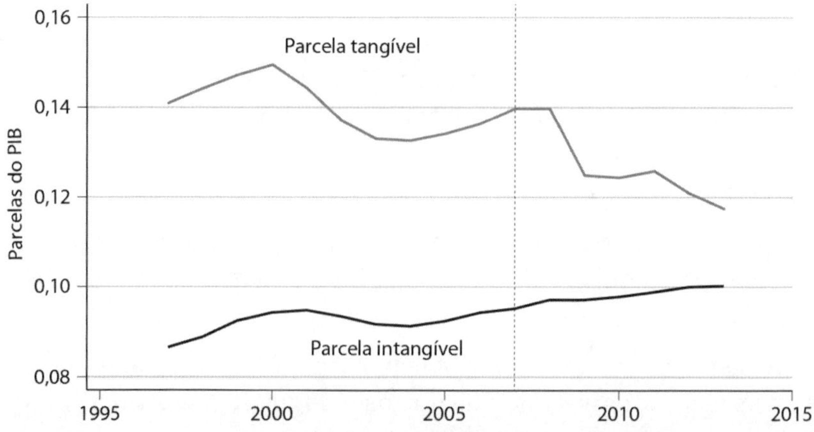

Figura 2.3. Investimento intangível e tangível na Europa. Os dados são o investimento de toda a economia dos países da UE em ativos intangíveis

e tangíveis em relação ao PIB, incluindo a produção intangível. O último ponto de dados é 2013. Os países europeus são Áustria, República Tcheca, Dinamarca, Finlândia, França, Alemanha, Itália, Holanda, Espanha, Suécia e Reino Unido. Fonte: cálculos dos autores com base na base de dados do INTAN-Invest (www.intan-invest.net).

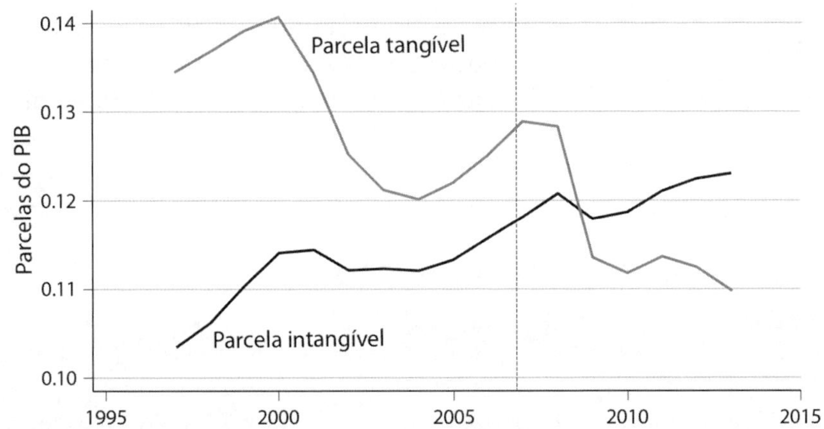

Figura 2.4. Investimento intangível e tangível na Europa e nos Estados Unidos. Os países são Áustria, República Checa, Dinamarca, Finlândia, França, Alemanha, Itália, Holanda, Espanha, Suécia, Reino Unido e EUA. Fonte: cálculos dos autores com base na base de dados do INTAN-Invest (www.intan-invest.net).

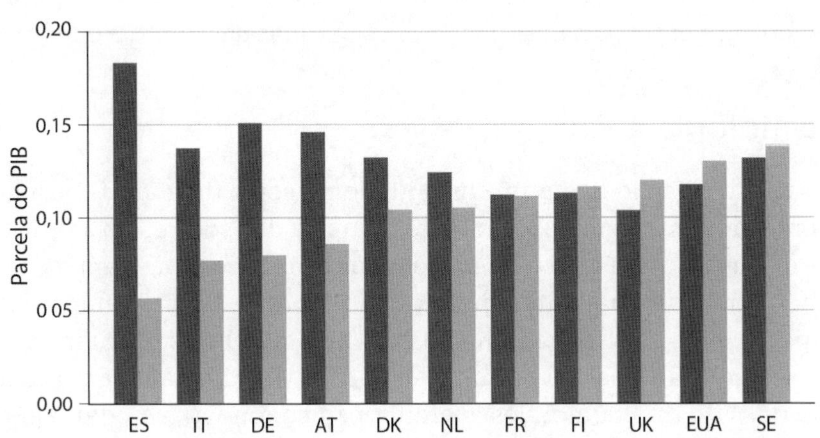

Figura 2.5. Investimento intangível e tangível como parcela do PIB do país (médias, 1999–2013). Os dados são toda a economia, PIB ajustado para incluir intangíveis. Os países são Áustria (AT), Dinamarca (DK), Finlândia (FI), França (FR), Alemanha (DE), Itália (IT), Holanda (NL), Espanha (ES), Suécia (SE), Reino Unido (GB), EUA (EUA). Fonte: cálculos dos autores com base na base de dados do INTAN-Invest (www.intan-invest.net).

Essas diferenças entre os países parecem se alinhar com a intuição. De modo geral, os países mediterrâneos estão na parte inferior do pacote de investimentos intangíveis, com os nórdicos, os Estados Unidos e o Reino Unido no topo e o restante da Europa continental no meio.

Esses gráficos são o resultado de mais de uma década de pesquisa para codificar e medir intangíveis. No próximo capítulo, veremos essa pesquisa e como essas medições são realizadas. Mas antes disso, vale a pena pensar um pouco sobre as razões desse aumento de longo prazo no investimento intangível.

Razões para o Crescimento do Investimento Intangível

Não é o objetivo principal deste livro explicar por que o investimento intangível sofreu um aumento tão constante e duradouro: estamos mais preocupados em descrever o aumento e suas consequências para a economia em geral. Mas antes de passarmos a examinar em detalhes como o investimento intangível foi medido, vamos considerar algumas das prováveis razões.

Para entender as causas dessa notável mudança, voltaremos a algumas das diferenças entre os países que foram sugeridas nas figuras anteriores.

Tecnologia e Custo

Há muito se sabe que a produtividade do setor de manufatura geralmente aumenta mais rapidamente do que a dos setores de serviços, uma vez que a automação e os equipamentos que economizam mão de obra tendem a ser mais úteis para os fabricantes. Com o tempo, isso significa que os serviços intensivos em mão de obra se tornam mais caros em relação aos bens manufaturados. (Em homenagem à descrição de William Baumol desse efeito, os economistas o chamam de Doença dos Custos de Baumol.)

Agora, a maioria dos investimentos tangíveis é manufaturada (pense nas muitas fábricas ao redor do mundo que produzem de tudo, de vans a máquinas-ferramentas e chips de silício). Certamente, há muito trabalho envolvido em investimentos tangíveis (instalação de cabos, montagem de lojas, toda a indústria da construção), mas a fabricação também é importante.

Os investimentos intangíveis, por outro lado, dependem muito mais da mão de obra. O design envolve pagar designers. P&D envolve o pagamento de cientistas. O software envolve o pagamento de desenvolvedores. Assim, ao longo do tempo, esperaríamos que os gastos com investimentos intangíveis aumentassem gradualmente em relação aos tangíveis, como previu Baumol. Parte desse aumento pode ser compensado pelo ponto, que veremos em detalhes a seguir, de que alguns custos intangíveis são, em sua maioria, "fixos" ou pontuais, portanto, essa não pode ser toda a história, mas é provável que seja pelo menos um elemento dela.

Tecnologia e Produtividade de Intangíveis

A nova tecnologia também parece estar aumentando as oportunidades para as empresas investirem produtivamente em intangíveis. O exemplo mais óbvio é a TI. Como muitos intangíveis envolvem informação e comunicação, quase por definição, eles podem se tornar mais eficientes com uma TI melhor. Pense no investimento organizacional da Uber na construção de suas vastas redes de motoristas: isso teria sido teoricamente possível antes da invenção dos computadores e smartphones (afinal, existiam redes de radiotáxi), mas o retorno do investimento foi enormemente aumentado pelos smartphones, com sua capacidade de conectar pessoas rapidamente e permitir a classificação de motoristas e a medição de corridas.

As tecnologias sociais também melhoraram o retorno do investimento intangível. O conceito de laboratório corporativo de P&D na Alemanha do século XIX e seu desenvolvimento tanto na Alemanha quanto nos Estados Unidos (investimentos intangíveis no processo de produção de investimentos intangíveis) tornaram a P&D comercial mais sistemática e mais valiosa. A invenção e o desenvolvimento de sistemas, como o Kanban e a técnica de manufatura enxuta associada à Toyota aumentam o retorno do investimento organizacional. Repositórios de código como GitHub e Stack Overflow e a maneira como são usados são um tipo de tecnologia social — que aumenta o retorno sobre investimentos em software, ajudando os programadores a colaborar.

Dados país a país sobre investimento intangível nos dão uma pista disso. A Figura 2.6 mostra alguma correlação entre a parcela de investimento intangível no PIB de um país e a parcela de investimento tangível contabilizada por TI.

Isso suscita uma questão interessante: é possível que o aumento do investimento intangível seja apenas consequência de melhorias em TI? A economia intangível é uma espécie de corolário da Lei de Moore ou um epifenômeno do que Erik Brynjolfsson e Andrew McAfee chamam de Segunda Era da Máquina? É difícil provar a causalidade na mudança tecnológica, mas há motivos para pensar que é um pouco mais complicado do que isso. Certamente é verdade que alguns intangíveis operam por meio de computadores — de fato, para uma categoria de intangíveis, software, computadores são uma pré-condição necessária. E parece mais do que provável que o tamanho do mercado para muitos ativos intangíveis, como entretenimento, tenha sido amplamente expandido pela TI.

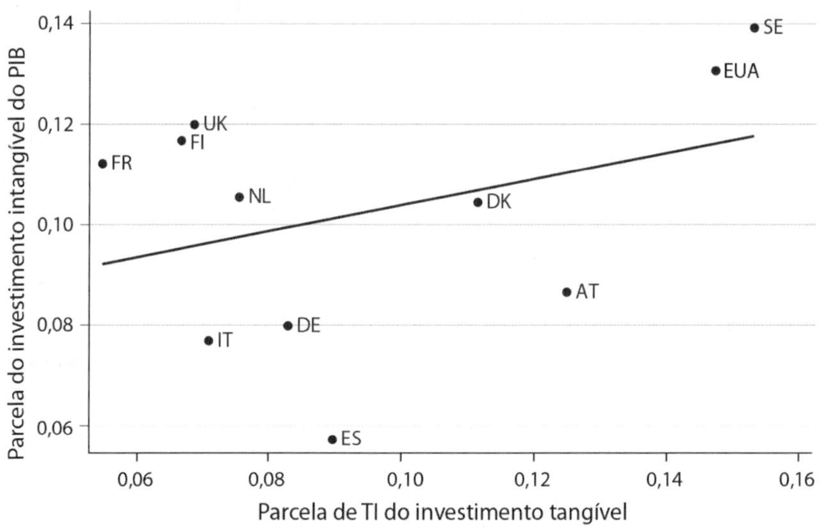

Figura 2.6. Investimento intangível e em TI (médias, 1999–2013). Os países são Áustria (AT), Dinamarca (DK), Finlândia (FI), França (FR), Alemanha (DE), Itália (IT), Holanda (NL), Espanha (ES), Suécia (SE), Reino Unido (UK) e EUA (EUA). Fonte: cálculos dos autores a partir da base de dados do INTAN-Invest (www.intan-invest.net).

Mas parece improvável que a ascensão dos computadores seja a única causa da economia intangível. Em primeiro lugar, como vimos anteriormente, a ascensão do investimento intangível começou antes da revolução dos semicondutores, nas décadas de 1940 e 1950, e talvez antes. Em segundo lugar, enquanto alguns intangíveis, como software e dados, dependem fortemente de computadores, outros não: marcas, desenvolvimento organizacional e treinamento, por exemplo. Finalmente, vários escritores na literatura de estudos de inovação argumentam que pode ser que tenha sido o surgimento de intangíveis que levou ao desenvolvimento da TI moderna, tanto quanto o contrário. O historiador James Beniger (1986) argumentou que a moderna tecnologia da informação se desenvolveu devido a uma necessidade premente de controlar a produção e as operações, primeiro por parte dos militares, e depois, no mundo dos negócios — por essa lógica, a TI e a pesquisa que levou a isso foram moldadas por uma economia sedenta por investimentos intangíveis, em vez de investimentos intangíveis acontecendo como uma resposta à invenção fortuita de várias formas de TI.[6]

Estrutura Industrial

Uma explicação plausível para o aumento do investimento intangível é que o equilíbrio do que as empresas produzem mudou. Todos sabem que a produção dos países desenvolvidos, mesmo aqueles com grandes setores manufatureiros, como a Alemanha ou o Japão, consiste principalmente em serviços. Alguns dos sociólogos e futuristas que anunciaram o surgimento da "sociedade pós-industrial" também foram profetas do que ficou conhecido como economia do conhecimento. É verdade, então, que o mundo moderno está substituindo os obscuros moinhos satânicos[1] por empresas de serviços que investem em sistemas, informações e ideias?

Acontece que as evidências não são tão claras. A Figura 2.7 mostra que, em todos os países, o setor de serviços era, no final da década de 1990, mais tangível-intensivo, mas isso se inverteu. Notavelmente, o setor manufatureiro é mais intensivo em intangíveis do que em tangíveis e tem crescido ainda mais. Assim, a estrutura da economia afetará a importância relativa dos intangíveis, mas esse efeito mudará com o tempo. Os dados da manufatura não devem ser uma surpresa, já que provavelmente se devem, em parte, à globalização. Quando o comércio se abre com os países em desenvolvimento, como quando a China ingressou na OMC em 2000, os países desenvolvidos precisam se especializar ainda mais onde têm uma vantagem comparativa. As empresas de manufatura que tendem a prosperar em economias de altos salários são aquelas que investem muito em intangíveis, desde os programas de P&D da Pfizer ou da Rolls-Royce até as técnicas de produção enxuta da

1 Termo extraído de um poema de William Blake. [N. da R.]

indústria automobilística japonesa. (À medida que a globalização exige a construção de organizações e redes mais complexas, ela também pode impulsionar diretamente o aumento do investimento intangível.)

Um Clima de Negócios em Transição

Os anos desde 1980 testemunharam um relaxamento constante de toda uma gama de regulamentações sobre produtos e mercados de mão de obra em grande parte das maiores economias do mundo. Ao mesmo tempo, a maioria dos governos, tanto de direita quanto de esquerda, orgulha-se de um grau de simpatia pelos negócios que teria surpreendido os políticos das décadas de 1960 ou 1970. Isso pode ter encorajado um aumento de longo prazo no investimento intangível?

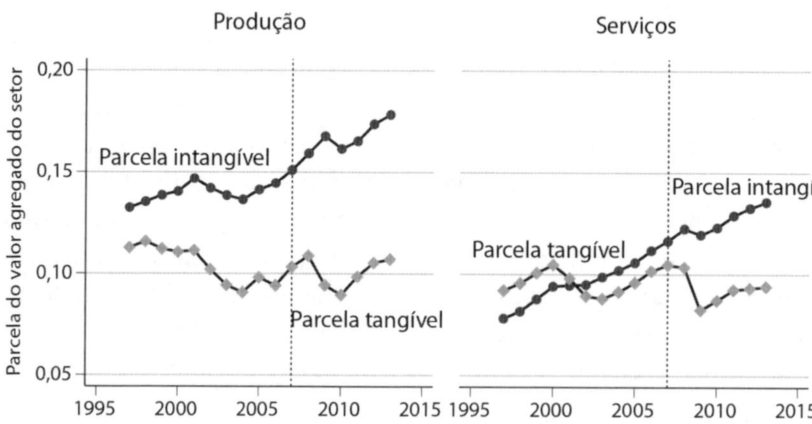

Figura 2.7. Intensidade intangível em manufatura e serviços (parcelas reais do valor agregado real do setor, UE e EUA, negócios não agrícolas). Fonte: cálculos dos autores das bases de dados INTAN-Invest (www.intan-invest.net) e SPINTAN (www.spintan.net).

Voltando à comparação de intangíveis entre países, vemos algumas evidências de que uma regulamentação mais flexível dos mercados de produtos e de trabalho incentiva o investimento intangível. A Figura 2.8 mostra a parcela do PIB do setor empresarial representada por investimentos tangíveis e intangíveis, plotada em relação a um índice do que a OCDE chama de “rigidez no emprego”, em que um alto valor do índice, como em países como a Itália, significa que é caro contratar e demitir trabalhadores, e um valor baixo, por exemplo, nos Estados Unidos e no Reino Unido, significa que é relativamente barato.

A figura mostra algo interessante. Países com contratações e demissões mais restritivas investem *mais* em tangíveis, mas *menos* em intangíveis. O efeito das regras do mercado de trabalho sobre o efeito tangível é intuitivo: se contratar e gerenciar pessoal é uma verdadeira dor de cabeça, então as empresas podem investir em máquinas. Mas o efeito sobre o investimento intangível é o oposto. Por quê? Novos intangíveis geralmente exigem que os trabalhadores mudem a maneira como trabalham: imagine uma fábrica que implementa um processo enxuto — um tipo de investimento em desenvolvimento organizacional — ou muda a natureza de seus produtos. Novos intangíveis também podem ser arriscados, e os empreendedores podem prever razoavelmente uma alta possibilidade de fracasso no futuro. Forças de trabalho menos flexíveis podem impedir esse investimento em primeiro lugar.[7]

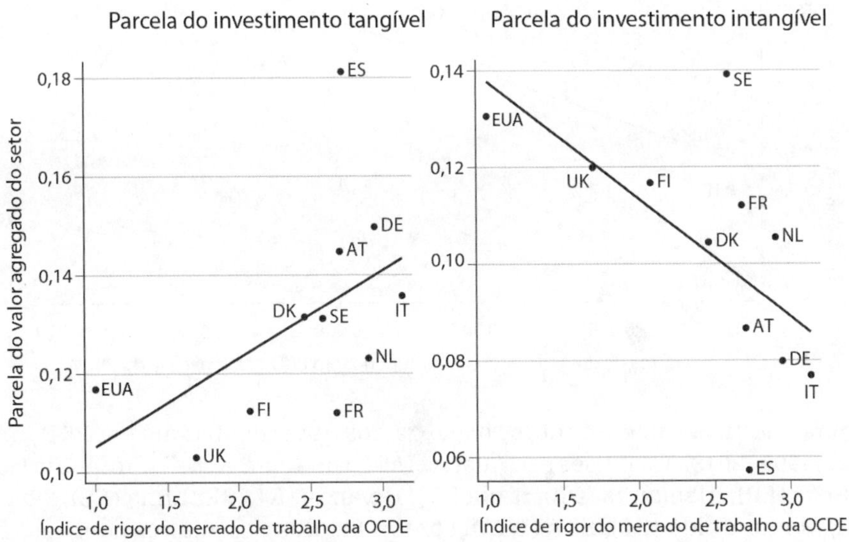

Figura 2.8. Investimento tangível e intangível e regulamentação (parcela do valor agregado do setor, média 1999–2013). Os países são Áustria (AT), Dinamarca (DK), Finlândia (FI), França (FR), Alemanha (DE), Itália (IT), Holanda (NL), Espanha (ES), Suécia (SE), Reino Unido (GB), EUA (EUA). Fonte: cálculos dos autores com base no banco de dados INTAN-Invest (www.intan-invest.net) e dados da OCDE.

Isso não pretende ser um endosso despreocupado para minar os direitos dos trabalhadores, mas fornece outra explicação possível para a contínua diferença de investimento nas últimas décadas e um lembrete de que a política não é irrelevante para essas mudanças.

A Figura 2.9 mostra que existe uma correlação entre os gastos intangíveis, desta vez do setor mercantil, e os gastos do governo com P&D. Assim, países como a Finlândia e a Suécia, por exemplo, têm gastos governamentais em P&D muito altos e altos gastos intangíveis do setor de mercado, em contraste com a Espanha e a Itália. Assim, o investimento intangível pode variar de país para país, dependendo da extensão do coinvestimento do setor público.

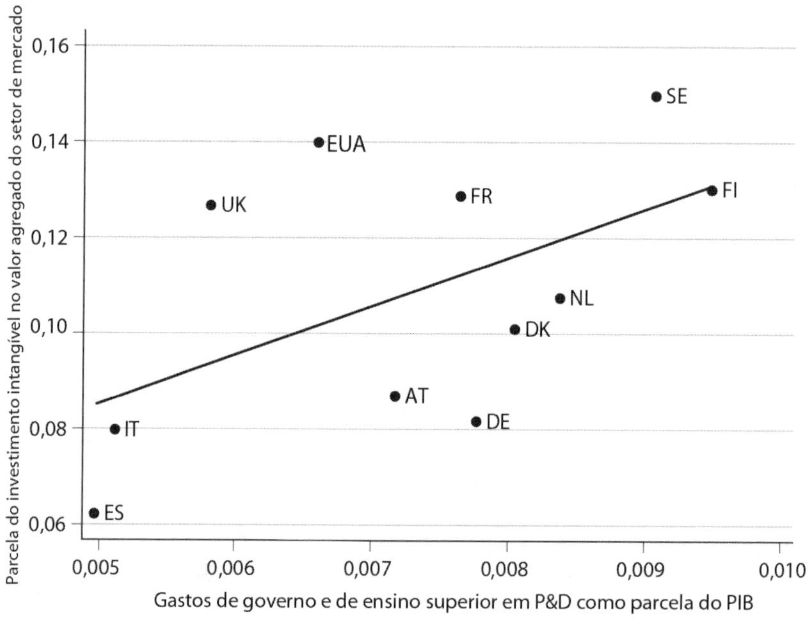

Figura 2.9. Investimento intangível e gastos governamentais em P&D (médias, 1999–2013). Os países são Áustria (AT), Dinamarca (DK), Finlândia (FI), França (FR), Alemanha (DE), Itália (IT), Holanda (NL), Espanha (ES), Suécia (SE), Reino Unido (GB), EUA (EUA). Fonte: cálculos dos autores com base no banco de dados INTAN-Invest (www.intan-invest.net) e dados da OCDE.

Por fim, parece também que o investimento intangível é maior como fração do PIB nos países mais desenvolvidos. Corrado e Hao (2013), por exemplo, documentam isso para gastos com marcas, que é cerca de 1% do PIB *per capita* nos Estados Unidos, mas 0,1% para a China (para seus dados, 1988–2011), e é bem conhecido que a maior parte da P&D é responsável por uma pequena fração dos países desenvolvidos (ver, por exemplo, os dados em van Ark *et al.*, 2009). Isso pode ser devido aos países de baixa renda se especializarem em manufatura intensiva em mão de obra ou não terem a base financeira e científica para fazer investimentos intangíveis em larga escala.

Globalização e Tamanhos de Mercado Crescentes

Um determinante final é o tamanho do mercado. Muitos intangíveis, como a marca da Starbucks ou o software do Facebook, podem ser dimensionados de forma mais ou menos infinita (um ponto ao qual retornaremos no Capítulo 4). Assim, mercados menores (por exemplo, países cercados por barreiras comerciais) seriam lugares menos atraentes para se fazer investimentos intangíveis.

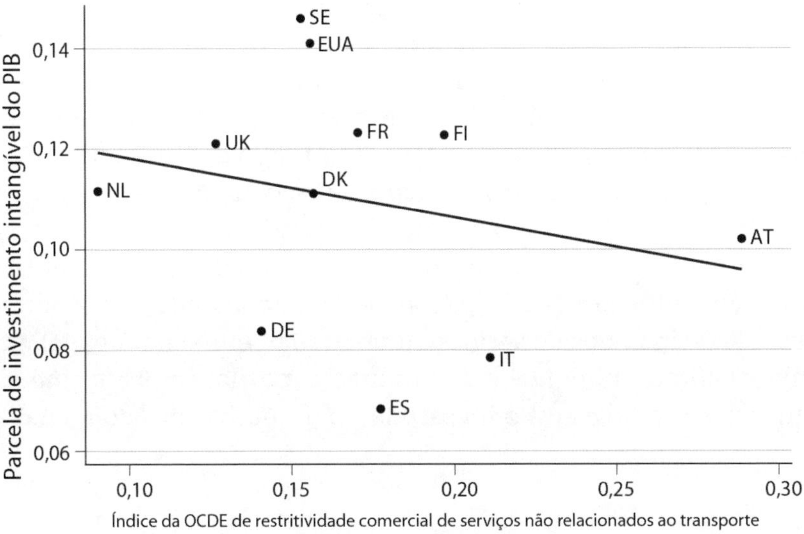

Figura 2.10. Investimento intangível e restrição comercial, 2013. Os países são Áustria (AT), Dinamarca (DK), Finlândia (FI), França (FR), Alemanha (DE), Itália (IT), Holanda (NL), Espanha (ES), Suécia (SE), Reino Unido (GB), EUA (EUA). Fonte: cálculos dos autores com base no banco de dados INTAN-Invest (www.intan-invest.net) e dados da OCDE.

A Figura 2.10 mostra a parcela do PIB representada pelo investimento intangível plotada contra o índice da OCDE de restritividade do comércio de serviços (os países à direita do gráfico têm comércio mais restritivo de seus serviços). Isso ajuda a explicar parte da dispersão nos padrões de investimento do país que vemos: a Áustria, por exemplo, dificilmente uma economia de caixa baixa, gasta relativamente pouco em investimentos intangíveis, mas tem oportunidades comerciais bastante restritivas, limitando, portanto, a possibilidade de escala.

O aumento constante do comércio internacional nos últimos cinquenta anos forneceria, portanto, um incentivo maior para as empresas com exposição a ele investirem em intangíveis. E isso significa que, se as barreiras comerciais aumentarem, seja por meio do Brexit ou da política comercial, haverá menor incentivo para investimentos intangíveis.

Conclusão: A Lei do Desaparecimento de Capital

O investimento intangível tornou-se cada vez mais importante. Novos métodos de medição mostram como isso agora excede o investimento tangível em alguns países desenvolvidos e vem crescendo há várias décadas, enquanto o investimento tangível diminuiu constantemente. Há uma série de razões para o crescimento do investimento intangível, incluindo a mudança no equilíbrio entre serviços e manufatura na economia, globalização, maior liberalização dos mercados, desenvolvimentos em TI e tecnologias de gerenciamento e mudanças nos custos de insumos de serviços (que desempenham um papel maior no investimento intangível). No próximo capítulo, veremos com mais profundidade como medir o investimento intangível na economia.

3

COMO MEDIR O INVESTIMENTO INTANGÍVEL

Este capítulo explica como o investimento intangível pode ser medido e como os economistas o calcularam.

Como o Investimento É Medido e Por quê?

A HISTÓRIA DE COMO os economistas e estatísticos passaram a medir o investimento intangível é um episódio tardio de uma história muito maior: a invenção do PIB e dos sistemas de contas nacionais.[1] Essa história é contada de forma envolvente nos livros *GDP: A Brief but Affectionate History*, de Diane Coyle, e *The Great Invention: The Story of GDP*, de Ehsan Masood.

Um dos maiores desafios conceituais envolvidos na criação do PIB foi decidir o que contar. Esse era um problema antigo. Adam Smith, em *A Riqueza das Nações*, questionou se a Inglaterra estava produzindo mais do que na queda do Império Romano. Sem dados para sustentar isso, ele simplesmente afirmou que sim, pois havia trabalho mais produtivo e menos trabalho improdutivo, sendo este último ocupações como "criados... o soberano... tangedores, bufões, músicos e cantores de ópera".[2]

Na época da Grande Depressão, quando os economistas estavam sendo pressionados a trabalhar para entender o que estava acontecendo de errado com a economia, esse problema tornou-se urgente. Todos sabiam que a economia ia mal. Mas não sabiam quanto a produção havia caído. A Ford sabia que as vendas de seu carro principal, o Modelo A, haviam caído 50% de 1930 até o final de 1931. Os produtores de aço sabiam que sua produção havia entrado em colapso: a capacidade instalada caiu de 96% em setembro de 1929 para 60% em dezembro (CQ Researcher, 2016). Mas quanto toda a economia declinou? O problema era que a produção dos fabricantes de aço era um insumo para os fabricantes de automóveis, então seria uma contagem dobrada somar ambas as suas produções. É por isso que calcular o PIB é muito mais difícil do que você imagina: você não pode simplesmente somar todos os produtos em todas as indústrias.

Que tal evitar a contagem dupla contando apenas a produção da indústria automobilística? Isso é bom se a montadora comprar apenas aço para transformar em carros. Mas e se uma montadora comprasse máquinas-ferramentas de aço e usasse essas máquinas ano após ano? O aço das máquinas-ferramentas certamente não se esgotaria: como vimos antes, são ativos. Assim, parece que os bens duráveis devem ser tratados de forma diferente dos listados anteriormente. Com base nisso, os criadores do PIB decidiram que os gastos com bens duráveis, ou investimentos, deveriam ser contabilizados como parte da produção da economia.

Você pode ver a importância de incluir o investimento no PIB a partir de um rápido experimento de pensamento. Imagine que voltamos ao final da década de 1940, quando os sistemas que usamos hoje para medir o PIB estavam se tornando comuns. Considere dois países muito semelhantes que produzem mil carros, todos comprados por consumidores domésticos.

A única diferença entre eles é que o País A também está fabricando novas máquinas para suas fábricas de automóveis, enquanto o País B não. A produção dessas máquinas não apareceria em nossas estatísticas de consumo, já que os consumidores não compram tornos, correias transportadoras e pulverizadores de tinta. Mas, no final do ano, o País A teria claramente produzido mais bens, pois, além dos carros novinhos em folha de que seus cidadãos desfrutam, ele tem novos equipamentos em suas fábricas que lhe permitirão fabricar carros melhores e mais baratos nos próximos anos. Poderíamos medir essa produção diretamente contando o valor da produção do carro e o valor da produção da máquina, e isso seria o PIB. Poderíamos medi-la indiretamente, contabilizando todos os gastos dos consumidores e também os gastos com investimentos das empresas. Neste mundo simples, ambos os valores seriam iguais. Na prática, contabilizar a produção acaba sendo difícil, então as primeiras estimativas do PIB são feitas a partir do gasto, que é um pouco mais fácil de mensurar. Os estatísticos nacionais fazem isso pesquisando os consumidores para descobrir os gastos com consumo e pesquisando as empresas para descobrir os gastos com investimentos. Portanto, o investimento faz parte do PIB.

Quando os economistas começaram a medir o PIB a sério na década de 1940, esse tipo de investimento era muito importante para o mundo em geral, que estava reconstruindo sua capacidade industrial após a destruição da Segunda Guerra Mundial. Portanto, não deveria ser surpresa que a medição do investimento fosse levada muito a sério.

Nessa estrutura, o investimento era estritamente limitado a insumos *físicos*. As novas máquinas da fábrica de automóveis foram um investimento; o tempo que seus designers gastaram planejando um novo modelo não foi. Esse tempo gasto foi tratado como um custo dos negócios — um "insumo intermediário", como o aço ou a conta de luz —, e não contado como parte da produção. O design era considerado como algo totalmente consumido no processo de produção, não algo que durasse como um investimento.[3]

Não demorou muito para os economistas começarem a questionar isso. Já na década de 1960, ele começaram a se perguntar se esse tipo de gasto em conhecimento poderia ser duradouro. Fritz Machlup era um imigrante austríaco que havia se mudado para a Universidade de Nova York durante a Segunda Guerra Mundial (ele foi aluno do economista austríaco Ludwig von Mises, embora Mises tenha se desentendido com ele quando Machlup questionou se o padrão-ouro era uma boa ideia — aparentemente, os dois não se falaram por três anos). Em 1962, Machlup escreveu um livro intitulado *The Production and Distribution of Knowledge in the United States*, no qual perguntava se diferentes tipos de conhecimento eram coisas valiosas que poderiam ser produzidas, como tornos e oficinas de pintura. Ele começou a medir os gastos em tudo, desde pesquisa e desenvolvimento até publicidade, branding e treinamento (Machlup, 1962).

O livro de Machlup foi bem recebido, principalmente por não economistas. Economistas, liderados particularmente por Zvi Griliches no National Bureau of Economic Research (NBER), o cérebro da economia aplicada dos Estados Unidos, sabiam que P&D e produção de conhecimento eram uma força vital para aumentar o PIB. O NBER convocou uma importante conferência em 1960 sobre o tema "The Rate and Direction on Inventive Activity" [Taxação e direção da atividade inventiva, em tradução livre]. Um grupo de trabalho da OCDE se reuniu em Frascati, Itália, para chegar a um acordo sobre uma estrutura comum para medir P&D, codificando a abordagem no que ficou conhecido como *Manual de Frascati*; essas definições (revisadas em várias edições subsequentes, sendo a última a OECD 2015) ainda são usadas para medir P&D hoje. O ano de 1966 viu o estabelecimento do Centro de Pesquisa de Políticas Científicas da Universidade de Sussex, por Chris Freeman, um poderoso proponente do estudo interdisciplinar da inovação. Mas, no que diz respeito às contas nacionais, o investimento tangível ainda era o que importava. Os estatísticos encontraram melhores maneiras de medir os estoques de capital tangível e fizeram outros desenvolvimentos, como tabelas de entrada/saída e estimativas do comércio internacional à medida que as economias se globalizavam.

O que reacendeu o interesse dos economistas na medição dos intangíveis foi, ironicamente, algo tangível: computadores. Ao longo da década de 1980, os economistas lutaram com um quebra-cabeça. Desde meados da década de 1970, o crescimento da produtividade nos países desenvolvidos foi decepcionantemente baixo. Isso ocorreu apesar do advento de novas tecnologias de computador amplamente divulgadas que supostamente transformariam os negócios para melhor. Robert Solow, que contribuiu mais para o estudo do crescimento econômico do que a maioria, destacou em 1987 que o impacto da era do computador pode ser visto em todos os lugares, menos nas estatísticas de produtividade (Solow, 1987).

Instigadas por essas críticas, as agências estatísticas, lideradas pelo Bureau of Economic Analysis (BEA) dos Estados Unidos, começaram a examinar mais de perto o tratamento dado à informação e à tecnologia da informação. Elas introduziram dois tipos de inovação.

Primeiro, na década de 1980, em conjunto com a IBM, o BEA começou a produzir índices de preços de computadores ajustados pela qualidade. Isso acabou fazendo uma grande diferença na medição de quanto investimento as empresas faziam em hardware de computador.

Na maioria dos casos — produtos alimentícios, por exemplo —, os preços de um mesmo bem tendem a subir suavemente em linha com a inflação geral. Mas mesmo que os preços dos computadores estivessem subindo, decididamente não eram os mesmos, já que cada dimensão de sua qualidade (velocidade, memória e espaço) estava melhorando incrivelmente. Portanto, seus preços "ajustados pela qualidade" estavam, de fato, caindo, e caindo muito rápido, o que significa que a qualidade que você poderia comprar por dólar gasto em computadores estava de fato subindo muito rápido.

À medida que os computadores se espalharam pela economia, a necessidade de fazer essa correção de qualidade para os dados oficiais de preço de computadores tornou-se cada vez mais importante, ao passo que um artigo relevante de Steve Oliner e Dan Sichel (1994) mostrou que esses ajustes de qualidade foram cruciais para entender a produtividade dos EUA. Enquanto isso, os economistas da OCDE Alessandra Collecchia e Paul Schreyer (2002) documentaram que a maioria das agências de estatísticas fora dos Estados Unidos não estava usando esse ajuste de qualidade. Quando Collecchia e Schreyer usaram os números de ajuste de qualidade dos EUA nas economias de outros países (afinal, os computadores são bastante internacionais), eles descobriram que os computadores nas economias fora dos EUA eram contribuintes muito mais importantes para o crescimento do que aquelas contas nacionais haviam revelado.

Esse desenvolvimento tratou de hardwares de computador. Mas o segundo desenvolvimento importante na década de 1990 foi em torno do software de computador. Algumas empresas, especialmente as grandes, escrevem muito de seu próprio software. Os bancos, em particular, gastam muito: a certa altura, o Citibank empregava mais programadores do que a Microsoft. Quanto mais os estatísticos analisavam esses gastos, mais percebiam que o software que as empresas escreviam não era um bem tangível como os próprios computadores, mas um bem intangível: o conhecimento escrito em linhas de código. E parecia que o código era duradouro. É verdade que precisava ser periodicamente depurado, atualizado e renovado, mas durava pelo menos alguns anos. De fato, qualquer pessoa que tenha trabalhado em TI bancária confirmará que os grandes bancos dependem de grandes quantidades de códigos herdados muito antigos, quase impossíveis de substituir sem literalmente quebrar o banco.

Talvez, concluíram os economistas, o software deva ser tratado como um investimento. O problema era que não havia lugar para software nas frequentes pesquisas de investimento que as agências de estatística pediam às empresas para preencher. Essas pesquisas pediam gastos com computadores, maquinário, veículos e prédios — mas não software. Assim, a posição ecoou um medo expresso por Alan Greenspan, o então presidente do Federal Reserve dos EUA, de que havia uma nova economia, e as agências estatísticas não a estavam apreendendo.

Em 1999, o US BEA introduziu o software como um investimento no cálculo do PIB dos EUA (Moulton, Parker e Seskin, 1999). Eles estimaram o investimento das empresas norte-americanas em software por meio de uma combinação de métodos: informações sobre suas compras de software, obtidas em pesquisas decenais, e investimento interno, com base em um múltiplo de salários de desenvolvedores de software. Apoiados pela OCDE, outros países também introduziram esse método e começaram a trazer questões de investimento em software para pesquisas de investimento (o Reino Unido, em 2001, por exemplo; Chesson, 2001). O Reino Unido demorou um pouco para incorporar esses métodos e, nesse meio tempo, conseguiu que o economista Nicholas Oulton recomendasse uma solução de curto prazo. Seu conselho foi multiplicar os gastos atuais com software por um fator de três — e, de fato, quando o Reino Unido mais tarde incorporou o método dos EUA, os gastos aumentaram quase exatamente por um fator de três.

Mas a ideia de uma nova economia também levou os economistas a examinar o papel do investimento em conhecimento de forma mais geral. Teóricos como Robert Lucas, Paul Romer, Phillipe Aghion e Peter Howitt elaboraram modelos econômicos em que o conhecimento desempenhava um papel fundamental na promoção do crescimento, seja por meio do transbordamento de conhecimento de um produtor para outro, seja por meio do processo competitivo de investimento em melhoria contínua de produtos (veja, por exemplo, Lucas, 1993; Aghion e Howitt, 1992; Romer, 1990).

Embora os teóricos não tivessem articulado a questão exatamente dessa forma, no início dos anos 2000, havia uma crença crescente entre os economistas de negócios, em particular nos Estados Unidos, de que as empresas estavam gastando somas significativas de dinheiro em coisas que não tinham presença física, mas que, no entanto, eram valiosas e duráveis. Mas eram mais do que software e P&D: incluíam, por exemplo, novos arranjos organizacionais. Baruch Lev, professor de contabilidade na Universidade de Nova York, escreveu um livro influente sobre como as empresas devem administrar e contabilizar essa nova classe de investimento (Lev, 2001). Ele expôs algumas das características desse investimento intangível (que discutiremos no próximo capítulo) e observou que os balanços das empresas não o registravam. Na mesma linha, o macroeconomista norte-americano Robert Hall se perguntou se esses intangíveis poderiam ajudar a explicar os mercados, sua pesquisa resumida pelo título de seu artigo de 2001, "Struggling to

Understand the US Stock Market" [Lutando para entender o mercado de ações dos EUA, em tradução livre. RE Hall, 2001].

Tais pensamentos começaram a fazer a transição da academia para o mundo da política. No Federal Reserve da Filadélfia, Leonard Nakamura fez uma primeira estimativa baseada em conjeturas sobre o investimento não contabilizado e, assim, intitulou seu artigo de 2000 "What Is the U.S. Gross Investment in Intangibles? (At Least) One Trillion Dollars a Year!" [Qual é o investimento bruto dos EUA em intangíveis? (Pelo menos) Um trilhão de dólares por ano!, em tradução livre. Nakamura, 2001; Nakamura, 2010]. E em Paris, a OCDE estava pensando efetivamente em estruturas para incorporar esses ativos imateriais mais amplos (Young, 1998).

A empolgação da bolha pontocom do final da década de 1990 não duraria. Descobriu-se que ganhar dinheiro com a nova economia era mais difícil do que os investidores da Pets.com e da Enron haviam presumido. Mas a ideia mais ampla de investimento em ideias, conhecimento e redes, habilitada ou não por novas tecnologias de informação, perdurou.

Na primavera de 2002, com o índice de alta tecnologia NASDAQ caindo 65% em relação à alta da bolha pontocom, um grupo de economistas iniciou um projeto para pensar séria e rigorosamente sobre a medição de investimentos na nova economia. A Conference on Research in Income and Wealth, fundada nos Estados Unidos em 1936 para conduzir pesquisas sobre mensuração em economia, reuniu-se em Washington sob a liderança de Carol Corrado e Dan Sichel, então no Federal Reserve Board dos EUA, e John Haltiwanger, um professor de economia da Universidade de Maryland. Nessa conferência e posteriormente, Corrado, Sichel e Charles Hulten, da Universidade de Maryland, construíram uma estrutura para registrar diferentes tipos de investimento intangível e sua contribuição para o crescimento do PIB.

Começou então um minucioso processo de definição e medição dos diferentes tipos de investimento, primeiro para os Estados Unidos, e gradualmente para outros países. Em 2005, Corrado, Hulten e Sichel produziram o primeiro conjunto de estimativas para os Estados Unidos (2005). Em 2006, Hulten deu um seminário no Tesouro do Reino Unido sobre o que a equipe dos Estados Unidos estava fazendo. No que deve ser um exemplo de uma das reações mais rápidas a um seminário acadêmico de todos os tempos, o Tesouro do Reino Unido imediatamente encomendou um trabalho semelhante a ser feito para o Reino Unido, e Tony Clayton, Mauro Giorgio Marrano, Jonathan Haskel e Gavin Wallis produziram estimativas para o Reino Unido para 2004. Enquanto isso, o trabalho era realizado no Japão por Kyoji Fukao, Tsutomu Miyagawa, Kentaro Mukai, Yukio Shinoda e Konomi Tonogi, e em 2010, a *Review of Income and Wealth* publicou um especial sobre intangíveis, apresentando os trabalhos norte-americanos, britânicos e japoneses (Corrado, Hulten e Sichel, 2009; Giorgio Marrano, Haskel e Wallis, 2009; Fukao *et al.*, 2009).

Ao mesmo tempo, o investimento intangível também começou a entrar nas estatísticas oficiais. Os institutos nacionais de estatística do mundo, os guardiões das estatísticas do PIB que enfeitam os boletins de notícias e os relatórios de analistas, começaram gradualmente a perceber os novos tipos de investimento que as empresas estavam fazendo e a incluí-los nas contas nacionais. Em 1993, o Sistema de Contas Nacionais (as regras internacionais para contabilidade nacional cuja definição de investimento encontramos no Capítulo 2) declarou o software admissível como investimento, seguido pelo Sistema Europeu de Contas, em 1995, e pelas Contas Nacionais do Reino Unido, em 1998 (Chesson, 2001). O Sistema de Contas Nacionais de 2008 recomendou P&D como um investimento, e essa recomendação foi introduzida gradualmente por vários países (Reino Unido em 2014). Muito antes, mas bastante despercebido, o Sistema de Contas Nacionais havia proposto em 1993 incluir o investimento em entretenimento e originais literários e artísticos como investimento. Alguns países haviam incorporado essas medidas, mas muitos não: somente em 2013 os Estados Unidos o fizeram plenamente. E essas mudanças se somaram. Lá, por exemplo, a capitalização do software adicionou cerca de 1,1% ao PIB dos EUA em 1999, e P&D adicionou 2,5% ao PIB de 2012, com esses números crescendo o tempo todo (Corrado, Hulten e Sichel, 2005).

Quais Tipos de Intangíveis Existem?

Vejamos agora a estrutura que tem sido usada para medir o investimento intangível. O primeiro desafio de mensurar qualquer coisa em economia é de definição: até que você possa descrever o que está medindo, não pode começar a coletar dados. Quando Corrado, Hulten e Sichel começaram a medir o investimento intangível em 2005, eles usaram e ampliaram algumas das mesmas sugestões para os tipos de investimento a serem medidos originalmente apresentadas por Fritz Machlup em 1962, então desenvolvidas por volta da virada do milênio por um grupo de trabalho da OCDE (Secretaria da OCDE, 1998) e elaborado por Baruch Lev em seu livro de 2001 e Leonard Nakamura (Nakamura, 2001).

Eles dividiram o investimento intangível em três grandes tipos: ver Tabela 3.1. Havia "informações computadorizadas", "propriedade inovadora" e "competências econômicas". Como mostra a tabela, cada um é um tipo diferente de investimento e cada um produz um tipo diferente de ativo de capital.

TABELA 3.1. CATEGORIAS DE INVESTIMENTO INTANGÍVEL

Categoria ampla	Tipo de investimento	Tipo de propriedade legal que pode ser criada	Tratado como investimento nas Contas Nacionais?
Informação computadorizada	Desenvolvimento de software	Patente, direitos autorais, design DPI, marca registrada, outros	Sim, desde o início dos anos 2000
	Desenvolvimento de banco de dados	Direitos autorais, outros	Recomendado no SCN 1993, mas a OCDE sugere implementação desigual
Propriedade inovadora	P&D	Patentes, design DPI	Sim, recomendado no SNA 2008, apresentado gradualmente desde então
	Exploração mineral	Patentes, outros	Sim
	Criação de entretenimento e originais artísticos	Direitos autorais, design DPI	Sim na UE; nos EUA, desde 2013
	Design e outros custos de desenvolvimento de produtos	Direitos autorais, design DPI, marca registrada	Não
Competências econômicas	Treinamento	Outros	Não
	Pesquisa de mercado e branding	Direitos autorais, marca registrada	Não

(continua)

(continuação)

Categoria ampla	Tipo de investimento	Tipo de propriedade legal que pode ser criada	Tratado como investimento nas Contas Nacionais?
	Reengenharia de processos de negócios	Patente, direitos autorais, outros	Não

Nota: P&D deve ser pensado, de acordo com as definições oficiais, como gastos de orientação científica, distintos de, digamos, empreendimentos artísticos ou de design. "Outros" na coluna 3 refere-se a coisas como segredos comerciais, contratos etc. A coluna 3 refere-se à propriedade intelectual formal: esperamos que todo investimento intangível também produza conhecimento tácito.

Fonte: Colunas 1 e 2 de Corrado, Hulten e Sichel, 2005; coluna 3 baseada em Corrado, 2010; coluna 4 de Corrado *et al.*, 2013.

A *informação computadorizada* é a mais clara: é qualquer investimento que envolva colocar informações em computadores para torná-los úteis em longo prazo. O exemplo mais óbvio é o software, incluindo software adquirido e software que uma empresa escreve para si mesma. Também inclui bancos de dados; essa era uma proporção relativamente pequena dessa categoria de investimento, mas sua inclusão era presciente, dada a explosão subsequente de big data e sua importância para tantas grandes empresas no setor de tecnologia e além. (Para mais informações sobre as diferenças entre dados, informações, conhecimentos etc., ver Box 4.1.)

A *propriedade inovadora* é um pouco mais difícil de analisar à primeira vista. Inclui P&D, que economistas e estatísticos há muito avaliam. Também inclui outros tipos de desenvolvimento de produtos e serviços que não dependem diretamente da ciência e da tecnologia — por exemplo, o design de uma loja ou de um assento de avião. Esta categoria também inclui outras formas de criação e descoberta, desde a prospecção de petróleo até a escrita de romances e os direitos que os acompanham.[4]

As *competências econômicas* abrangem outros investimentos que não envolvem diretamente inovação ou computadores. O artigo de 2005 de Corrado, Hulten e Sichel definiu esse investimento como "o valor das marcas e outros conhecimentos embutidos em recursos humanos e estruturais específicos da empresa". Em particular, esse investimento envolve três tipos principais: marketing e branding (investimento na compreensão das necessidades dos clientes e na criação de marcas que os atraiam); capital organizacional, como a criação de modelos de negócios distintos ou culturas corporativas; e treinamentos específicos da empresa.

A Tabela 3.1 mostra também duas outras informações. A terceira coluna examina o tipo de direitos de propriedade intelectual (DPIs) que cada tipo de investimento pode gerar: patentes para P&D, por exemplo, ou direitos autorais para investimento em entretenimento. Alguns desses DPIs dependem do país: em alguns países, processos de negócios e software não podem ser patenteados. (Observe também que a tabela sugere que o estudo do patenteamento, como fazem muitas métricas de inovação, nos revela apenas parte do quadro da inovação.) E a coluna final estabelece se as agências estatísticas tratam essas categorias de gastos como investimento: como pode ser visto, muitos deles são agora tratados dessa forma. No entanto, esse tratamento é relativamente recente, e a cobertura pode ser desigual, de modo que, por exemplo, a contagem do investimento em banco de dados é, na prática, inconsistente entre os países (Corrado *et al.*, 2013).

A seção a seguir examinará como medir esses investimentos; depois, consideraremos algumas possíveis objeções à sua classificação como investimentos; por fim, veremos alguns desafios futuros para a mensuração de intangíveis.

Medindo o Investimento em Intangíveis

Como explicamos no Capítulo 2, o objetivo do investimento é criar um ativo valioso. Vamos começar revisando como medimos o investimento nesses intangíveis. Mais adiante, veremos como medimos o valor do ativo que esse investimento cria, pois isso gera um conjunto adicional de complicações.

Medir o investimento requer uma série de etapas. Em primeiro lugar, precisamos descobrir quanto as empresas estão *gastando* com o intangível. Em segundo lugar, em alguns casos, nem todo esse gasto criará um ativo de longa duração: por exemplo, um noticiário de TV não cria um ativo de longa duração, mas um filme, sim. Portanto, podemos ter de ajustar esse gasto para medir o *investimento* — ou seja, aquela parte do gasto que cria um ativo de longa duração. Em terceiro lugar, precisamos *ajustar esse investimento à variação da inflação e da qualidade* para podemos compará-lo em diferentes períodos em que os preços e a qualidade estão mudando.

Encontrar os *gastos* (isto é, as libras, os euros, dólares ou ienes que uma empresa gastou no ano anterior, o que os economistas chamam de "valor nominal") para a maioria dos bens de investimento é fácil. Se os contadores nacionais quiserem saber quanto Heathrow está investindo em limpa-neves ou Sainsbury em novos caminhões de entrega, basta perguntar a eles. Eles lhes enviam um formulário pedindo que listem seus gastos com o que o escritório de estatísticas concorda serem bens de investimento: por exemplo, computadores, fábricas, veículos, edifícios. O Office for National Statistics (ONS), do Reino Unido, chama isso de *Pesquisa Trimestral de Aquisições e Alienações de Ativos de Capital* e a envia a 27 mil empresas a cada trimestre.[5] Nos últimos anos, o ONS adicionou mais bens de investimento a essa pesquisa, notadamente, gastos com software, bancos de dados, originais artísticos e design (as empresas também são questionadas sobre o valor, se houver, dos bens de investimento que venderam).

Existem duas complicações. Em primeiro lugar, e quanto a investimentos fora da pesquisa, como treinamento ou pesquisa de mercado? Para isso, os pesquisadores precisam olhar para outras pesquisas ou para a produção da indústria de pesquisa de mercado.

Em segundo lugar, isso examina apenas as *compras* de ativos de investimento. Agora, para bens tangíveis, isso é bom, já que muito poucas empresas fazem seus próprios bens de investimento tangíveis: aeroportos não fazem seus próprios limpa-neves e supermercados não fabricam seus próprios caminhões. Mas para intangíveis, essa generalização não se aplica: muitas empresas escrevem seu próprio software — bancos, por exemplo — ou fazem sua própria P&D. Portanto, perguntar a elas quanto gastam é algo que deve ser feito com cuidado, para verificar se as empresas registram o que *compram* e *gastam* em ativos de investimento "internos" ou "próprios".

Para mensurar os gastos internos, os estatísticos imaginam que existe uma "fábrica" de software, P&D ou treinamento dentro da empresa e tentam medir quanto é gasto para administrar essa "fábrica". Como eles fazem isso? Por meio de pesquisas sobre a força de trabalho. Agências estatísticas em todo o mundo fazem pesquisas bastante detalhadas sobre a força de trabalho e, assim, podem medir, digamos, quantos designers trabalham no varejo (desenhando fachadas de lojas, por exemplo) e quanto recebem. Consultas com a indústria lhe informarão quais custos extras estão envolvidos além dos salários: despesas gerais, custos de capital, e assim por diante; um valor para software é tipicamente em torno de 1,5. Assim, uma estimativa de gastos internos com software seria 1,5 vez o custo dos salários pagos a uma série de ocupações de software.

Este é apenas o primeiro passo, pois retorna um valor para gastos nominais. Mas isso não basta, pois, para medir o investimento, precisamos saber quanto desse gasto durará mais de um ano. Esse é o segundo passo, e é feito em consulta com a indústria. Em software, por exemplo, os programadores de software podem gastar 90% de seu tempo criando ativos de software de longa duração, enquanto os gerentes de software podem gastar apenas 5% de seu tempo, se estiverem, por exemplo, principalmente tratando da administração. Da mesma forma, as evidências dos diários de tempo indicam que os designers juniores geralmente gastam muito mais tempo em design e menos em marketing e administração, em relação aos designers seniores, portanto, seu tempo deve ser ajustado de acordo. Da mesma forma, os gastos artísticos originais variam, por exemplo, se a produção de TV é para notícias (assumida de curta duração) ou filmes de TV (assumida de longa duração).

Esses dois passos, então, nos dão o investimento nominal: gasto vezes a fração que é duradoura. O terceiro passo é converter esse investimento nominal em investimento "real" — ou seja, ajustar esse investimento nominal à inflação e à mudança de qualidade, para podermos comparar £500 gastos em software hoje com £500 gastos cinco anos atrás (ver o Box 5.1 para mais em medidas "reais" e "nominais").

Ajustar à inflação é mais difícil do que você pode imaginar. Sabemos qual é o nível geral de inflação, pois os bancos centrais visam os aumentos de preços de uma cesta representativa de produtos. Sabemos o que é inflação específica para bens físicos bem definidos cujos atributos não mudaram muito: uma tonelada de aço padrão, um pedaço de fio de cobre. Mas não sabemos muito sobre o preço de muitos serviços, como conselhos de um consultor de gerenciamento ou marketing. Os estatísticos tentaram chegar a isso. Um método é assumir que o preço de tal conselho segue o padrão geral de preços. Outra é tentar dividir "conselhos" em uma cesta de produtos e medir seus preços. Assim, podemos medir o preço dos serviços jurídicos, por exemplo, observando os preços de redigir um testamento ou transacionar uma casa. Um terceiro método é "baseado no tempo", ou seja, para pesquisar o número de horas e o custo por hora de uma cesta de determinados serviços (por exemplo, serviços de contabilidade, como auditoria, folha de pagamento e consultoria tributária).

Construir uma cesta é muito mais difícil quando a qualidade está mudando muito rapidamente, uma vez que um pacote de software em um ano pode ser muito melhor do que um em anos anteriores e, portanto, um não pode ser comparado de forma significativa com o outro. Isso significa atualizar a cesta com muita frequência. Outro método é tentar chegar a um acordo sobre uma série de atributos de qualidade; para hardware, pode ser velocidade, memória, espaço, por exemplo. Os estatísticos, então, correlacionam essas mudanças nos atributos com as mudanças observadas nos preços de todo o computador, estabelecendo, assim, um "preço" para cada atributo. Em suma, o ajuste de qualidade é uma das áreas mais difíceis enfrentadas pelos contadores nacionais. Hulten (2001) cita Adam Smith, que disse que "a qualidade... é uma questão tão questionável que considero todas as informações desse tipo um tanto incertas".

Essas etapas são realizadas para estimar o investimento real. Para medir o estoque do ativo que esse investimento cria, os economistas precisam seguir outra série de etapas, começando com a pergunta: com que rapidez o ativo deprecia? Ou, em outras palavras, aproximadamente quanto a cada ano se torna obsoleto ou é descartado? (Isso inclui o caso em que os intangíveis são reduzidos a nenhum valor — às vezes, como na Enron, devido a fraude, outras vezes, devido a, por exemplo, mudanças na regulamentação ou falha em um ensaio clínico). Se conhecermos o fluxo de investimento na economia ano a ano e a taxa de depreciação, também podemos calcular o estoque de investimento intangível para qualquer ano. O apêndice deste capítulo discute esse assunto.

O Investimento em Intangíveis É Realmente um Investimento?

A maioria das pessoas acha a ideia de que software, P&D e desenvolvimento de novos produtos são investimentos bastante intuitivos. Voltando à nossa definição de investimento do capítulo anterior, são coisas que (a) custam dinheiro, (b) espera-se que gerem um retorno de longo prazo e, além disso, (c) a empresa que faz o investimento tem uma chance razoável de desfrutar de uma parte valiosa do próprio retorno.

Marketing, capital organizacional e treinamento são realmente investimentos? Alguns argumentam que o marketing — especialmente a parte relacionada à publicidade para construir marcas — é apenas um jogo de soma zero entre empresas: se minha marca ganha participação de mercado, a sua perde. Alguns dizem que o dinheiro gasto em desenvolvimento organizacional produz mais burocracia e trabalho. E alguns dizem que o treinamento deve ser excluído porque produz um bem para a pessoa treinada, não para a empresa que faz o treinamento.

Cada uma dessas críticas tem um fundo de verdade, mas não tanto a ponto de desqualificar esses tipos de gastos como investimentos.

Considere a primeira objeção, ou seja, que o *branding* é um jogo de soma zero e apenas transfere as vendas, digamos, da Coca-Cola para a Pepsi. Isso por si só não é uma objeção a ser um *investimento*. Um investimento é algo que produz um ativo de longa duração. Ninguém diria que a American Airlines *não* está investindo quando compra um novo avião que tira participação de mercado da British Airways. Em vez disso, a questão é se o ato de investimento da empresa A resulta em um declínio no valor do ativo da empresa B.[6] Se o declínio for de 100%, o investimento *líquido* efetivo na economia é zero.

Embora pareça provável que pelo menos alguns gastos com publicidade tenham essa característica de "cabeça a cabeça", parece improvável que tudo isso seja uma compensação exata entre as empresas. Além do mais, pelo menos alguma publicidade pareceria beneficiar outras empresas, uma vez que permite que os consumidores saibam sobre a disponibilidade de todos os produtos, não apenas do produto da empresa A.

O economista Ferdinand Rauch aproveitou uma mudança incomum da política para estudar essa questão (Rauch, 2011). Até 2000, a Áustria, que tributava a publicidade, tinha alíquotas diferenciadas entre as regiões. Em 2000, uma harmonização nacional introduziu uma taxa de imposto de 5% em todas as regiões. Assim, o custo da publicidade aumentou em algumas partes do país, ao mesmo tempo em que diminuiu em outras. Se a publicidade fosse simplesmente um jogo de soma zero, essa mudança de imposto não faria diferença nos gastos da empresa. Afinal, se eles estivessem simplesmente em uma "corrida armamentista" para um gastar mais do que outro, seriam forçados a fazer isso pela concorrência, independentemente dos impostos. Na verdade, a publicidade mudou, caindo onde ficou mais cara e subindo onde ficou mais barata. No geral, houve mais publicidade, e os preços dos produtos foram menores, sugerindo que os consumidores reagiram a mais publicidade comprando mais a um preço mais baixo. Isso é consistente com a ideia de que eles tinham mais informações e o mercado estava funcionando melhor.

A objeção ao tratamento do *desenvolvimento organizacional* como um investimento intangível tende a ser a de que ele não é durável ou não tem valor. Certamente é verdade que alguns gastos em atividades gerenciais são desperdiçados ou não têm valor, especialmente em negócios mal administrados — há uma rica tradição de literatura de *Bartleby the Scrivener* a *The Office* sobre gerenciamento inútil e contraproducente. Da mesma forma, nem todas as atividades que superficialmente parecem desenvolvimento organizacional são duradouras — muita consultoria de gerenciamento, mesmo quando funciona, ajuda a tomar boas decisões de curto prazo, e não a criar novas estruturas organizacionais.

Mas seria ir longe demais dizer que *nenhum* investimento organizacional é duradouro e valioso. Parece óbvio que existem empresas com fortes culturas de boa gestão e alto desempenho, que criar e manter essas culturas exige investimento (tanto de tempo quanto de dinheiro) e que essas empresas têm mais chances de sucesso do que aquelas com culturas piores: pense, por exemplo, no Kaizen na Toyota, ou no Six Sigma na General Electric (GE). Outros exemplos serão discutidos no Capítulo 8. Sabemos que a inovação geralmente envolve investimentos em mudanças organizacionais, como a criação de uma nova unidade de negócios para vender uma nova linha de produtos.

E também é possível pensar em exemplos de empresas que investiram para criar ativos organizacionais valiosos fora de suas próprias empresas. A notável cadeia de suprimentos da Apple que Tim Cook foi responsável por desenvolver é claramente uma fonte de valor de longo prazo para a empresa e que permite que leve produtos ao mercado com uma rapidez extraordinária. Um ativo valioso das chamadas empresas de economia de compartilhamento, como Uber ou AirBnB, é normalmente sua rede de fornecedores comprometidos — os motoristas da Uber ou os anfitriões do AirBnB. Este também é um ativo de valor duradouro em que ambas as empresas investiram pesadamente para desenvolver (e que investem para proteger, por exemplo, contra ações judiciais que as obriguem a tratar seus fornecedores como empregados).

Há um ponto mais geral aqui também. É fácil identificar exemplos de gastos desperdiçados pelas empresas. Mas elas vivem sob a pressão do mercado. A menos que essa pressão esteja ausente, gastos repetidos em projetos sem valor tirarão essas empresas do mercado. Portanto, pelo menos para as empresas do setor de mercado, é improvável que seus gastos aqui não tenham valor.

Portanto, embora tenhamos que ser cuidadosos sobre como definimos o investimento em desenvolvimento organizacional, parece exagerado afirmar que o desenvolvimento organizacional bem-sucedido não deve ser classificado como um ativo.

A objeção ao tratamento do *treinamento* como um investimento intangível não se refere ao valor ou à duração, mas ao fato de ser um ativo do funcionário, não da empresa. Mas é importante lembrar a definição de investimento do Sistema de Contas Nacionais que examinamos no Capítulo 2. A propriedade não é um dos critérios; o que importa é quem se beneficia. Certamente é verdade que o treinamento geralmente produz valor para o empregado e o empregador só pode se beneficiar ao empregar o trabalhador treinado. Pagar para que um funcionário obtenha qualificação em contabilidade geral, por exemplo, é investir em uma habilidade que pertence ao funcionário, não à empresa.

Mas dois fatores mostram que certos treinamentos são mais um ativo da empresa do que do funcionário. Em primeiro lugar, muitos treinamentos são úteis para a empresa que o realiza e de uso bastante limitado em outros lugares. Às vezes, isso ocorre por motivos técnicos: nosso contador pode fazer um curso de treinamento administrado pela empresa para aprender processos usados na empresa, mas em nenhum outro lugar, como o uso de um pacote de software de auditoria feito sob medida. Esse tipo de treinamento é bastante comum porque os funcionários muitas vezes trabalham em sistemas complexos e específicos de suas empresas. (Fazer uma xícara de café com uma máquina de expresso é, de certa forma, uma habilidade transferível. Mas muitas das habilidades que um barista da Starbucks deve aprender são próprias dos procedimentos operacionais específicos da Starbucks.)

Em segundo lugar, os empregadores podem assinar acordos com os funcionários, tornando mais difícil para eles usar os frutos de seu treinamento em outro lugar. As empresas que pagam para que os funcionários façam cursos caros muitas vezes os fazem assinar acordos para reembolsar os custos de treinamento se eles saírem em um determinado período. Alguns contratos de trabalho incluem cláusulas de não concorrência, tornando mais difícil — ou impossível — que os funcionários levem treinamento e habilidades a um concorrente.

Portanto, embora as empresas (felizmente) não possam ser proprietárias de seus funcionários, há várias situações em que o treinamento pode e deve ser visto como um ativo da empresa, e não do funcionário que o recebe.

Desafios Futuros da Medição de Intangíveis

Apesar dessas dificuldades, a conjuntura pede para incorporar com firmeza os intangíveis aos dados oficiais de investimento. Como vimos, software, P&D e originais artísticos estão incluídos. As pesquisas de investimento trimestrais oficiais do Reino Unido agora perguntam sobre design. Os outros ativos da Tabela 3.1 — pesquisa de mercado, treinamento, branding e desenvolvimento organizacional — não estão oficialmente incluídos, mas um trabalho experimental está em andamento para simular o que aconteceria com o investimento e o PIB se fossem incluídos. Por exemplo, o atual plano futuro de pesquisa do ONS do Reino Unido pretende coletar dados sobre esses ativos. Enquanto isso, as agências oficiais estão usando esse trabalho experimental para informar seu pensamento. A agenda dos intangíveis é central para a estratégia de inovação da OCDE, por exemplo, e os dados sobre investimentos intangíveis foram incluídos no Relatório Econômico do presidente. À medida que mais intangíveis forem incluídos, mais questões conceituais surgirão.

Em primeiro lugar, pelo menos alguns conhecimentos entram na empresa sem nenhum investimento. Parte deles simplesmente é retirada de outras empresas, o que chamaremos de transbordamentos e que serão discutidos a seguir. Alguns são um subproduto do próprio ato de produção — aprender fazendo, por exemplo. Parece ser um conhecimento valioso, mas não é um investimento, pois não envolve custos incorridos pela empresa. Em segundo lugar, quando os economistas medem o valor de um bem, geralmente procuram um preço de mercado: um telefone, um sorvete ou um feriado. O método que estabelecemos anteriormente analisa os custos incorridos na criação do bem. Os economistas são forçados a fazer isso quando não há preços de mercado, como para um projeto interno, já que não está no mercado. Mas o método baseado em custos gera uma série de problemas difíceis.

Em primeiro lugar, pode-se contestar que alguns produtos muito bem-sucedidos geram para as empresas um fluxo de retornos massivamente desproporcional ao custo de criá-los. Então, como um método baseado em custo pode ser preciso? A resposta é que essa lógica pode valer para um determinado projeto bem-sucedido. Mas, na prática, empresas e economias fazem muitos projetos. Cada um é incerto. Alguns podem ter sucesso espetacular, e outros, fracassar miseravelmente, *ex post facto*. Em média, porém, se os sucessos e fracassos se equilibrarem, o valor do investimento no nível de uma grande economia deverá ser igual ao valor dos gastos.[7]

Um segundo problema com o método baseado em custo é que se pode contestar o ajuste de tempo como sendo irremediavelmente subjetivo e impreciso. Na verdade, muitas empresas de serviços profissionais têm planilhas, regras de cobrança e registros, que se espera que seus funcionários utilizem. Assim, por exemplo, espera-se que os consultores juniores dediquem quase todo seu tempo ao design e muito pouco ao gerenciamento; para consultores seniores, ocorre o inverso. Esse problema de alocação de tempo, no entanto, torna particularmente grave a tentativa de entender a construção do capital organizacional. Simplesmente temos muito pouca informação sobre em que os gerentes gastam seu tempo, além de algumas obras iniciais de Henry Mintzberg (1990) e outras recentes de Rafaella Sadun (Bandiera *et al.*, 2011). Essas obras, no entanto, não nos falam exatamente sobre a construção do capital organizacional; ao contrário, tendem a documentar a grande quantidade de tempo que os gerentes gastam em reuniões. Portanto, esta é uma área, no momento, de incerteza substancial.[8]

Voltando a outras questões conceituais: em terceiro lugar, o setor público também investe em intangíveis. Compra software, faz treinamento, investe em marketing (por exemplo, informações públicas sobre prevenção de crimes). De fato, pode-se considerar que o investimento em conhecimento do setor público é quase ilimitado: escolas, universidades, bibliotecas, e assim por diante. E o estado de direito, a confiança do público nas autoridades, a reputação do banco central ou os bens culturais de museus, galerias de arte e o patrimônio?

Para responder a isso, é útil lembrar duas regras do PIB. Em primeiro lugar, para ser contado no PIB, qualquer gasto deve corresponder à atividade produtiva (no ano anterior). Construir um novo museu faz parte do PIB: é produção. A compra de uma obra-prima de Ticiano para colocar no museu não está incluída no PIB. A pintura de Ticiano já foi "produzida", mas não naquele ano. Mesmo que a compra tenha gerado um grande ganho de capital para o proprietário, isso não conta como parte do PIB.

Ganhos de capital não surgem da atividade produtiva e, portanto, não são produção. É simplesmente uma redistribuição do PIB do vendedor para o comprador. (A mesma lógica explica por que os ganhos de capital que os proprietários obtêm em suas casas também não são incluídos no PIB. Assim, o PIB de, digamos, Londres ou Nova York não reflete os enormes ganhos de capital nessas cidades, mas o valor da produção na área.)

Por essa regra, grandes quantias de gastos do governo são contabilizadas como PIB, pois refletem a atividade produtiva: escolas, hospitais, polícia. Mas nem todos os gastos do governo são contabilizados. As pensões e prestações ("transferências") são tratadas como mais-valias: não têm contrapartida na atividade produtiva corrente, pois não são contabilizadas no PIB.

O segundo ponto a lembrar é que o PIB exclui as atividades produtivas das famílias. Portanto, lavar o próprio carro, roupas ou pratos não é produção; pagar uma faxineira para fazer isso é produção. Isso pode, é claro, criar anomalias — por exemplo, a famosa observação de Samuelson de que quando um homem se casa com sua cozinheira, o PIB cai. Mas as dificuldades em torno da valorização do tempo doméstico são tão significativas que são omitidas. Para nossos propósitos, a educação é um dos investimentos domésticos mais importantes. Assim, enquanto os gastos do governo com educação são contabilizados como PIB, o "capital humano" criado pelas famílias durante todo o tempo que gastam na educação não é contabilizado como parte do estoque do capital da nação.

Portanto, como a maior parte dos gastos do governo já é contabilizada como PIB, o principal problema com os intangíveis do setor público é isolar o investimento em conhecimento. O setor público patrocina, por exemplo, P&D considerável, então isso já está contabilizado. Jarboe, em um estudo para os Estados Unidos, sugere contabilizar os gastos com agências de estatísticas, serviços meteorológicos, bibliotecas federais, relatórios apartidários, escritórios de contabilidade e o escritório de patentes. Blaug e Lekhi (2009), em um estudo para o Reino Unido, também sugerem contar itens que incluam dados científicos e de pesquisa, mapeamento e dados meteorológicos, estatísticas nacionais, informações da empresa disponibilizadas pela Companies House, registros estatutários, como os de nascimento, óbito, casamento e títulos de propriedade, e informações sobre patentes mantidas pelo Escritório de Propriedade Intelectual. Como ilustração, a estimativa de Jarboe para os Estados Unidos em 2006 é de US$204 bilhões, consistindo em financiamento de P&D de US$122 bilhões, US$70 bilhões para educação e treinamento e outros US$12 bilhões para agências estatísticas, de clima, de segurança de produtos, e assim por diante (Jarboe, citado em Blaug e Lekhi, 2009).[9]

Por fim, e a qualidade de vida? O PIB é sobre a produção. À medida que parte da qualidade de vida depende do consumo, o PIB certamente está relacionado a ele, pois mais produção possibilitará, tudo o mais constante, mais consumo.[10] Da mesma forma, uma sociedade segura e tolerante pode estar associada a uma sociedade altamente produtiva, mas esses não são os resultados imediatos do país.

Conclusão: Medindo Intangíveis

Neste capítulo, vimos como, ao longo do tempo, os economistas têm feito esforços contínuos para medir uma gama crescente de investimentos. A partir da década de 1980, os economistas desenvolveram uma forma de mensurar alguns investimentos intangíveis e incorporá-los às contas nacionais, dando origem, nos anos 2000, à abordagem que utilizamos atualmente para mensurar os intangíveis, desenvolvida por Corrado, Hulten e Sichel. Analisamos como esses investimentos foram medidos, e algumas possíveis objeções ao tratá-los como investimentos, e destacamos algumas questões pendentes. Embora essa área não esteja definitivamente estabelecida, a tendência geral da maré crescente de investimentos intangíveis é amplamente aceita. Mas essa maré alta importa? É certo que a natureza do investimento muda o tempo todo? Trataremos disso no próximo capítulo.

Apêndice: Medindo Ações de Ativos Intangíveis

Se o investimento cria um ativo, como calculamos o valor desse ativo? A maneira de pensar nisso é que o investimento é um fluxo e o ativo é uma ação. Mais investimento aumenta o valor da ação. Mas se o valor a ação depreciar, seu valor diminui. Assim, podemos pelo menos medir as *adições* às ações como o investimento, que medimos anteriormente, menos a depreciação em valor. E se soubermos o valor das ações em algum momento anterior, podemos adicionar as adições para obter os valores ao longo do tempo.

Então a primeira pergunta é: quanto cai o valor de um ativo ao longo de um ano? À primeira vista, isso parece uma questão de depreciação, familiar aos contadores, que estão acostumados a calcular o "desgaste" ou "decadência" de veículos, edifícios e máquinas. Mas para um economista, isso é apenas parte da resposta. A questão é quanto o *valor* do ativo cai por ano (chamado de "depreciação econômica"). O valor pode cair devido à *deterioração*, à degradação física do ativo, mas também pode cair se, por exemplo, um ativo melhor aparecer para substituí-lo. Chamemos este último efeito de *descarte*. Um descarte surge se, por exemplo, o valor comercial de uma ideia cai devido à concorrência de outra, ou um trabalhador deixa um emprego com pelo menos parte do conhecimento da empresa. Portanto, uma ideia pode nunca decair, o que sugere nenhuma diminuição de valor, mas pode ser rapidamente descartada, sugerindo um declínio de valor muito rápido. Em um artigo notável, Charles Hulten e Frank Wyckoff (1981) mostraram que a interação desses efeitos pode fornecer um caminho de depreciação econômica suave ao longo da vida útil do ativo, rápido no início, mas mais lento depois.

Quando se trata de tangíveis, a maior parte do trabalho buscou evidências de engenheiros e empresas sobre desgaste/deterioração. Para intangíveis, a questão é principalmente sobre descartes. Estimativas diretas vêm de pesquisas. Veja, por exemplo, as conduzidas pelo Bureau Estatístico de Israel (Peleg, 2008a, 2008b) e por Awano e colegas (2010) com o Office of National Statistics do Reino Unido. Essas pesquisas perguntam sobre a "vida útil" dos investimentos em P&D (por setor detalhado em Israel) e ativos intangíveis (P&D mais cinco outros tipos de ativos no Reino Unido). A pesquisa israelense apoia a ideia de que as ideias de P&D são úteis por cerca de dez anos, mas isso varia entre os setores, enquanto a pesquisa do Reino Unido confirma que outros intangíveis têm vida útil de cerca de três anos. Em suma, as evidências parecem favorecer uma alta depreciação econômica (cerca de 33% ao ano) para software, design, marketing e treinamento; taxas médias para P&D (cerca de 15% ao ano); e um pouco mais para entretenimento e originais artísticos e exploração mineral.

4

O QUE É DIFERENTE SOBRE O INVESTIMENTO INTANGÍVEL?

OS QUATRO ELEMENTOS DOS INTANGÍVEIS

Este capítulo analisa as características econômicas incomuns dos intangíveis — as razões pelas quais uma economia rica em intangíveis exibe características diferentes de uma rica em tangíveis. Essas características são resumidas em quatro elementos, a saber, que os ativos intangíveis, em relação aos ativos tangíveis, têm maior probabilidade de serem escaláveis, seus custos têm maior probabilidade de serem afundados e são inclinados a ter transbordamentos e exibir sinergias uns com os outros.

Investimentos mudam todo o tempo. De armazéns e cais a minas e engenhos; de ferramentas automatizadas e dínamos a torres de refrigeração e caixas registradoras, servidores e matrizes solares. Então, por que devemos nos preocupar com a mudança dos ativos tangíveis para intangíveis que descrevemos nos Capítulos 2 e 3?

Como mostraremos, os ativos intangíveis são diferentes dos tangíveis de várias maneiras importantes. Isso significa que um negócio que depende de intangíveis se comportará de maneira diferente de um negócio com ativos principalmente tangíveis. Gerentes e trabalhadores encararão diferentes incentivos e recompensas. E o desempenho de uma economia composta por muitas dessas empresas será diferente. Neste capítulo, examinaremos as características incomuns dos investimentos intangíveis de uma perspectiva econômica e por que eles importam. Resumimos esses recursos sob quatro elementos: *escalabilidade, afundamento, transbordamentos e sinergias.*

Uma boa maneira de pensar nessas características é com uma história de investimentos intangíveis no trabalho.

Como a EMI Recebeu uma Pequena Ajuda de Seus Amigos

Em meados da década de 1960, os Beatles não eram apenas uma força cultural, eles eram uma força econômica. No auge, seus discos e vendas de ingressos geravam US$650 por segundo aos valores de hoje. Os dólares recebidos de suas turnês no exterior são creditados por salvar temporariamente o governo britânico de uma crise cambial.

Um dos beneficiários da ascensão dos Beatles para o estrelato era sua gravadora, a Parlophone, que desde a década de 1930 era de propriedade da Electric & Musical Industries Limited, mais conhecida como EMI (e mais tarde por ser tema de uma música dos Sex Pistols). Em 1967, 30% dos lucros da EMI estavam chegando apenas das vendas dos Beatles.

Como o nome expandido sugere, a EMI não era apenas uma gravadora. Na década de 1960, a empresa era tão interessante por suas atividades eletroeletrônicas quanto por seus empreendimentos musicais. Em 1959, lançou um computador comercial chamado Emidec 1100. E também fez câmeras de TV em cores, equipamentos de gravação, mísseis guiados e chaleiras.

As pilhas de dinheiro trazidas pela beatlemania ajudaram a criar uma cultura de investimento na EMI. Uma das coisas em que investiram foi em pesquisa de equipamentos médicos. Godfrey, o pesquisador por trás do Emidec, começou a trabalhar no primeiro scanner médico comercialmente viável. À medida que o projeto se desenvolveu, ele foi significativamente apoiado pelo governo do Reino Unido, que forneceu mais de £600 mil em apoio, ou £7 milhões nos valores de 2016 (Maizlin e Vos, 2012). Ao longo de quatro anos, ele e sua equipe inventaram e construíram o primeiro scanner de tomografia computadorizada (CT, ou "Scanner CAT" — o A significa "axial").

Esse foi um feito notável de ciência e engenharia que, pela primeira vez, permitiu que os médicos fizessem representações em 3D precisas dos tecidos moles dos pacientes. Foi um verdadeiro avanço médico, transformando tudo, desde cirurgia cerebral ao tratamento do câncer. Hounsfield foi destacado com honras: ele recebeu um Prêmio Nobel, foi condecorado cavaleiro pela rainha e nomeado membro da Royal Society. Mas, do ponto de vista comercial, isso foi um fracasso para a EMI.

A EMI retirou patentes sobre as tecnologias subjacentes e investiu para construir os negócios, criando parcerias com hospitais para descobrir como a CT poderia ajudar os médicos e construir uma força de vendas para vender os scanners para hospitais norte-americanos. Mas, à medida que a década de 1970 chegava, ficou claro quais outras empresas dominariam o mercado de TC. A General Electric (GE) e a Siemens licenciaram algumas das tecnologias da EMI e rapidamente construíram grandes empresas de tomografia computadorizada. Em 1976, a EMI decidiu sair completamente do negócio de digitalização da TC.

Pode não ser óbvio para quem ouve uma música dos Beatles ou se submete a uma tomografia computadorizada, mas essa história é sobre investimentos intangíveis. E ilustra bem algumas das coisas que tornam investimentos intangíveis de vários tipos diferentes dos investimentos físicos e tangíveis.

Antes de mais nada, considere o catálogo dos Beatles, cuja vasta lucratividade ajudou a EMI a apoiar o scanner de TC. Os direitos musicais são um tipo de ativo intangível. Depois de arrematá-los, você pode lançar quantos singles quiser a um custo bastante baixo (hoje em dia, na era da música digital, esse custo caiu para perto de zero).

Isso não se aplica a ativos físicos como fábricas, lojas ou linhas telefônicas: uma vez que esses ativos atinjam sua capacidade, você precisa investir em novos. Mas os intangíveis não precisam obedecer ao mesmo conjunto de leis físicas: geralmente, podem ser usados repetidas vezes. Vamos chamar essa característica dos intangíveis de *escalabilidade*.

Em seguida, considere o que aconteceu quando a EMI decidiu sair do negócio de scanners de TC. Eles fizeram muitos investimentos intangíveis: mais obviamente, a P&D para projetar o próprio scanner, mas também o tempo que dedicaram ao trabalho com os médicos sobre como usar os scanners (na estrutura que descrevemos no Capítulo 3, chamaríamos isso de design, especificamente design de serviço), na construção de uma unidade de negócios (desenvolvimento organizacional) e em estabelecer uma presença no mercado nos Estados Unidos (branding e marketing).

Em alguma parte, a EMI recebeu um retorno — eles receberam da GE e da Siemens taxas de licença de suas patentes. Mas parece que muito disso foi eliminado. É difícil recuperar o dinheiro gasto na criação de uma força de vendas ou na construção de uma unidade ou marca de negócios malsucedida. Os ativos físicos geralmente são muito mais fáceis de vender, mesmo que sejam bastante especializados. Vamos chamar essa característica dos intangíveis de *afundamento*.

O papel da GE e da Siemens no desenvolvimento do scanner de TC ilustra outra característica distinta dos intangíveis: de maneira injusta, a pessoa ou a empresa que faz o investimento neles nem sempre colhe as recompensas. O deslumbrante P&D em que Godfrey Hounsfield se destacou, o trabalho de design com hospitais e o trabalho duro de fazer vendas precoces renderam um pequeno retorno à EMI, mas um grande mercado novo para seus concorrentes. Simplesmente não é o caso da maioria dos investimentos tangíveis. Obviamente, a GE não conseguiu invadir as fábricas da EMI para produzir seus próprios scanners de TC — há bloqueios, alarmes e leis para impedir esse tipo de coisa. Mas eles conseguiram usar os investimentos intangíveis da EMI a um custo relativamente baixo. Na linguagem da economia, pode-se dizer que às vezes é difícil para o investidor original apropriar-se dos benefícios do investimento intangível, ou, em outras palavras, que os intangíveis geralmente têm *transbordamentos* além da empresa que faz o investimento.

Por fim, os investimentos em intangíveis se tornam extremamente mais valiosos quando você os combina. O Laboratório Central de P&D da EMI era um caldeirão de pesquisa sobre computação, imagem e engenharia elétrica, e reunir esses diferentes tipos de conhecimento com a experiência clínica dos médicos no Hospital Atkinson Morley, onde os primeiros scanners foram testados, ajudou a criar um avanço genuíno.

Mas não são apenas as ideias derivadas de P&D que podem levar a esses benefícios inesperados quando você as combina. O sucesso final do scanner de TC da GE dependeu de reunir o investimento tecnológico no próprio dispositivo com a marca e os relacionamentos dos clientes da GE. E, é claro, o sucesso dos próprios Beatles dependeu da reunião de novas ideias musicais (de Elvis a Ravi Shankar) e dos próprios intangíveis da gravadora Parlophone: sua capacidade de promover e comercializar a banda. Todos esses são exemplos de *sinergias* entre intangíveis — sinergias que geralmente são grandes e difíceis de prever.[1]

Os Quatro Elementos do Investimento Intangível

Não deveria ser surpresa que coisas que não se pode tocar, como ideias, relações comerciais e *know-how*, sejam fundamentalmente diferentes de coisas físicas como maquinários e edifícios.

Esse fato não passou despercebido aos economistas. Ao longo do século *passado*, pesquisadores em diferentes subáreas da economia examinaram várias propriedades incomuns dos ativos intangíveis.

O fascinante livro *Knowledge and the Wealth of Nations*, de David Warsh, conta a história de como o economista Paul Romer desenvolveu uma teoria aprimorada do crescimento econômico que incluía o conhecimento, em particular P&D, em vez de tratá-lo como uma variável exógena imprevisível. O trabalho de Romer, Chad Jones, Philippe Aghion e outros pioneiros da teoria do crescimento endógeno, como é chamada, apontou que o conhecimento é um tipo incomum de bem porque colocar uma ideia em prática não a esgota. Eles usaram o termo "não rivalidade" para contrastar um "bem de conhecimento", como uma ideia, que pode ser usado por muitos, com um "bem rival", como um sanduíche, que só pode ser usado por uma pessoa. Expressamos essa não rivalidade como escalabilidade.

Uma tradição paralela analisa o modo como as ideias se espalham de uma empresa para outra. Alfred Marshall falou pela primeira vez sobre esses transbordamentos entre diferentes empresas do mesmo setor no final do século XIX; o prêmio Nobel Ken Arrow expressou isso matematicamente na década de 1960, e vinte anos depois, Paul Romer ampliou a teoria (Arrow, 1962; Romer, 1990). O economista Edward Glaeser cunhou o termo "transbordamentos Marshall-Arrow-Romer" para se referir a esses tipos de transbordamentos e, no mesmo artigo, demonstrou a importância dos transbordamentos entre as indústrias, trabalho seguido à obra de Zvi Griliches (Glaeser, 2011; Griliches, 1992).

Do mesmo modo, pesquisadores que estudam o financiamento de empresas inovadoras, como Bronwyn Hall e Josh Lerner, observaram que investimentos em ativos como P&D e desenvolvimento de produtos são mais difíceis de financiar com dívidas do que investimentos físicos (Hall e Lerner, 2010). Estudiosos dos processos e da natureza da inovação, como Brian Arthur (2009), destacam a importância de mesclar diferentes tipos de conhecimento. E estudiosos de intangíveis, como Baruch Lev, comentaram sobre seus transbordamentos (Lev, 2001).

Agora examinaremos com mais detalhes as diferenças entre o investimento intangível e o investimento tangível. Na seção a seguir, veremos cada uma das quatro características dos ativos intangíveis — escalabilidade, afundamento, transbordamentos e sinergias — e discutiremos (a) por que os intangíveis se comportam dessa maneira (especialmente em comparação com investimentos tangíveis) e (b) por que cada característica é importante para a economia em geral. Antes disso, uma vez que existem muitos conceitos intimamente relacionados que são usados de forma variada na literatura, como "ideias", "conhecimento", "dados", o Box 4.1 tenta esclarecê-los. E depois de discutirmos em detalhes cada um dos quatro elementos, veremos como algumas propriedades emergentes dos intangíveis, como a incerteza e a criação de valores de opção, surgem desses elementos. Para ser claro, não afirmamos ter descoberto esses recursos nós mesmos. Em vez disso, pensamos que podemos resumir convenientemente as descobertas de outros sob esses títulos.

Box 4.1. Conhecimento, Dados, Informações e Ideias: Algumas Definições

As palavras "dados", "informação" e "conhecimento" parecem intercambiáveis. Como apontam Goodridge e Haskel (2016), a Lei de Proteção de Dados do Reino Unido "controla como suas *informações* pessoais são usadas", o Comissário de *Informações* do Reino Unido "promove a privacidade de dados para indivíduos", e a Lei de Liberdade de *Informação* permite que os cidadãos solicitem conjuntos de dados públicos (todos os itálicos são nossos).* Romer (1991), ao falar sobre intangíveis, usa termos como "ideias", "projetos" e "instruções". A OCDE fala sobre a "economia do conhecimento", enquanto os economistas normalmente se referem ao "conhecimento" como algo que é incorporado ou desincorporado. Enquanto isso, em seu trabalho magistral sobre a Revolução Industrial, o historiador econômico Joel Mokyr divide o "conhecimento" em propositivo e prescritivo (Mokyr, 2002). Como tudo isso se encaixa?

Vamos começar com os *dados*. Defina dois tipos de dados: registros brutos e dados transformados. Registros brutos são dados brutos ainda não limpos, formatados ou transformados — não prontos para análise. Eles podem incluir, por exemplo, dados extraídos da web, dados gerados por transações entre agentes, dados gerados por sensores embutidos em máquinas ou equipamentos (a "Internet das Coisas") ou dados gerados como subproduto de alguma outra operação comercial ou processo. Os dados transformados foram limpos, formatados, combinados e/ou estruturados de modo que sejam adequados para alguma forma de análise de dados.

Voltando à *informação*, podemos pensar nela como sinônimo de dados transformados: por exemplo, dados analisáveis sobre vendas de lâmpadas de furacão e clima constituem informação. Shapiro e Varian (1998) entendem informação como qualquer coisa que possa ser digitalizada, definindo assim implicitamente informação como dados digitalizados.

Definimos *conhecimento* como conexões feitas entre partes de informação, apoiadas por evidências, para formar um entendimento coerente. O conhecimento não pode existir sem informações, de modo que ele é necessário para entendê-las e interpretá-las completamente. O conhecimento pode, portanto, incluir teorias, hipóteses, correlações ou relações causais observadas a partir de informações constituídas por dados analisáveis.

Joel Mokyr (2002) introduz uma distinção entre diferentes tipos de conhecimento: "proposicional" e "prescritivo". O conhecimento proposicional inclui ciência e descobertas: conhecimento da natureza e suas propriedades. O conhecimento prescritivo prescreve ações para fins de produção, como "receitas", "planos" ou "técnicas". Assim, por exemplo, a invenção de Appert, em 1806, da jarra de Appert, um método de conservar alimentos cozinhando-os e selando-os em uma jarra, foi simplesmente uma receita que os inventores colocaram em prática, embora não soubessem nada sobre o trabalho de Pasteur sobre a deterioração de alimentos por meio de micro-organismos, que aconteceria depois de cinquenta anos. Foi, portanto, uma inovação fundada no conhecimento prescritivo, e não no

(continua)

(continuação)

proposicional. O argumento de Mokyr é o de que o crescimento pré-industrial, do tipo para-e-começa, baseou-se em descobertas fortuitas. O crescimento estável pós-industrial só foi possível devido às descobertas baseadas no conhecimento proposicional.

Ativos tangíveis, como aviões, consistem em metal, mas também em muito conhecimento, por exemplo, do processo de produção. Por que, então, um ativo tangível não é simplesmente uma coleção de ativos intangíveis? É útil pensar em conhecimento "incorporado" e "desincorporado". Produzir um avião requer insumos tangíveis (como metal) e insumos intangíveis (como software ou design). O avião resultante é um ativo tangível, pois os insumos e o conhecimento estão "incorporados" nele.

O software e o design, na medida em que existem independentemente do avião, por exemplo, como código ou projeto, são ativos intangíveis, pois são "desincorporados" do avião (e provavelmente podem ser usados repetidamente em outros aviões)

Outras classificações de conhecimento são "tácito", em oposição a "codificado", significando que o conhecimento é baseado na experiência ou registrado formalmente, por exemplo, em um projeto; "aplicado" ou "básico", significando que o conhecimento é direcionado principalmente a um objetivo prático específico ou que é teórico, sem nenhuma aplicação particular em mente (OECD *Frascati Manual*, 2015). Finalmente, o conhecimento "comercializado" é aquele aplicado a um determinado fim de negócio.

* As citações nesta seção são todas retiradas de sites oficiais do governo do Reino Unido (.gov.uk): para proteção de dados, ver https://www.gov.uk/data-protection/the-data-protection-act; Comissário de Informação: https://www.gov.uk/government/organizations/information-commissioner-s-office; sobre liberdade de informação, ver https://ico.org.uk/media/for-organizations/documents/1151/datasets-foi-guidance.pdf (todos com conteúdo em inglês).

Escalabilidade

Por que os Intangíveis São Escaláveis?

Os ativos físicos só podem estar em um lugar por vez. Por outro lado, os ativos intangíveis geralmente podem ser usados continuamente, em vários lugares ao mesmo tempo.

Depois de escrever o manual de operação da Starbucks em chinês — um investimento em desenvolvimento organizacional —, você pode usá-lo em cada uma das mais de 1.200 lojas do país. Os custos de desenvolvimento do aplicativo Angry Birds — e o investimento em software — podem ser distribuídos por um número arbitrariamente grande de downloads (atualmente, bem mais de 2 bilhões). E um fabricante de motores de aeronave só precisa projetar um tipo específico de motor a jato — um investimento em P&D e design — uma vez antes de poder fabricar um número arbitrariamente grande de motores.

Essa escalabilidade se aplica a muitos tipos de ativos intangíveis. Depois que uma empresa cria ou adquire um ativo intangível, ela geralmente pode usá-lo repetidas vezes a um custo relativamente baixo, em comparação com a maioria dos ativos físicos.

A escalabilidade do conhecimento em geral é algo que os economistas conhecem há décadas. Paul Romer, um dos pioneiros com relação a como os economistas pensam sobre o crescimento econômico, costumava dar o exemplo da terapia de reidratação oral (TRO), um tratamento simples que salvou inúmeras vidas no mundo em desenvolvimento ao impedir a morte de crianças por diarreia. O insight da TRO é que apenas beber água não é uma boa solução para a desidratação; você também precisa de sódio e açúcar para ajudar o corpo a absorver o sódio.

A maioria das coisas físicas em que uma organização humanitária pode investir para combater a morte por desidratação não escala. Se você construir uma bomba d'água, cavar um poço ou comprar um caminhão-pipa, poderá atender às necessidades de determinado número de pessoas antes de precisar repetir o investimento. Mas a ideia da TRO, depois de descoberta, pode ser usada repetidas vezes.

A ideia de que o conhecimento é escalável está no cerne da "Nova Teoria do Crescimento", a recente abordagem para o crescimento econômico da qual Romer foi pioneiro. Em vez de tratar a tecnologia como uma força exógena que se manifesta de tempos em tempos e torna a economia mais produtiva, Romer e seus colegas teóricos, como Robert Lucas, a trataram como um investimento que gerou um retorno econômico em toda a economia.

Do ponto de vista econômico, a escalabilidade deriva de uma característica fundamental das ideias: o que os economistas chamam de "não rivalidade". Se eu bebo um copo de água, você não pode beber o mesmo copo: é um bem "rival". Mas se eu uso uma ideia, você também pode usar a mesma ideia: ela não é rival. Embora a rivalidade possa ser o primitivo econômico por trás da escalabilidade, usaremos a escalabilidade para conveniência mnemônica.[2]

A escalabilidade torna-se sobrecarregada com "efeitos de rede". Um efeito de rede existe quando os ativos se tornam mais valiosos a partir do ponto em que mais e mais deles existirem. Os efeitos de rede podem ser encontrados entre ativos tangíveis e intangíveis. Assim, por exemplo, telefones ou aparelhos de fax são muito mais valiosos quando quase todo mundo os tem. De fato, a atual revolução da tecnologia digital chamou a atenção das pessoas para os potenciais efeitos de rede de ativos físicos, em que telefones celulares e computadores em rede são os principais exemplos. Mas se olharmos mais de perto, é realmente nos investimentos intangíveis da atual onda de tecnologias digitais que estão os grandes efeitos de rede.

A rede de motoristas do Uber e hosts do AirBnB e usuários do Instagram (todos investimentos em desenvolvimento organizacional) ou o poder do HTML e os inúmeros padrões nos quais a Web se baseia (vários investimentos em software, design e desenvolvimento organizacional) são intangíveis, não tangíveis.

Vale a pena notar que os intangíveis da vida real geralmente não são infinitamente escaláveis. A mistura de sal e açúcar para o TRO, de fato, tem de ser ajustada para diferentes níveis de desidratação. O cardápio do McDonald's e suas receitas variam, às vezes de modo bastante significativo, de país para país. Software requer patches e atualizações. A maioria das empresas intensivas em P&D está continuamente aprimorando seus projetos. A escalabilidade do treinamento é limitada pelo número de horas que o funcionário que você treinou pode trabalhar em um dia.

Mas, ainda assim, esperaríamos que os ativos intangíveis fossem, em média, significativamente mais escaláveis do que os tangíveis.

Por que a Escalabilidade É Importante?

Podemos esperar ver três coisas incomuns acontecendo em uma economia em que mais investimentos são altamente escaláveis.

Em primeiro lugar, haverá alguns negócios intensivos em intangíveis que crescerão muito. A Starbucks conseguiu alavancar uma marca eficaz, processos operacionais e cadeias de suprimentos para permitir que ela se espalhe pelo mundo. Google, Microsoft e Facebook precisam de relativamente poucos ativos tangíveis, em comparação com os gigantes da manufatura do passado. Eles podem escalar seu pacote de ativos intangíveis ou software e reputação e, assim, crescer muito. Esse tipo de escalabilidade é, obviamente, aprimorado pelos efeitos de rede.[3]

Em segundo lugar, com as perspectivas de mercados sendo tão grandes, cada vez mais empresas serão encorajadas a tentar a sorte nesses mercados. Elas enfrentam uma escolha difícil, pois, embora o mercado potencial possa ser grande, encorajando-as a tentar, a concorrência pode ser muito dura, desencorajando-as. O resultado líquido disso foi descrito pelo economista John Sutton no início dos anos 1990: em mercados em que os investimentos escaláveis (como P&D ou branding) são importantes, espera-se ver uma "concentração da indústria" — um número relativamente pequeno de grandes empresas dominantes.

Em terceiro lugar, as empresas que buscam competir com os proprietários de ativos escaláveis estão em uma posição difícil. Por um lado, as recompensas são altas. Afinal, o Google começou como um concorrente de toda uma série de mecanismos de busca que já foram nomes familiares. Mas em mercados com ativos altamente escaláveis, as recompensas para o segundo colocado costumam ser escassas. Se o algoritmo de busca do Google é o melhor e é quase infinitamente escalável, por que usar o do Yahoo? Os cenários em que o vencedor leva tudo provavelmente serão a norma.

Afundamento

Por que os Custos Intangíveis São Irrecuperáveis?

Se uma empresa faz um investimento intangível e depois decide desistir, muitas vezes, é difícil reverter a decisão e tentar recuperar o custo do investimento vendendo o ativo criado — e, em geral, é mais difícil do que no caso de um ativo tangível. Os economistas descrevem esses tipos de custos irrecuperáveis como "afundados".

Considere um mundo em que algum desastre comercial atinge uma cadeia hipotética de cafeterias — vamos chamá-la de Tarbucks —, e a empresa vai à falência. Quais ativos os liquidatários poderiam vender para saldar suas dívidas pendentes?

As primeiras a serem eliminadas seriam as lojas que a empresa possui ou aluga; há um mercado ativo e líquido em imóveis comerciais, portanto, deve ser possível encontrar um comprador a um preço razoável. Suas máquinas de café, seus utensílios de loja, veículos de entrega e suas caixas registradoras também serão recuperáveis: existem mercados secundários onde esse tipo de bem é comprado e vendido. (Na verdade, como vimos no Capítulo 1, há mercados para todos os tipos de máquinas e instalações exóticas, de petroleiros a máquinas de perfuração de túneis.)

Mas seus ativos intangíveis são mais difíceis de vender. Talvez sua marca seja valiosa, talvez não — e mesmo que seja, obter dinheiro por ela pode depender de uma venda comercial que deve ser negociada especificamente para esse fim. Os procedimentos operacionais codificados da Tarbucks e os processos que usa para atender os clientes rapidamente podem ter sido muito valiosos para a empresa quando estava no mercado, mas serão difíceis de vender para outra pessoa, especialmente se forem específicos do layout ou da oferta de produtos da Tarbucks. Se a Tarbucks tiver alguma propriedade intelectual valiosa, digamos, uma técnica de torrefação patenteada, os liquidatários poderão vendê-la. Mas se o conhecimento não for regido por direitos formais de propriedade intelectual (digamos, o *know-how* envolvido na compra efetiva de grãos de café) ou se for distribuído entre os funcionários da empresa (por exemplo, por meio de treinamento), torna-se, para todos os efeitos e finalidades, impossível de vender.

Agora, é claro que alguns ativos tangíveis também são difíceis de vender se uma empresa ou um projeto falhar. Máquinas muito especializadas podem ser inúteis para qualquer pessoa, exceto para seu proprietário original, o que implica que uma certa proporção de seu custo é irrecuperável. Uma mina de carvão isolada escavada em um lugar que só pode ser vendido para uma usina elétrica local não tem valor se essa usina não quiser comprar seu carvão. O Eurotúnel ou o Aeroporto de Narita não podem ser embalados e movidos caso não sejam mais necessários em seu local atual. Mas, de modo geral, o problema é pior quando se trata de ativos intangíveis.

Em particular, existem duas características dos ativos tangíveis que os tornam mais fáceis de vender e menos propensos a serem investimentos irrecuperáveis.

O primeiro são os fenômenos de produção em massa e padronização. Uma das maravilhas da produção em massa é que muitos ativos tangíveis são cópias de outros ativos tangíveis. As empresas do mundo têm muitas vans Ford, muitos servidores Windows, muitos contêineres ISO-668. Isso as torna mais fáceis de vender. (Também torna mais fácil estimar seu preço, já que frequentemente há valores de mercado publicados para bens tangíveis de segunda mão, um ponto ao qual retornaremos.) Os padrões também ajudam a tornar os bens tangíveis fungíveis entre as empresas. Tomadas e tensões comuns facilitam a movimentação de máquinas-ferramentas de uma fábrica para outra. Vans de médio porte são, até certo ponto, intercambiáveis. Mas há muito menos padrões entre os ativos intangíveis, e a maioria dos intangíveis não é produzida em massa.

A segunda razão pela qual os investimentos tangíveis são mais fáceis de vender é que eles têm menos probabilidade de serem vinculados exclusivamente à empresa que os possui e a seus negócios. Muitos ativos tangíveis, de prédios a terrenos, são úteis para muitos tipos de negócios. Uma patente, um conjunto inteligente de procedimentos operacionais ou uma marca têm maior probabilidade de serem úteis principalmente para a empresa que os desenvolveu em primeiro lugar. Mesmo onde existem mercados para intangíveis — como para patentes —, muitos dos ativos são muito mais úteis para seu proprietário original do que para qualquer outra pessoa.

Por que o Afundamento É Importante?

Investimentos com altos custos irrecuperáveis podem ser difíceis de financiar, principalmente com dívida. Uma das razões pelas quais os bancos adoram empréstimos hipotecários é que eles são garantidos por um ativo valioso e imóvel que pode, se o mutuário não pagar, ser confiscado e vendido.

Empresas com muitos ativos intangíveis são, por outro lado, uma dor de cabeça para os bancos se tudo der errado. Em primeiro lugar, esses ativos podem ser apreendidos? Em alguns casos, eles podem simplesmente sair pela porta — como conhecimento e *know-how* na cabeça dos funcionários. (Essa é uma consequência da falta de direitos de propriedade, o que dá origem a transbordamentos, que discutiremos a seguir.)

Em segundo lugar, eles podem ser vendidos? Uma consequência do afundamento é: provavelmente não. Como os ativos geralmente são específicos do contexto, é difícil surgirem mercados para negociá-los, ao contrário de uma casa. Sem mercado, você tem de encontrar outra forma de avaliar o ativo, o que é difícil de fazer. Você avalia uma patente pelo custo despendido para desenvolvê-la (se assim for, você deve ratear os custos corretamente), pela estimativa de um avaliador profissional (pela qual você deve pagar, e ele, em qualquer caso, pode estar errado), ou em um valor baseado em seu potencial de ganhos futuros (você pode confiar no mutuário para lhe dizer isso)?

Não é de admirar que muitos empréstimos para pequenas empresas, especialmente no Reino Unido e nos Estados Unidos, exijam um penhor sobre as casas dos diretores como garantia — isso transforma empréstimos intangíveis complexos e confusos em algo muito mais parecido com uma simples hipoteca.

O afundamento também contribui para a incerteza em torno dos ativos intangíveis. Parte da razão para o afundamento é que os ativos intangíveis geralmente são muito específicos do contexto. Pode ser um relacionamento da cadeia de suprimentos exclusivo de um determinado setor ou fornecedor. Pode ser a reputação de qualidade do produto em uma área muito particular. Tudo isso dificulta cada vez mais avaliar o tal ativo, pois o afundamento impede a criação de mercados para eles. A falta de mercados significa que é muito difícil atribuir um valor.

O afundamento do investimento intangível também pode afetar a maneira como as empresas se comportam. Os psicólogos sabem há muito tempo que as pessoas tendem a se apegar demais aos custos irrecuperáveis e não querem eliminá-los (Kahneman, Lovallo e Sibony, 2011). Por exemplo, como aponta McKinsey,[4] os promotores da Vancouver Expo 86 continuaram se recusando a cancelar o projeto, mesmo quando os custos aumentaram vinte vezes, desde os C$78 milhões de originais em 1978. Essa "falácia do custo irrecuperável" pode ser particularmente fatal para uma boa tomada de decisão quando associada a outros vieses cognitivos, como o viés de confirmação, neste caso, previsões massivamente superinfladas do número de visitantes.

Podemos esperar que os gerentes de empresas que investiram muito dinheiro em investimentos intangíveis, como P&D ou na criação de novas unidades de negócios, superestimem seu valor e sejam mais relutantes em deixá-los ir. De fato, um mundo em que esse comportamento fosse comum veria uma mudança psicológica perturbadora. Por causa da falácia do custo irrecuperável, podemos esperar ver mais empresas mantendo investimentos ruins que seria melhor esquecer. Além disso, a falta de mercados para a maioria dos ativos intangíveis tornaria mais difícil para os gerentes obter uma leitura externa sobre o valor real de seus ativos. No curto prazo, isso pode levar a superinvestimentos otimistas — e bolhas mais frequentes.

Além de ajudar a inflar as bolhas, a natureza afundada do investimento intangível pode tornar o processo mais doloroso quando elas finalmente estourarem. Estamos acostumados com a ideia de que, quando um mercado quebra, as empresas geralmente precisam vender seus ativos muito barato, já que quase todo mundo também quer vender. Já é ruim o suficiente quando os ativos são um tanto fungíveis, como propriedades ou cabos de fibra ótica: o preço cai, mas geralmente resta pelo menos algum valor residual. Mas quando uma bolha baseada em ativos intangíveis afundados e específicos da empresa estoura, existe o risco de que esses ativos valham mais ou menos nada.

Sob esse ponto de vista, por que as empresas tomam esse tipo de decisão de investimento? Em primeiro lugar, alguns dos retornos podem ser muito altos, a ponto de recompensarem todos esses riscos. Em segundo lugar, embora possa ser mais difícil recuperar o custo do que no mercado de investimentos tangíveis de segunda mão, há outros benefícios fora do mercado. Um investimento em conhecimento, mesmo que não crie diretamente um ativo comercializável, ainda pode ser muito valioso se criar informações que superem incertezas para a empresa. Muitas empresas realizam projetos de pesquisa simultâneos: um fracasso no projeto A pode não criar diretamente um ativo comercializável (uma patente, por exemplo), mas pode muito bem contribuir para o sucesso do projeto B ao revelar o que não fazer. Assim, o investimento intangível pode dar um retorno muito alto ao fornecer informações muito valiosas para a empresa sobre as oportunidades com que ela se depara, o que é chamado de "valor de opção" (Dixit e Pindyck, 1995). Tratamos esse valor como uma propriedade emergente decorrente da irreversibilidade/afundamento de um ativo. Veja a seção sobre características emergentes a seguir.[5]

Transbordamentos

Por que os Intangíveis Geram Transbordamentos?

Alguns investimentos intangíveis têm transbordamentos altos: ou seja, é relativamente fácil para outras empresas tirarem proveito de investimentos intangíveis que elas próprias não fazem.

O exemplo clássico é a P&D: copiar ideias de outras pessoas é relativamente fácil, a menos que a lei o impeça por meio de patentes ou direitos autorais. Na linguagem dos economistas, as ideias criadas por P&D não são rivais — meu uso de um conhecimento não impede que você também o use. Nas palavras de Thomas Jefferson: "Aquele que recebe de mim uma ideia tem aumentada a sua instrução sem que eu tenha diminuído a minha, como aquele que acende sua vela na minha recebe luz sem apagar a minha vela."[6]

As ideias também são, até certo ponto, "não excludentes", isto é, é relativamente difícil impedir que você use uma ideia que eu criei, a menos que eu a mantenha em segredo ou use meios legais, como uma patente, para impedi-lo. Os benefícios de investimentos não rivais e não excludentes provavelmente se espalharão além das empresas que os fazem, e as ideias, como as de P&D, são um excelente exemplo. A Terapia de Reidratação Oral é um exemplo perfeito.

Mas os transbordamentos não surgem apenas de P&D. Depois que a Apple lançou o iPhone, quase todos os smartphones começaram a se parecer com ele. Os investimentos da Apple em software, design e cadeias de suprimentos (por exemplo, criando a cadeia de suprimentos de software que chamamos de App Store) foram adotados ou imitados por seus concorrentes quando tentaram criar telefones como os da Apple. Ao criar o que os especialistas em marketing chamariam de "categoria" de smartphones (ou, mais precisamente, aumentando-a significativamente), a Apple beneficiou não apenas a si mesma, mas também a outros fabricantes de smartphones.

O iPhone também fornece um exemplo de transbordamento de marketing. Parte do sucesso do iPhone foi resultado da disposição da Apple de lançar sua marca por trás do novo produto. Os smartphones anteriores eram bastante desajeitados, mas a Apple tinha a reputação de fabricar dispositivos elegantes e fáceis de usar. Ao criar a categoria, como diriam os profissionais de marketing, a Apple não apenas obteve muitos lucros para si mesma (o iPhone agora representa cerca de 66% das receitas totais da Apple (Miglani, 2016), mas também ajudou a Samsung, a HTC, o Google e outros concorrentes a criar empresas de smartphones lucrativas.

Talvez menos óbvios, também podemos ver exemplos de transbordamentos em design organizacional, treinamento, branding e marketing. Nas décadas de 1950 e 1960, a empresa de consultoria McKinsey & Company foi pioneira em uma nova forma de fornecer consultoria empresarial que era, em essência, uma inovação organizacional.

Em vez de contratar veteranos do setor para dizer às empresas como melhorar, que era o que a maioria das primeiras consultorias de gestão fazia, a McKinsey contratou graduados de escolas de negócios de elite e os colocou para trabalhar juntos em pequenas equipes de consultoria focadas. Essas equipes desmembraram problemas em partes usando um conjunto de metodologias replicáveis, permitindo que consultores inteligentes e esforçados, mas com pouca experiência, trabalhassem coletivamente para resolver problemas de negócios relativamente complexos. Uma cultura agressiva de gerenciamento de desempenho e promoção atraiu jovens altamente ambiciosos e os manteve famintos e mesquinhos o suficiente para garantir um alto índice de trabalho.

Esse conjunto de inovações organizacionais é agora a norma na indústria de consultoria de gestão. Ficou assim ao ser copiado; na verdade, a McKinsey copiou aspectos da profissão jurídica (o sócio-gerente da McKinsey na época era um ex-advogado).

Por fim, transbordamentos de treinamento ocorrem toda vez que um funcionário treinado deixa uma empresa e vai trabalhar para outra onde seu treinamento é útil.

Agora, deve-se dizer que ativos tangíveis podem ter transbordamentos: se você tem um porto e eu construo uma ferrovia de carga que vai até ele, meu investimento provavelmente o beneficia, na medida em que um porto bem conectado é mais útil e lucrativo do que um mal conectado. Se uma loja de departamentos popular abre uma filial em um shopping, isso pode beneficiar outras lojas, atraindo mais comércio de passagem.

Mas a natureza física dos ativos tangíveis facilita muito resolver o problema da exclusividade: se eu administrar uma empresa que tem uma frota de ônibus, meus concorrentes não podem simplesmente entrar furtivamente em minha garagem e usá-los — os ônibus têm chaves de ignição e fechaduras, meu depósito tem alarme, e tenho centenas de anos de leis de propriedade para fazer valer meus direitos.

Você pode simplesmente considerar que os transbordamentos desapareceriam se os direitos de propriedade fossem definidos com sensatez. Mas parece muito difícil fazer isso na prática, apesar de séculos de tentativas.

Para explicar a natureza contestada dos intangíveis, voltemos à empresa de ônibus. Nós a usamos como um exemplo de como é relativamente simples para uma empresa apropriar-se dos benefícios dos ativos tangíveis, mas falhamos em especificar o país em que estava sediada. Embora as empresas de ônibus em países desenvolvidos possam ter certeza de que seus veículos não podem ser simplesmente emprestados por outras pessoas, esse não é o caso em algumas partes do mundo.

Em 2014, surgiram notícias de um terrível incidente no qual dezenas de estudantes foram sequestrados e, ao que parece, assassinados por uma combinação de policiais e criminosos organizados no estado mexicano de Guerrero. Um dos detalhes incidentais do crime foi que os estudantes estavam, no momento do sequestro, em um dos vários ônibus de que se apropriaram para levá-los a um protesto na Cidade do México. Acontece que apropriar-se de ônibus era algo "rotineiro" e geralmente tolerado, tanto que as empresas de ônibus e seus motoristas estabeleceram protocolos sobre o que fazer quando isso acontecesse.

Nos países desenvolvidos, não estamos acostumados com pessoas que pegam coisas valiosas como ônibus e as usam contra a vontade de seus donos. As normas sociais e a aplicação da lei se combinam para tornar esse ato transgressivo e raro. O pano de fundo do sequestro de Guerrero é um lembrete de como isso depende de nosso contexto social. Mas quando se trata de ativos intangíveis, as regras sobre propriedade e controle são muito mais contestadas, mesmo em países desenvolvidos. Patentes e direitos autorais são, em geral, menos seguros e mais sujeitos a contestação do que os títulos de propriedade de terras agrícolas ou a propriedade de um contêiner ou de um computador.

Uma razão importante para isso é a história. Cerca de quatro mil anos atrás, um escriba no sul do que hoje é o Iraque escreveu uma lista em uma tabuleta de argila. As pessoas na antiga Mesopotâmia usavam tábuas de argila havia séculos para escrever tudo, desde listas até lendas.

Mas essa placa de argila era algo diferente: era uma lista de leis, as leis do rei de Ur, Suméria e Acádia, que se chamava Ur-Nammu. É o mais antigo código de leis que sobrevive até hoje. O interessante para nossos propósitos é que, com a tarifa padrão dos códigos legais antigos — que lidam com assassinato, mutilação, fornicação —, ele contém muitas menções de propriedade. O código descreve as pessoas que possuem terras, prata, grãos, outros bens não especificados e escravos.

Em outras palavras, as pessoas têm feito regras sobre a propriedade de coisas tangíveis desde que regras foram criadas. Os quatro mil anos que se passaram desde Ur-Nammu deram às sociedades humanas muito tempo para pensar sobre o que significa a posse de coisas físicas e como resolver questões difíceis.

Esse processo não é difícil apenas do ponto de vista intelectual. É político e resolvido não apenas pelo trabalho cerebral, mas pelo conflito social e comunitário, que leva tempo. Aproximadamente um milhão de pessoas morreu quando os Estados Unidos travaram uma guerra civil sobre a questão de saber se era certo possuir outros seres humanos. O mundo chegou à beira da aniquilação nuclear em uma guerra fria entre países que discordavam sobre a questão de saber se possuir propriedade era de fato roubo. Mas com o tempo, a compreensão das pessoas sobre o que significava possuir coisas cresceu e se tornou mais clara, especialmente em países desenvolvidos com sistemas jurídicos estáveis.

Agora considere os ativos intangíveis. Há controvérsia sobre quando a primeira lei sobre a propriedade de ativos intangíveis foi criada. As pessoas tendem a mencionar as antigas leis venezianas medievais sobre técnicas de fabricação de vidro e concessões francesas e inglesas de monopólios para técnicas protoindustriais no século XVI. Mas, de qualquer forma, isso foi milênios depois do Código de Ur-Nammu.

As leis de propriedade intangível passaram, então, por um processo de evolução lenta, como apontou a historiadora econômica Zorina Khan (2008). Alguns dos primeiros monopólios ingleses modernos gozavam do direito de operar o que chamaríamos de novas tecnologias, mas outros cobriam o direito de comércio (para vender sal ou qualquer outro bem). Aos poucos, os monopólios limitaram-se a novas ideias, e os legisladores começaram a pensar de forma mais programática sobre como deveria ser uma boa lei de patentes ou direitos autorais.

No século XVIII, as patentes inglesas se tornaram mais detalhadas. Em vez de uma patente para operar máquinas movidas a vapor, o governo concedeu patentes para processos específicos que precisavam ser descritos e publicados. Ao mesmo tempo, o Estatuto da rainha Ana, de 1709, representou o início da lei inglesa de direitos autorais.

Os recém-formados Estados Unidos levavam a propriedade intelectual muito a sério. De fato, a Constituição dos Estados Unidos inclui uma cláusula sobre patentes e direitos autorais.[7] Desde o início, o sistema dos Estados Unidos foi mais simples, mais racional e radicalmente mais barato do que o da Grã-Bretanha ou da França contemporâneas.

Esse processo de desenvolvimento continuou. Os países começaram a ajustar seus sistemas de patentes e direitos autorais para encorajar mais invenções. As marcas adquiriram reconhecimento legal em vários países no século XIX, criando uma base legal para a ideia de branding e ativos de marketing.

Na década de 1920, Edgar Rice Burroughs adquiriu a marca registrada de Tarzan, uma de suas criações ficcionais, além de seus direitos autorais. Devemos agradecer a essa fusão de propriedade intangível criativa e comercial pelas franquias de mídia de hoje, de lancheiras de Star Wars a fantasias da princesa Elsa. E, claro, hoje questões de propriedade intangível continuam a ser contestadas. Negociações comerciais globais sobre pirataria e uso justo fracassam em disputas entre os Estados Unidos e a China. Os trolls de patentes perseguem sua vocação controversa nos tribunais do Distrito Leste do Texas ou de Moscou. Polêmicas surgem quando as empresas tentam forçar os limites dos direitos de propriedade intelectual de novas maneiras, como quando, em 2015, a fabricante de tratores John Deere argumentou que, sob a Lei de Direitos Autorais do Milênio Digital dos EUA, os clientes que compraram seus tratores não tinham o direito de repará-los eles mesmos.

No longo processo de acordo sobre normas e regras, a propriedade tangível tem uma vantagem de três milênios e meio sobre a propriedade intangível. Se o mesmo vale para os intangíveis, isso significa mais 3.500 anos para que os tecnicismos e a ética da propriedade sejam trabalhados, debatidos e disputados, e mais incertezas.

Assim, a tendência de os investimentos intangíveis se espalharem para outras empresas funciona em dois níveis. Por um lado, é uma característica inerente aos ativos que consistem em conhecimento, pois o conhecimento é não rival. Ao mesmo tempo, a diferença entre os transbordamentos de investimento tangível e intangível é exacerbada pela história. O fato de os países desenvolvidos terem melhores instituições para decidir quem tem ativos tangíveis e quem tem intangíveis é em parte resultado da história e da evolução das instituições.

Por que os Transbordamentos São Importantes?

Transbordamentos são importantes por três razões: em primeiro lugar, em um mundo onde as empresas não têm certeza de que obterão os benefícios de seus investimentos, esperaríamos que elas investissem menos. Em segundo lugar, há um prêmio para a capacidade de administrar os transbordamentos: as empresas que tiram o máximo proveito de seus próprios investimentos em intangíveis, ou que são especialmente boas em explorar os transbordamentos dos investimentos de outros, se sairão particularmente bem. Em terceiro lugar, os transbordamentos afetam a geografia das economias modernas.

A resposta clássica para o problema dos transbordamentos é o financiamento do governo. Se as empresas não puderem aproveitar ao máximo seus investimentos intangíveis, especialmente em P&D, o governo deve intervir e financiar a pesquisa diretamente (por exemplo, em universidades ou laboratórios do governo) ou apoiar as empresas a realizá-la. E, de fato, isso acontece muito. O governo dos EUA financia 30% da P&D realizada no país (Appelt *et al.*, 2016). A P&D pública é especialmente importante em áreas de pesquisa básica e em novos campos (como o desenvolvimento do setor de semicondutores pelos militares dos EUA na década de 1950).

Os transbordamentos também afetam o comportamento de empresas individuais, pois elas se esforçam para maximizar o valor dos intangíveis que produzem. De fato, uma parte significativa da estratégia das empresas ricas em intangíveis é combiná-los e gerenciá-los de forma a minimizar os transbordamentos e maximizar os benefícios que obtêm deles.

Alguém excepcionalmente honesto sobre até onde as empresas vão para impedir que outras pessoas se beneficiem de seus intangíveis criados com amor é o capitalista de risco e empresário Peter Thiel, o chamado "don" da máfia do PayPal do Vale do Silício. O livro inovadoramente sincero de Thiel sobre empreendedorismo *Zero to One* deixa claro que a maneira de criar startups muito valiosas é criar negócios que, na medida do possível, tenham posições de monopólio em grandes mercados.

Na filosofia de gerenciamento de Thiel, você cria essas oportunidades defensáveis investindo nos tipos certos de software, marketing e redes de clientes e fornecedores (três intangíveis clássicos) e reunindo-os de maneiras difíceis de copiar pelos concorrentes.

Além do mais, a capacidade de atrair os transbordamentos do investimento intangível de outras empresas talvez seja tão importante quanto a capacidade de maximizar o ganho do próprio. Estar bem conectado, conhecer os desenvolvimentos importantes em seu campo e ter autoridade para reunir colaborações, pedir favores e coordenar parcerias torna-se mais importante em um negócio em que os investimentos têm maiores transbordamentos. Afinal, explorar os transbordamentos do investimento de outra empresa é, de certa forma, um almoço grátis.

A maneira mais direta de as empresas manterem seu conhecimento para si mesmas é por meio da lei. James Watt e os irmãos Wright irritaram seus contemporâneos com sua disposição de impor patentes para interromper a pesquisa de outras pessoas sobre vapor e voo, respectivamente. O troll de patentes pode ser considerado uma forma pura dessa estratégia. O troll de patentes compra patentes, muitas vezes de empresas extintas, e procura impor direitos legais contra qualquer pessoa que possa se beneficiar dos efeitos colaterais do investimento original. Existem boas razões para desaprovar o troll de patentes — mas é uma consequência bastante direta da característica de transbordamento dos ativos intangíveis.

Se a lei não for forte o suficiente, as empresas podem fazer lobby para que ela seja alterada. Os advogados de direitos autorais às vezes falam sobre a Curva do Mickey Mouse — a extensão cada vez maior dos direitos autorais na lei dos EUA, que cresce rápido o suficiente para impedir que o icônico mouse da Disney entre no domínio público. Quando a Disney criou o Mickey, seus direitos autorais expirariam em 1984. Extensões em 1976 e 1998 significam que isso não acontecerá até 2023. E quem sabe que novas leis podem ser feitas até lá?

Os trolls de patentes e os processos de direitos autorais chamam nossa atenção porque são dignos de nota, mas outras formas de capturar os efeitos colaterais do investimento intangível são mais comuns — na verdade, fazem parte do tecido invisível da vida empresarial cotidiana. Muitas vezes, envolvem reciprocidade, em vez de compulsão ou ameaças legais. Os desenvolvedores de software usam repositórios online como o GitHub para compartilhar código; ser um colaborador ativo e um usuário efetivo do GitHub é uma medalha de honra para alguns desenvolvedores. Às vezes, as empresas agrupam suas patentes, então percebem que os transbordamentos das tecnologias de cada empresa são valiosos e que não vale a pena fazer valer os direitos legais individuais de todos. (De fato, o governo dos EUA ajudou a acabar com a guerra de patentes entre os irmãos Wright e a Curtiss Airplane and Motor Company, que estagnava a indústria aeronáutica dos EUA na década de 1910, fazendo com que todos estabelecessem um pool de patentes, a Manufacturers Aircraft Association.)

Por fim, para colher os benefícios dos transbordamentos, as pessoas podem se organizar de várias maneiras. Uma das mais óbvias é nas cidades. Como disse Edward Glaeser, um dos principais economistas que trabalham com cidades, um dos quebra-cabeças da urbanização é a crescente disposição das pessoas de pagar aluguéis muito altos para morar ao lado de outras pessoas que pagam aluguéis muito altos (Glaeser, 2011). Isso parece um quebra-cabeça excepcional em nosso mundo conectado, onde a importância da proximidade certamente teria diminuído. Uma resposta é que os benefícios indiretos de viver nas cidades aumentaram. De fato, dado o aumento indiscutível dos *malefícios* — congestionamento, preços e poluição do ar —, deve haver alguns benefícios compensatórios, e estes podem muito bem ser as chances de mais interações e colaborações.

Tudo isso significa que, em uma economia intensiva em intangíveis, a capacidade de solucionar o problema dos transbordamentos torna-se muito importante. Isso exige uma gama particular de habilidades: habilidades técnicas para entender os próprios intangíveis, como conhecimento científico ou de engenharia; em alguns casos, conhecimento jurídico ou talento para fazer negócios; em outros, habilidades mais flexíveis, como liderança e networking. E exige mais convivência nas cidades. Exploraremos as implicações dessas habilidades para a desigualdade no Capítulo 6.

Sinergias

Por que os Intangíveis Exibem Sinergias?

Ideias e outras ideias vão bem juntas. Isso é especialmente verdadeiro no campo da tecnologia.

Considere o forno de micro-ondas. No final da Segunda Guerra Mundial, a empreiteira de defesa norte-americana Raytheon estava ocupada produzindo magnetrons de cavidade em massa, uma espécie de tubo de vácuo que era uma parte importante das defesas de radar que os britânicos introduziram no início da guerra. Percy Spenser, um engenheiro que trabalhava para a Raytheon, percebeu que as micro-ondas dos magnetrons podiam aquecer os alimentos criando campos eletromagnéticos em uma caixa de metal.

Em poucos anos, a tecnologia estava suficientemente avançada para que você pudesse comprar um cachorro-quente de micro-ondas "Speedy Weeny" em uma barraca de novidades na Grand Central Station de Nova York. Algumas empresas tentaram vender fornos de micro-ondas domésticos, mas nenhuma teve muito sucesso. Então, na década de 1960, a Raytheon comprou a Amana, uma fabricante de eletrodomésticos, e combinou sua experiência em micro-ondas com o conhecimento da Amana em utensílios de cozinha para criar um produto de maior sucesso. Ao mesmo tempo, Litton, outro empreiteiro de defesa, inventou o formato moderno do forno de micro-ondas e ajustou o magnetron para torná-lo mais seguro.

Em 1970, foram vendidos 40 mil micro-ondas. Em 1975, foi um milhão. O que tornou isso possível foi o acúmulo gradativo de ideias e inovações. O magnetron por si só não era muito útil para um cliente, mas combinado com outras partes incrementais de P&D e com as ideias de design e marketing de Litton e da Amana, tornou-se uma inovação definidora do final do século XX.

A história dos fornos de micro-ondas é totalmente típica de como as novas tecnologias evoluem. Brian Arthur, do Santa Fe Institute, escreveu um livro memorável, *The Nature of Technology*, que afirmava que a inovação tecnológica era "combinatória". Ou seja, qualquer tecnologia depende da junção de ideias já existentes. Nas palavras de Arthur: "Toda nova tecnologia é criada a partir das existentes e, portanto... toda tecnologia se sustenta em uma pirâmide de outras que a tornaram possível em uma sucessão que remonta aos primeiros fenômenos que os humanos capturaram."

O escritor científico Matt Ridley levou a ideia um passo adiante, enfatizando a natureza evolutiva das ideias. "A troca está para a evolução cultural assim como o sexo está para a evolução biológica"; Ridley descreveu a inovação como o que acontece "quando as ideias fazem sexo" (Ridley, 2010, p. 453).

Outra maneira de ver isso é dizer que os ativos intangíveis — ideias, como resultados de P&D, novos designs ou novas formas de estruturar um negócio ou comercializar um produto — têm sinergias entre si; eles valem mais quando você os combina. Agora, os ativos tangíveis também têm sinergias. Um ônibus e uma parada de ônibus; um suprimento de eletricidade e uma pilha Marshall; um PC e uma impressora. Mas o escopo de diferentes ideias para interagir e o fato de que as ideias não são gastas quando são combinadas tornam as sinergias potenciais muito maiores.

A história do forno de micro-ondas também reflete outro aspecto das sinergias entre diferentes ideias — que muitas vezes são imprevisíveis e saltam entre domínios. Nesse caso, a tecnologia da informação militar deu origem a um utensílio de cozinha. Esse tipo de exaptação parece acontecer repetidas vezes no mundo das ideias, tornando relativamente difícil prever onde surgirão sinergias entre os intangíveis.

Os investimentos intangíveis também apresentam sinergias com ativos tangíveis, em especial as tecnologias da informação, sobretudo computadores em rede e smartphones. Um exemplo notável disso é o papel do Walmart em salvar a economia dos EUA na década de 1990.

Na década de 1980, a economia dos Estados Unidos experimentava um lento crescimento real da produtividade. As pessoas temiam que isso se tornasse um "novo normal" e que o crescimento nunca se recuperasse. Mas com o passar dos anos 1990, a produtividade aumentou. Em 2000, o McKinsey Global Institute analisou as fontes desse aumento de produtividade. Contraintuitivamente, eles descobriram que a maior parte vinha da maneira como as grandes cadeias varejistas, em particular o Walmart, usavam computadores e software para reorganizar suas cadeias de suprimentos, melhorar a eficiência e baixar preços. Em certo sentido, foi uma revolução tecnológica. Mas os ganhos foram obtidos por meio de mudanças nas práticas organizacionais e de negócios em um setor de baixa tecnologia. Ou, em outras palavras, houve grandes sinergias entre o investimento do Walmart em computadores e seu investimento em processos e desenvolvimento da cadeia de suprimentos para aproveitar ao máximo os computadores.

Essa relação foi documentada em detalhes por Erik Brynjolfsson, economista do MIT e guru da economia digital. A pesquisa de Brynjolfsson mostrou que o investimento organizacional e em tecnologia eram altamente complementares; ou seja, as empresas que obtiveram o máximo de seu software avançado foram as que também investiram em mudanças organizacionais (Brynjolfsson, Hitt e Yang, 2002). Nicholas Bloom, Raffaella Sadun e John Van Reenen (2012) compararam a produtividade das empresas norte-americanas que investiram em TI com as europeias e descobriram que estas não obtiveram o mesmo nível de benefícios dos computadores porque não estavam dispostas ou não podiam mudar tanto as práticas organizacionais e de gestão.

As sinergias entre TI e intangíveis funcionam em alguns níveis. Em primeiro lugar, o hardware do computador tem uma sinergia direta e, em certo sentido, trivial, com um tipo de intangível: o software. Esse é o objetivo do software. Em outras palavras, os computadores são dispositivos físicos que se tornam úteis e valiosos quando você os preenche com informações úteis e intangíveis.

Como os computadores e as redes de computadores lidam com informações, eles também ajudam a tornar outros investimentos intangíveis mais fáceis ou mais eficazes. Considere a rede de grandes empresas de economia compartilhada, como Uber ou AirBnB. Não há nada em seus modelos de negócios que absolutamente exija computadores e a internet. Antes de todo mundo ter um smartphone, havia empresas de táxi conectadas em rede, algumas das quais, como a ComCab de Londres ou a Radio Taxis, usavam motoristas independentes. Antes do AirBnB, havia clubes de compartilhamento de casas com catálogos e sistemas de reservas por telefone. Tanto os clubes de casas compartilhadas quanto as redes de táxi investiram tempo e dinheiro para desenvolver suas redes de fornecedores.

Mas em ambos os casos, a internet e os smartphones possibilitaram construir redes muito grandes, fazer isso de forma mais barata e fortalecer o valor de ser membro da rede (por meio de avaliações e buscabilidade, por exemplo). Aqui, novamente, há uma forte sinergia entre TI — tecnologias que lidam com informação e networking — e investimento intangível, que em grande parte é investimento em informação e conexões.

Assim, parece que os investimentos intangíveis têm sinergias entre si, quer se trate de ideias (que tendem a criar novas ideias quando as junta), quer de novas estruturas (que parecem ser complementares às novas tecnologias). Além disso, muitas vezes é difícil prever como essas combinações acontecerão ou como planejá-las: o acaso e o inesperado parecem desempenhar um papel importante.

Por que as Sinergias dos Ativos Intangíveis São Importantes?

Se os transbordamentos de intangíveis encorajam as empresas a manter seus investimentos para si mesmas ou, na melhor das hipóteses, a compartilhar de forma egoísta, então as sinergias de intangíveis têm o efeito oposto.

Se suas ideias valem mais quando combinadas com outras ideias, há um forte incentivo para ter acesso ao maior número possível de ideias. Uma manifestação disso é o crescente destaque da inovação aberta.

Em sua forma mais simples, a inovação aberta acontece quando uma empresa se conecta deliberadamente e se beneficia de novas ideias que surgem fora da empresa. Criar ideias em um grande laboratório corporativo de P&D não é inovação aberta; obter ideias comprando startups, associando-se a pesquisadores acadêmicos ou realizando joint ventures com outras empresas é.

A inovação aberta tornou-se um chavão da gestão na década de 2000, depois de ter sido popularizada em um best-seller de gerenciamento (com o mesmo título) de Henry Chesbrough, embora viesse sendo observada por outros pesquisadores desde pelo menos a década de 1970 e fosse usada pelas empresas muito antes disso.

Considere os altos-fornos do século XIX, um exemplo notoriamente analisado, usando registros contemporâneos muito detalhados, por Robert Allen, de Oxford (1983). Os principais determinantes da eficiência dos altos-fornos foram a altura e a temperatura. Mas a física da época era inadequada para permitir que um engenheiro deduzisse o projeto ideal para o alto-forno. Então, como eles o projetaram? Houve uma série de experiências com diferentes alturas e temperaturas por parte dos empresários locais. Sociedades regionais e nacionais, como o Institution of Cleveland Engineers, o South Wales Institution of Engineers, o Institution of Mechanical Engineers e o Iron and Steel Institute de 1869 trocaram informações. Qual foi o resultado? Como Allen descreveu, essa inovação "aberta" transformou a indústria:

> Entre 1850 e 1875, várias mudanças importantes na prática do alto-forno foram desenvolvidas no distrito de Cleveland, na Inglaterra. As mais impressionantes foram o aumento da altura da fornalha de 15 metros — a norma anterior — para 25 metros ou mais, e o aumento da temperatura da explosão de 600°F para 1.400°F. Juntas, essas melhorias reduziram a necessidade de combustível para fazer ferro-gusa o suficiente para justificar o descarte dos fornos originais menores e de baixa temperatura e substituí-los pelos novos projetos. (Allen 1983, p. 3)

Grande parte da retórica em torno da inovação aberta hoje assume um tom quase moral: trata-se de compartilhar conhecimento; trata-se de trabalhar em conjunto; trata-se até de humildade. Esse aspecto moral da inovação aberta deriva das sinergias do investimento intangível — que pode tornar o compartilhamento de ideias mutuamente benéfico. (Há também uma sensação sobre a exploração dos transbordamentos dos investimentos de outras empresas de que a inovação aberta é mais voltada para o interesse próprio, mas fala-se pouco sobre isso.)

O que é particularmente interessante é que a existência de sinergias entre ideias cria uma tensão com os transbordamentos que discutimos anteriormente — um dilema para empresas ricas em intangíveis. Fechar-se para o mundo e confiar em uma forte lei de propriedade intelectual pode ajudar a impedir que os intangíveis de uma empresa se espalhem, mas é um tipo de isolamento fatal, porque reduz as oportunidades de sinergia com as ideias de outras pessoas — e a maioria são ideias de outras pessoas. Nas palavras de Bill Joy, "não importa quem você é, a maioria das pessoas mais inteligentes trabalha para outra pessoa" (Lakhani e Panetta, 2007).

O efeito das sinergias dos intangíveis também é importante no nível das economias nacionais e locais. Se a pesquisa de minha empresa ou as inovações de processo se tornarem mais valiosas se sua empresa e uma dúzia de outras empresas também apresentarem grandes ideias sinérgicas, uma economia pode terminar em um círculo virtuoso ou vicioso. Se todo mundo está pesquisando ou desenvolvendo novos processos, e se isso torna meu investimento mais valioso, é de meu interesse investir também em P&D. Se ninguém mais estiver, também pode não valer a pena para mim.

Essa ideia de know-how complementar está no cerne da ideia dos "comuns industriais", desenvolvida pelos economistas Gary Pisano e Willy Shih (2009). Pisano e Shih argumentaram que o setor manufatureiro dos Estados Unidos estava sofrendo porque não havia mais especialização e pesquisa suficientes em processos industriais básicos necessários para criar uma base de conhecimento compartilhada. As sinergias entre as ideias também criam uma tensão entre serendipidade e coordenação. Por um lado, o grande número de maneiras pelas quais as ideias podem ser combinadas de modo útil dificulta o planejamento centralizado. A descoberta acidental de novas propriedades de tecnologias — como a transformação do magnetron em micro-ondas — parece ser um fenômeno comum.

Com base nessa lógica, se quisermos aumentar o investimento produtivo em ideias, devemos estimular a "interdisciplinaridade", as trocas casuais entre pessoas que trabalham em diferentes áreas e em diversos lugares. Essas trocas acontecerão muito em cidades grandes e caminháveis, com muitos espaços públicos e oportunidades de interação social. Por outro lado, a pesquisa sustentada em uma área específica também é importante. Pelo menos algumas das sinergias entre ideias diferentes funcionam melhor em um campo específico. O forno de micro-ondas foi um sucesso não apenas por causa do salto radical das comunicações militares para a culinária, mas também porque muitos pesquisadores da Amana, Litton e seus concorrentes japoneses trabalharam no projeto e melhoraram a tecnologia do magnetron.

Às vezes, essa coordenação acontece espontaneamente. Mas também podemos pensar em coisas que a ajudem. Prêmios, como o Longitude do século XVIII ou o Ansari-X do século XXI para voos espaciais privados, podem ajudar a atrair investimentos para uma área negligenciada. Sem dúvida, parte da razão pela qual a imprensa de tecnologia promove novas ideias, como a Internet das Coisas ou a energia solar, é porque cria histórias mais emocionantes, mas também porque tem o papel funcional de chamar a atenção para novas áreas promissoras e incentivar o investimento coordenado. Talvez o hype esteja fora do lugar, mas mesmo assim, o papel de encorajar a coordenação é importante.

Por fim, as sinergias entre intangíveis podem ser uma tática competitiva valiosa para empresas individuais. Considere o epipen — ou melhor, o EpiPen®. EpiPens são dispositivos semelhantes a canetas que podem administrar injeções de epinefedrina (daí o nome), salvando assim a vida de pessoas que sofrem de choque anafilático. O EpiPen é de longe o dispositivo de epinefedrina líder de mercado. Mas isso não ocorre porque ele patenteou a epinefedrina, que é de domínio público. Também não tem um design incopiável: vários concorrentes apresentaram designs alternativos para injetores, alguns deles indiscutivelmente melhores que o do EpiPen. Mas uma combinação de intangíveis o manteve como líder de mercado: o nome e a marca, seu design e o conhecimento generalizado entre os socorristas sobre como usar o dispositivo agem para dificultar o sucesso dos concorrentes (discutimos o EpiPen um pouco mais no Capítulo 5).

Essas sinergias não apenas dão às empresas uma vantagem sobre os concorrentes: elas também afetam a dinâmica entre as empresas e seus funcionários talentosos. Considere um designer especialista da Apple, uma empresa famosa e até certo ponto dependente de seu bom design. O que impede aquele designer, do ponto de vista econômico, de exigir cada vez mais dinheiro em troca de não sair para a concorrência ou montar uma nova startup orientada pelo design?

Uma resposta para essa pergunta são as sinergias. O design da Apple é especialmente valioso no contexto de todo um conjunto de ativos intangíveis que a empresa possui: suas tecnologias, seu atendimento ao cliente e o poder de sua marca e de seus canais de marketing. Todas essas coisas tornam um designer da Apple mais valioso para a Apple do que para um empregador alternativo e reduzem os incentivos para sair.

Assim, as sinergias são importantes porque criam fortes incentivos para empresas e governos reunirem diferentes intangíveis, especialmente novas ideias. Nessa medida, elas trabalham na direção oposta daquela dos transbordamentos, incentivando a abertura e o compartilhamento, em vez da apropriação. Elas também são importantes porque criam uma forma alternativa para as empresas protegerem seus investimentos intangíveis contra a concorrência: construindo grupos sinérgicos de investimentos intangíveis, em vez de proteger ativos individuais.

Algumas Características Emergentes dos Intangíveis Devido aos Quatro Elementos

Assim, vimos que os investimentos intangíveis diferem dos tangíveis de várias maneiras: eles são mais propensos a ser escaláveis, ter custos irrecuperáveis, gerar transbordamentos e exibir sinergias uns com os outros.

Vamos concluir este capítulo observando que essas propriedades se combinam para produzir duas outras características mais gerais dos intangíveis: *incerteza* e *contestação*.

Qualquer investimento, tangível ou intangível, é um passo rumo ao desconhecido. Nenhuma empresa pode saber ao certo qual será o retorno. Mas parece que, por causa dos quatro elementos que discutimos, o investimento intangível tende a ser mais incerto. Em primeiro lugar, devido ao seu *afundamento*, os investimentos intangíveis tendem a valer menos se derem errado. É mais difícil recuperar seu valor simplesmente os vendendo. Em segundo lugar, a vantagem de um investimento intangível é potencialmente muito maior, uma vez que é mais provável que se beneficie de *escala* (portanto, um investimento modesto pode gerar um grande retorno) ou *sinergias* (aumentando seu valor diretamente). Então, quando as coisas dão errado, os intangíveis tendem a valer menos, e quando vão bem, aqueles tendem a valer muito mais.

Mas não se trata apenas de substituir uma distribuição restrita de resultados possíveis por outra mais ampla. A tendência dos investimentos intangíveis em gerar *transbordamentos* torna radicalmente mais difícil estimar os retornos futuros para a empresa que os faz. E a ausência de mercados para muitos intangíveis (o que contribui para seu *afundamento*) dificulta formar uma estimativa realista de seu valor.

Todo o mais sendo constante, então, esperaríamos que as empresas em uma economia rica em intangíveis exibissem mais incerteza. E parte dessa incerteza aparece ao atribuir *valores de opção* às empresas intangíveis para seus investimentos. Considere um investimento intangível que é irrecuperável e procede em etapas. Em cada etapa, por exemplo, a empresa pode aprender algo sobre a viabilidade do investimento. Essa informação é valiosa para ela, especialmente se os gastos forem irrecuperáveis. Portanto, o investimento intangível tende a ter um valor de opção associado a ela (veja a discussão anterior).

Intangíveis também tendem a ser *contestados*. As pessoas e as empresas geralmente competem para ver quem pode controlá-los, possuí-los ou se beneficiar deles. Isso é em parte uma função dos *transbordamentos*. Como vimos, as empresas geralmente buscam obter o benefício de investimentos intangíveis feitos por outras empresas. Às vezes, isso acontece por consentimento mútuo (por exemplo, quando as empresas adotam a inovação aberta); às vezes não (por exemplo, o desenvolvimento do sistema operacional Android pelo Google, que enfureceu Steve Jobs, da Apple).

Sinergias entre intangíveis também aumentam sua contestação. Quando combinações específicas de intangíveis são extraordinariamente valiosas, isso aumenta o poder das pessoas que estão conectadas ou têm conhecimento suficiente para intermediar essas conexões, um tema ao qual retornaremos no Capítulo 6.

A contestação é exacerbada pela ambiguidade das regras sobre quem tem investimentos intangíveis: as empresas contestam patentes com tanta frequência porque a posse de propriedade intangível é menos bem estabelecida e menos definida do que a posse de propriedade tangível.

Conclusão: Os Quatro Elementos dos Intangíveis

Os intangíveis têm quatro propriedades econômicas incomuns. Essas propriedades podem existir em investimentos tangíveis, mas em geral os ativos intangíveis as exibem em maior grau. Essas características são:

- Escalabilidade
- Afundamento
- Transbordamentos
- Sinergias

Três outras características emergem dessas quatro, a saber: incerteza, valor de opção e contestação. O restante do livro discutirá as consequências de uma economia cada vez mais rica em intangíveis que emergem dessas características.

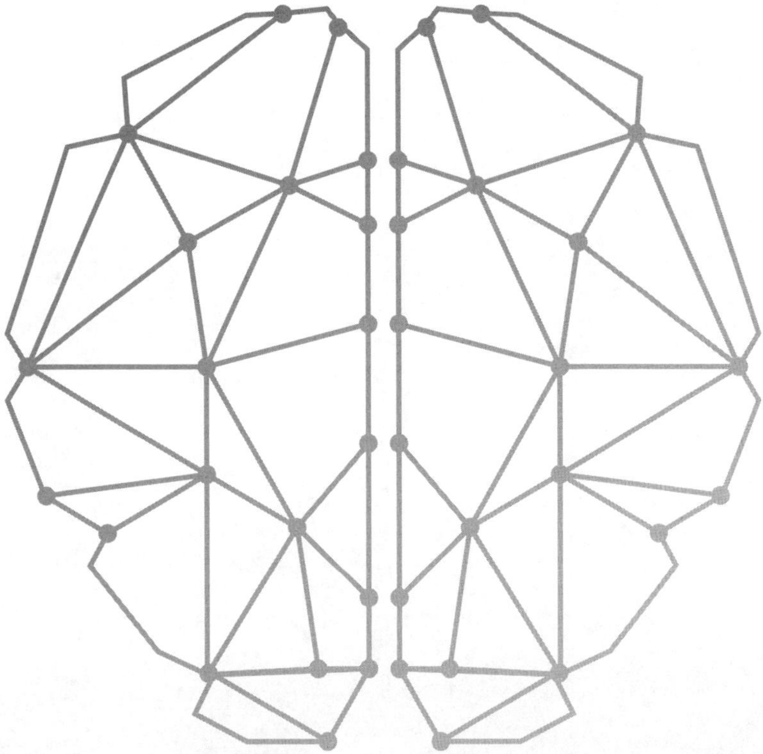

PARTE 2

AS CONSEQUÊNCIAS DO AUMENTO DA ECONOMIA INTANGÍVEL

5

INTANGÍVEIS, INVESTIMENTO, PRODUTIVIDADE E ESTAGNAÇÃO SECULAR

Este capítulo examina o papel dos intangíveis na estagnação secular e a intrigante queda no investimento e no crescimento da produtividade observada nas principais economias nos últimos anos. Argumentamos que a crescente importância do investimento intangível pode ter um papel significativo a desempenhar neste fenômeno preocupante.

Uma das tendências mais preocupantes e amplamente comentadas na economia no momento é a estagnação secular: que o investimento empresarial é teimosamente baixo, apesar de todas as indicações de que não deveria ser. Tem havido várias explicações para o que está errado com o investimento empresarial, desde as falhas da política monetária até uma desaceleração no progresso tecnológico.

Este capítulo é o primeiro em que discutimos as consequências do aumento do investimento intangível. Argumentaremos que pelo menos parte da razão para o enigma da estagnação secular é a mudança no equilíbrio do investimento empresarial em direção aos intangíveis. Além disso, apresentaremos esse argumento com base nas quatro características dos intangíveis que apontamos no Capítulo 4. Como (a) os intangíveis podem ser dimensionados, as empresas líderes se distanciam das retardatárias, e como (b) não são mensuráveis, a produtividade e a lucratividade medidas parecem altas. E porque eles transbordam quando o ritmo do investimento intangível diminui, como aconteceu após a Grande Recessão, a produtividade diminui à medida que o crescimento intangível reduzido gera menos transbordamentos.

Estagnação Secular: Os Sintomas

Antes de analisarmos a ligação entre a estagnação secular e o investimento intangível, vale a pena rever em que consiste realmente a estagnação secular. Ela é caracterizada por uma série de sintomas.

O primeiro é o baixo investimento. Como mostra a Figura 5.1, para os Estados Unidos e o Reino Unido, o investimento caiu na década de 1970, recuperou-se um pouco em meados da década de 1980 e depois caiu vertiginosamente na crise financeira. Desde então, não se recuperou.

Ora, isso não seria tão surpreendente não fosse o segundo sintoma: os juros baixos. Como mostra a Figura 5.2, as taxas de juros reais de longo prazo vêm caindo desde meados da década de 1980 e têm estado particularmente baixas desde a crise financeira. Mas não houve recuperação do investimento desde então, embora os custos de tais investimentos sejam muito baixos.

A coincidência de baixo investimento e baixas taxas de juros é um enigma para os economistas. Antigamente, os banqueiros centrais achavam que sabiam o que fazer com o baixo investimento. Quando as empresas ficavam nervosas com o futuro, como acontecia de tempos em tempos, e reduziam o investimento, os bancos centrais reagiam baixando sua taxa básica de juros, tornando o dinheiro mais barato. O dinheiro barato tornava menos dispendioso para as empresas obter financiamento e para os consumidores tomarem empréstimos. Assim, empresas e consumidores tomavam empréstimos, e o investimento e o consumo voltavam a crescer.

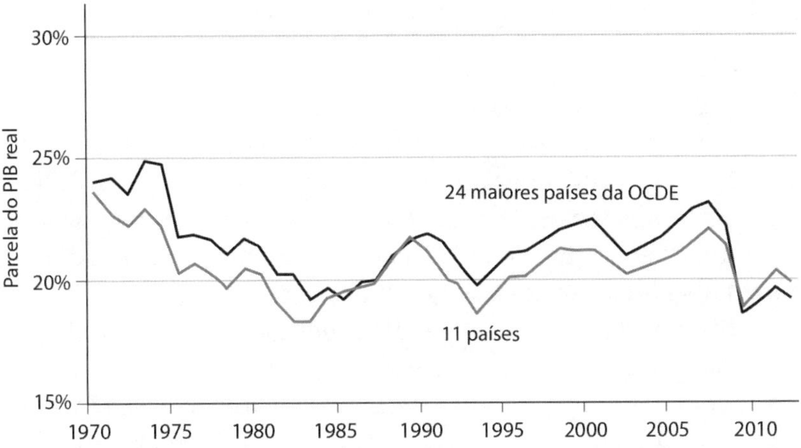

Figura 5.1. Investimento real como uma porcentagem do PIB real para 24 países da OCDE e uma amostra restrita de 11 países (Austrália, Áustria, Dinamarca, Finlândia, Alemanha, Itália, Japão, Holanda, Suécia, Reino Unido e Estados Unidos). Fonte: Thwaites 2015.

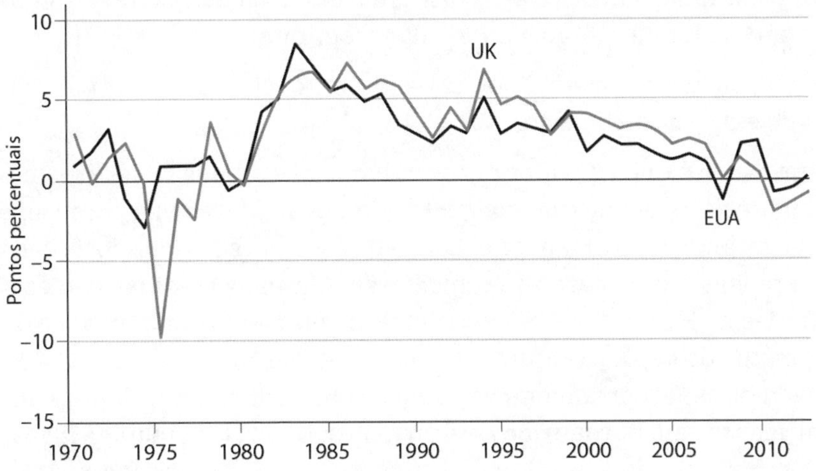

Figura 5.2. Taxas de juros reais de longo prazo para Estados Unidos e Reino Unido. Fonte: Thwaites 2015.

Mas essa tática parece ter parado de funcionar. Para os banqueiros centrais, isso é o equivalente a ser um capitão que ruma para um baixio rochoso e descobrir que seu leme não vai mais virar o navio. Essa coincidência de empréstimos muito baratos e a aparente relutância das empresas em investir foi sobre o que Larry Summers falou quando popularizou o termo "estagnação secular" em uma palestra de 2013 para o FMI.[1]

Uma explicação imediata para essa estranha mistura de dinheiro barato e baixo investimento é simplesmente que a demanda por investimento caiu. Em seu best-seller de 2011, *The Great Stagnation*, o economista Tyler Cowen sugeriu que os países desenvolvidos podem ter esgotado as fontes fáceis de bons investimentos, como colonizar novas terras ou fazer com que as crianças passem mais anos estudando. De maneira mais memorável, ele argumentou que o progresso tecnológico pode ter diminuído ou, mais especificamente, que o benefício econômico de novas descobertas era menor do que no passado. O economista e historiador econômico Robert Gordon desenvolveu esse tema em seu influente livro de 2016, *The Rise and Fall of American Growth*, no qual argumentou que as invenções ao longo do século XX, como a eletricidade, encanamento interno e similares, faziam parte de "uma grande onda de inovação" que não se repetirá.

Essa explicação para a estagnação secular provou ser controversa, até porque é muito difícil medir se o progresso tecnológico desacelerou. Uma desaceleração tecnológica totalmente inesperada, que não é fácil de confirmar usando-se dados, pareceu a alguns um deus ex machina, e muitos dos interessados na estagnação secular procuraram outras causas.

Há mais três sintomas associados à estagnação secular atual, todos os quais exigem explicação.

O primeiro é que os lucros corporativos nos Estados Unidos e em outros lugares são, em média, mais altos do que há décadas e parecem estar aumentando continuamente. Longe de estarem sob pressão, os lucros das empresas nunca pareceram melhores. Algumas medidas destes são mostradas na Figura 5.3.[2] A medida mais diretamente comparável é o retorno médio do capital (Figura 5.3B), que cresceu acentuadamente desde a década de 1990; certamente não sugere uma Era de Chumbo, em que o investimento caiu porque não havia nada em que valesse a pena investir.

À primeira vista, isso não parece compatível com a ideia de que existem poucas boas oportunidades de investimento por aí; pelo contrário, se os lucros forem altos, seria de se esperar que as empresas fossem tentadas a investir mais para aproveitar o dinheiro barato para aplicar em todas as oportunidades de negócios atraentes que estão gerando altos retornos.

A segunda curiosidade é que, em termos de lucratividade, os negócios não são iguais — e, mais precisamente, estão se tornando cada vez mais desiguais. Como mostra a Figura 5.3C, os lucros das empresas no topo estão crescendo. Não parece que as oportunidades de investimento tenham desaparecido para elas. Isso levou a um debate animado sobre se a concorrência — em relação à qual normalmente esperaríamos ter o jogo nivelado entre empresas líderes e retardatárias à medida que as margens de lucro das líderes regredissem à média e as retardatárias saíssem do mercado — caiu.

A imagem dos lucros é semelhante à da produtividade. A Figura 5.4 mostra os resultados de um influente projeto de pesquisa de Dan Andrews, Chiara Criscuolo e Peter Gal, da OCDE, que analisou como estava se desenvolvendo a lacuna de produtividade entre as principais empresas de diferentes setores e seus concorrentes, usando dados contábeis do banco de dados da OCDE-ORBIS. É claro que sempre houve uma lacuna — algumas empresas sempre se saíram melhor do que outras —, mas essa lacuna parece ter aumentado consideravelmente, começando antes da crise financeira.

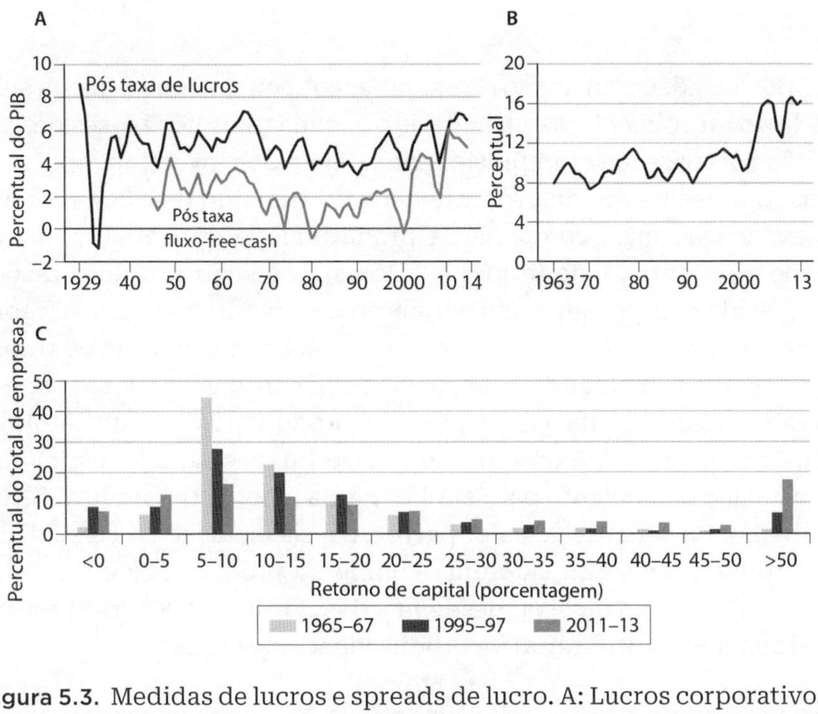

Figura 5.3. Medidas de lucros e spreads de lucro. A: Lucros corporativos domésticos nos EUA. B: Retorno global sobre o capital das empresas norte-americanas (excluindo ágio). C: Distribuição de lucros entre empresas norte-americanas. Fonte: *Economist*, março de 2016, https://www.economist.com/news/briefing/21695385-profits-are-too-high-america-needs-giant-dose-competition-too-much-good-thing.

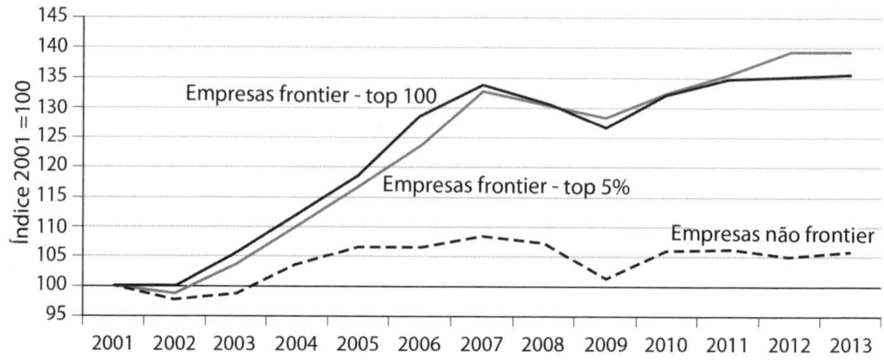

Figura 5.4. A produtividade do trabalho se espalha. Os dados são valor agregado por trabalhador. "Frontier" são 100 ou 5% das empresas globalmente mais produtivas em cada setor de manufatura ou serviços comerciais de dois dígitos para uma amostra de 24 países do banco de dados Orbis. Fonte: Andrews, Criscuolo e Gal (2016), citados em OECD, Economic Outlook, 2016, http://www.oecd.org/eco/outlook/OECD-Economic-Outlook-June-2016-promoting-productivity-and-equality.pdf.

O fato derradeiro em torno da estagnação secular é que a queda sustentada no crescimento da produtividade que vimos nos países desenvolvidos não parece ser impulsionada apenas por investimentos mais baixos. O crescimento da produtividade do trabalho (ver Box 5.1 para uma explicação mais completa da produtividade do trabalho, lucratividade e produtividade total dos fatores) pode cair por duas razões amplas. Pode cair porque o investimento cai, dando, assim, aos trabalhadores menos capital para trabalhar. Ou pode cair porque os trabalhadores estão trabalhando com menos eficiência com qualquer capital que tenham; isso é chamado de queda na produtividade "multifatorial" ou "fator total" (PTF). Agora, desde a crise financeira, o investimento caiu, mas não o suficiente para explicar toda a perda de produtividade do trabalho. Na verdade, a maior parte da desaceleração no crescimento da produtividade tem sido um declínio na produtividade total dos fatores. A Figura 5.5 mostra, desde meados dos anos 2000, uma queda no crescimento multifatorial da produtividade da OCDE.

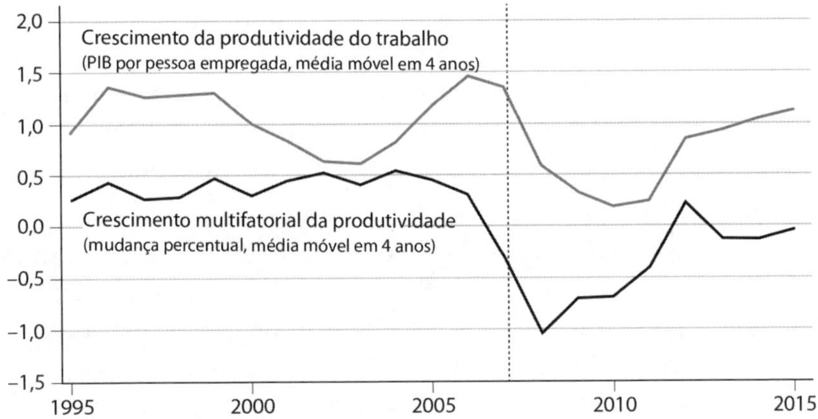

Figura 5.5. Crescimento do trabalho e produtividade multifatorial (OCDE, 1995–2016, média móvel de quatro anos). Fonte: The Conference Board Total Economy Database™, maio de 2017.

Box 5.1. Produtividade e Rentabilidade Explicadas

A produtividade é a saída "real" por unidade de entrada. Por trás dessa definição aparentemente inócua está uma série de medidas de produtividade e questões conceituais difíceis, por isso vale a pena revisar algumas delas.

Vamos começar explicando o que queremos dizer com saída "real". Considere as ferrovias do Reino Unido. Em 2010, foram 1,35 bilhão de viagens de passageiros, com uma distância média de 40 quilômetros por viagem. Assim, as empresas ferroviárias do Reino Unido forneceram 54,1 bilhões de passageiros-quilômetros (ou seja, o número de passageiros vezes a distância média percorrida por cada passageiro). Em 2015, esse número foi de 64,1 bilhões de passageiros-quilômetros. (Se você está se perguntando por que as ferrovias do Reino Unido estão tão lotadas, o número de 1986 foi de 30 bilhões, menos que a metade disso.)

Quanto os passageiros pagaram? Em 2010, eles pagaram, em média, 12,2 pence por quilômetro, subindo para 14,4 pence por quilômetro em 2015. Assim, as receitas de passageiros (passageiros-quilômetros multiplicados pelo preço pago por passageiro-quilômetro) aumentaram 6,8% ao ano (de uma receita de £6,62 bilhões em 2010 para £9,2 bilhões em 2015).

(continua)

(continuação)

É claro, no entanto, que as receitas aumentaram por dois motivos: (a) as empresas ferroviárias transportaram mais passageiros por mais quilômetros e (b) cobraram mais dos passageiros. Se você usar os dados citados, descobrirá que o aumento de 6,8% na receita foi explicado por um aumento de 3,5% nos passageiros-quilômetro e 3,3% nas tarifas.

Então, qual é a medida de rendimento certo para fins de produtividade: passageiros-quilômetro ou receita? Os analistas de *produtividade* preferem eliminar o aumento dos preços, para obter a mudança nos volumes de produção, em vez de seu preço. Eles fazem isso porque estão interessados na "eficiência produtiva" da empresa, ou seja, com que rapidez ela pode converter insumos em produtos. Até que ponto uma empresa pode cobrar preços altos ou baixos é interessante, mas é o domínio dos analistas de *lucratividade*, não dos de produtividade. Veja a seguir.

É aqui que entra a noção de produção "real". Os estatísticos chamam a receita da produção de produção "nominal" (isto é, preço vezes volume), mas retirar as mudanças de preço (para que você tenha apenas volume) é chamado de produção "real". Nesse caso, então, o aumento da produção "nominal" foi de 6,8%, devido a um aumento da produção "real" de 3,5% e um aumento dos preços de 3,3%.

Isso destaca a diferença entre produtividade e lucratividade. A produtividade compara a saída com a entrada e usa a saída real. A lucratividade compara a produção com os custos, sendo ambos medidas nominais. Portanto, se uma empresa aumenta seus preços, mas não faz mais nada, sua *lucratividade* aumentou, mas sua *produtividade* permaneceu a mesma. É por isso que a produtividade costuma estar ligada à eficiência: neste exemplo, a eficiência da empresa não mudou nada. De fato, é perfeitamente possível que uma empresa tenha produtividade muito baixa (ou seja, muito ineficiente), mas seja altamente lucrativa, desde que tenha poder de precificação suficiente. E os consumidores sabem disso, afinal, essa é a reclamação deles contra a maioria dos monopólios. Embora a lucratividade seja um assunto perfeitamente interessante, ela é uma combinação de produtividade e poder de precificação. A maioria dos analistas de produtividade se limita à produtividade, especialmente porque é perfeitamente possível que a produtividade e a lucratividade estejam negativamente correlacionadas.

Voltando ao nosso tema principal, vejamos a medida da entrada. A rede ferroviária requer uma série de entradas para produzir a saída: os trens, a via férrea, os funcionários, o combustível etc. Portanto, vamos definir duas medidas de produtividade. A *produtividade de fator único* é a produção real por unidade. A *produtividade multifatorial* (MFP) (confusamente, às vezes chamada de "*produtividade total dos fatores*" [TFP]) é a produção real por várias entradas. Um exemplo pode ajudar.

Considere a agricultura (Pardey, Alston e Chan-Kang, 2013). Entre 1961 e 2009, a população mundial aumentou de 3 bilhões para 6,8 bilhões, um aumento de 127%. Como todos foram alimentados? Em 1961, o mundo gerou US$746 bilhões em produção agrícola, que, controlando a inflação, subiu para US$2.260 bilhões em 2009, um aumento real na produção de 203%, superando em muito o aumento da população. Agora é fácil aumentar a produção de alimentos: basta usar mais terra para cultivo. Isso aconteceu? Não. Em 1961, o mundo tinha 4,46 bilhões de hectares cultivados e, em 2009, esse número havia subido apenas ligeiramente para 4,89 bilhões de hectares, um aumento de 10%. Assim, a produtividade agrícola mundial de um único fator — ou seja, a produção real por hectare — aumentou notavelmente em 176%. Outras medidas de produtividade de fator único também aumentaram. A mão de obra agrícola aumentou 70% à medida que mais pessoas trabalhavam na terra (de 1,5 bilhão para 2,6 bilhões), mas a produção real aumentou ainda mais rapidamente, de modo que a produção real por trabalhador agrícola aumentou 78%.

E o crescimento da produtividade multifatorial? Aqui, os analistas tendem a escolher o número de entradas que inserem (o prefixo "multi"), dependendo um pouco da indústria e da saída que estão comparando. Considere então a agricultura, onde a produção real é de toneladas de produtos. Os insumos típicos de uma fazenda seriam (a) terra; (b) mão de obra: o número de pessoas que trabalham na fazenda; (c) capital: máquinas usadas na fazenda; e (d) intermediários: insumos usados na produção, por exemplo, sementes, fertilizantes, ração para animais etc. Agora, é perfeitamente possível que a produção agrícola tenha subido por causa de mais terra, mais mão de obra, agricultores usando mais tratores ou talvez um melhor fertilizante. Assim, neste caso, a produtividade multifatorial é a produção real por unidade de terra, trabalho, capital e intermediários

(continua)

(continuação)

(em breve explicaremos como combinar esses insumos). Se, então, houver um crescimento na produção agrícola acima do contabilizado por todos esses insumos, então os próprios insumos estão sendo mais bem utilizados. Assim, o crescimento multifatorial da produtividade não mede quantos insumos a fazenda está usando, mas sim quão bem a fazenda está combinando os insumos.

O crescimento da produtividade multifatorial é, então, um indicador muito útil por (pelo menos) duas razões. Em primeiro lugar, ajuda a entender melhor o crescimento da produtividade de um único fator. Se a produção por trabalhador ou por hectare aumentou, naturalmente queremos entender se é porque esses trabalhadores tinham mais tratores (capital) e/ou mais fertilizantes (intermediários) para trabalhar.

Em segundo lugar, o crescimento da produtividade multifatorial nos ajuda a entender de onde vem o crescimento. Suponha que a economia consista em fazendas e fabricantes de tratores. Suponha que um agricultor afirma que a produtividade (produção por trabalhador) na fazenda dobrou. Se o agricultor trouxe apenas mais tratores (sem alterar outros insumos), então o crescimento da produtividade multifatorial terá permanecido o mesmo, e qualquer crescimento da produtividade na economia como um todo será devido a melhorias na indústria de tratores. Se o agricultor melhorou a eficiência das operações, talvez tenha inovado na rotação de culturas ou melhorado as práticas de trabalho na fazenda, então o crescimento da produtividade multifatorial na agricultura terá aumentado. Na verdade, os pesquisadores descobriram que o crescimento da produtividade multifatorial agrícola mundial é de cerca de 45% do crescimento da produtividade durante esse longo período. Ou seja, máquinas e fertilizantes aprimorados representam cerca de 55% do crescimento da produtividade, e melhores práticas agrícolas representam 45%. Essas práticas agrícolas melhoradas estão particularmente concentradas na reorganização das fazendas coletivas na ex-União Soviética e na China.

Alguns pontos finais. Em primeiro lugar, na maioria das indústrias ou serviços, a terra normalmente não é um insumo variável, então a análise da produtividade de um único fator tende a ser a produção real por trabalhador. Em segundo lugar, a entrada de trabalhadores pode variar por pessoa e as horas que trabalham, de modo que os analistas de produtividade de fator único que analisam a produtividade do trabalho geralmente trabalham com produção por trabalhador ou produção por hora de trabalho. Em terceiro lugar, ao calcular o crescimento da produtividade multifatorial, os insumos são combinados usando-se suas parcelas de pagamento nos custos totais, de modo que um processo muito intensivo em mão de obra daria a ela um peso alto e ao capital um peso baixo (a justificativa econômica para isso é apresentada em Solow, 1957). Esses insumos combinados de parcela de pagamento são chamados de serviços de insumos, portanto, por exemplo, serviços de capital são insumos combinados de bens de capital como TIC, prédios e veículos, ponderados por seus pagamentos.

Por fim, muitas agências estatísticas calculam a produção real de duas maneiras, incluindo os intermediários, chamados de produção bruta real (número de toneladas de trigo, digamos), e excluindo os intermediários, chamados de valor agregado real (produção de trigo excluindo os intermediários). Assim, a produção bruta MFP é tipicamente a produção bruta real por entrada de trabalho, capital e intermediários, e o valor agregado MFP é o valor real agregado por entrada de trabalho e capital. (O primeiro acaba sendo uma média ponderada — complicada — do último, os pesos chamados ponderação de Domar-Hulten, depois de dois artigos brilhantes que os derivaram de Evesy Domar e Charles Hulten [Domar, 1961; Hulten 1978].)

Uma Explicação Intangível

Uma boa explicação para a estagnação secular deveria, idealmente, explicar os quatro fatos a seguir:

1. Uma queda no investimento medido ao mesmo tempo que uma queda nas taxas de juros.
2. Lucros fortes.
3. Produtividade e lucros cada vez mais desiguais.
4. Crescimento fraco da produtividade total dos fatores.

Os intangíveis podem explicar tudo isso? O restante deste capítulo sugere que eles pode ter algum papel a desempenhar, pelas seguintes razões.

Em primeiro lugar, nos capítulos anteriores deste livro, apresentamos evidências de que a natureza dos investimentos das empresas está mudando de tangíveis para intangíveis, que em vários países desenvolvidos os investimentos intangíveis agora dominam e que esses investimentos intangíveis são mal avaliados em termos de contas nacionais. Talvez então, pelo menos em parte, o investimento pareça baixo porque não estamos medindo todo o investimento que está sendo feito.

Em segundo lugar, no Capítulo 4, também vimos que os intangíveis tinham propriedades econômicas específicas. Uma delas era a capacidade das empresas de dimensionar intangíveis em suas operações. Talvez, então, as empresas estejam investindo em intangíveis e ampliando suas vendas: pense no Uber, no Google e na Microsoft. Eles podem atingir essa escala gigante com relativamente pouco emprego. Assim, sua produtividade (receita por funcionário) aumenta, talvez massivamente. E como eles têm relativamente pouco capital tangível, que é o que se mede, sua receita por unidade de capital empregado também aumenta massivamente. Portanto, as empresas bem-sucedidas que alcançam grande escalabilidade tornam-se líderes, afastando-se das retardatárias do setor que não conseguiram escalar tanto (pelo menos não no momento).

Em terceiro lugar, outra propriedade dos intangíveis são os transbordamentos. Uma empresa não pode usar as fábricas de seus rivais, mas pode potencialmente usar seus designs, sua estrutura organizacional ou suas ideias. Isso tem duas implicações. Por um lado, se as empresas reduzirem seus investimentos em intangíveis, podemos esperar que menos transbordamentos sejam gerados. Como os transbordamentos são captados no crescimento da PTF, esperaríamos que a PTF caísse. A segunda questão é que, em um mundo onde é mais difícil para uma determinada firma ter certeza de que se apropriará dos benefícios de seus investimentos, ela pode optar por investir menos.

Analisaremos essas possibilidades uma a uma.

Mensuração Incorreta: Intangíveis e Investimentos Aparentemente Baixos

Como vimos no Capítulo 2, o investimento intangível em países como os Estados Unidos e o Reino Unido agora excede o investimento tangível. Grande parte não está incluída nas contas nacionais — e, portanto, não está incluída nos números usados para demonstrar a estagnação secular. Então, o investimento parece baixo porque simplesmente não o estamos contando, certo? Ou, falando de outra maneira, a economia mundial poderia estar crescendo muito mais rápido do que pensávamos porque não incluímos o valor do investimento em intangíveis?

O efeito da contabilização desses investimentos na relação investimento/PIB depende de vários fatores. Em primeiro lugar, depende de até que ponto os institutos nacionais de estatística contam os intangíveis. Como vimos no Capítulo 3, os institutos de estatística contam cada vez mais os ativos intangíveis apresentados na Tabela 3.1. Em segundo lugar, quando incluímos o novo investimento nas contas nacionais, também aumentamos o PIB, de modo que o efeito sobre o rácio investimento/PIB é potencialmente ambíguo.

Como mostra a Figura 5.6, verifica-se que o efeito de incluir intangíveis anteriormente não medidos é aumentar a relação investimento/PIB, mas não afetar muito sua tendência, em parte devido aos efeitos citados e ao tempo relativamente curto. Portanto, a subcontagem não parece afetar muito a tendência, pelo menos não desde a Grande Recessão. (A subestimação do investimento também afeta o crescimento do PIB e pode dar a impressão de que o PIB está crescendo mais lentamente. No apêndice, mostramos que isso não é, de fato, um grande efeito.)

Lucros e Diferenças de Produtividade: Escala, Transbordamentos e Incentivos para Investir

O efeito dos intangíveis no investimento vai além das questões de mensuração. Como vimos no Capítulo 4, os investimentos intangíveis são incomuns de várias maneiras. Parece plausível que essas características incomuns possam afetar os incentivos das empresas para investir. De particular relevância aqui é que os intangíveis são *escaláveis* e exibem *transbordamentos*. (Um ativo *escalável*, como o software da Uber ou a marca da Starbucks, pode ser dimensionado em um grande número de locais. As empresas boas em explorar *transbordamentos* — por exemplo, porque são boas em inovação aberta — podem se beneficiar não apenas de seus próprios investimentos intangíveis, mas também daqueles de outras empresas. Pense em como a Apple aprendeu a desenvolver o iPhone com os fracassos dos primeiros fabricantes de smartphones, como Nokia e Ericsson, e de décadas de pesquisa do governo.)

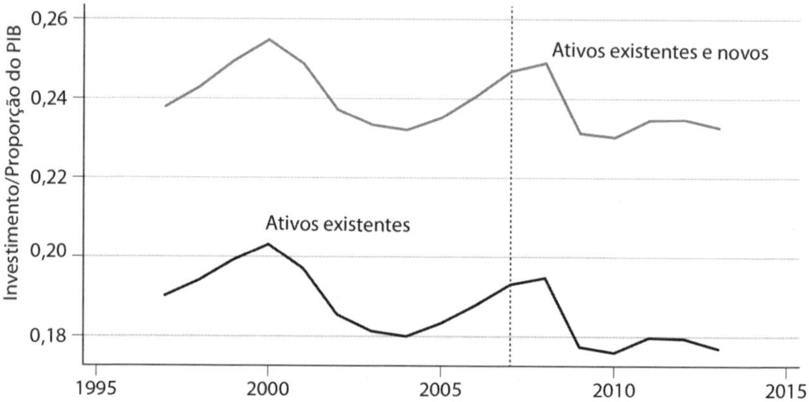

Figura 5.6. Proporção de investimento/PIB com e sem novos intangíveis para onze países da União Europeia e Estados Unidos. Os dados são de toda a economia; o PIB é ajustado para incluir ou excluir novos investimentos em ativos. Fonte: cálculos dos autores com base na base de dados INTAN-Invest (www.intan-invest.net).

A escalabilidade aumenta o apelo do investimento intangível. Se uma empresa tem confiança de que pode escalar um investimento em um grande volume de negócios, o incentivo para investir aumenta. Se uma empresa acredita genuinamente que seu projeto mais recente pode ser o próximo Google PageRank ou a próxima droga de grande sucesso, seria justificável apostar nele porque os retornos desse tipo de investimentos intangíveis escaláveis são muito altos.

Esperaríamos que a presença de transbordamentos reduzisse a disposição da empresa média em investir. Considere o estudo de caso da EMI e do tomógrafo que discutimos no Capítulo 4. A maioria das empresas ficaria muito cautelosa em seguir os passos da EMI, investindo milhões em um novo produto radical apenas para ver os concorrentes irem embora com os ganhos (e de fato, a própria EMI poderia não ter tomado a decisão de investir no tomógrafo se não tivesse recebido subsídios consideráveis do governo para P&D para fazê-lo).

Os transbordamentos podem desencorajar a empresa média de investir em intangíveis, mas é claro que nem todas as empresas são médias. Como discutimos no Capítulo 4, os benefícios dos intangíveis não transbordam inteiramente ao acaso. De fato, os gurus da administração estudaram a arte de apropriar-se dos transbordamentos dos investimentos de outras empresas e até deram a ela um nome: inovação aberta. Como em qualquer arte, alguns são melhores em inovação aberta do que outros. Uma olhada nas notícias de negócios revela que algumas empresas têm a reputação de serem especialmente boas em absorver e explorar boas ideias de outros lugares. (Um exemplo extremo é a Rocket Internet, uma incubadora alemã de negócios de comércio eletrônico que sistematicamente identifica boas ideias online e as executa mais rápido e melhor do que seus criadores.)

Essas características afetam o desempenho da empresa: as empresas que podem criar e manipular intangíveis podem colher benefícios descomunais. Em um mundo onde o investimento intangível é muito importante, esperaríamos ver as "melhores" empresas — ou seja, aquelas que (a) possuem intangíveis escaláveis valiosos e (b) são boas em extrair os efeitos colaterais de outros negócios — sendo altamente produtivas e lucrativas, e seus concorrentes perdendo.

Agora, como vimos na Figura 5.4, a diferença entre as empresas mais e menos produtivas está aumentando. Uma explicação popular para isso é que talvez a política de concorrência esteja enfraquecendo, permitindo que empresas poderosas protejam sua posição no mercado. Mas não está claro se houve algum tipo de enfraquecimento mundial da política de concorrência; na verdade, a maioria dos governos parece levar a política de concorrência muito a sério. Então pode ser que a escalabilidade e os transbordamentos tenham criado a possibilidade de as empresas líderes se afastarem da concorrência e consolidarem suas vantagens?

A ideia de que empresas ricas em intangíveis estão crescendo dramaticamente parece plausível com base em observações casuais: Uber, Google, Microsoft e assim por diante. Para sermos exatos, precisaríamos coletar dados de investimento intangível de cada empresa e ver como eles se correlacionam com a desigualdade de lucratividade. Mas as convenções contábeis ainda não nos permitem fazer isso (veja o Capítulo 10). Enquanto isso, podemos olhar para o nível da indústria, onde temos dados. Agora, se as empresas estão aproveitando os intangíveis, elas estarão em melhor posição para fazê-lo em setores onde os intangíveis são importantes. Por exemplo, serviços públicos de água e esgoto poderiam crescer usando intangíveis, mas provavelmente há muito menos espaço para fazê-lo do que em setores intensivos em intangíveis, como produtos farmacêuticos ou serviços financeiros. Assim, esperaríamos maiores aumentos no spread de produtividade em indústrias e países mais intensivos em intangíveis. A Figura 5.7 faz esse teste.

A Figura 5.7 mostra a relação entre a mudança no spread de produtividade (a diferença de produtividade entre as melhores e piores empresas), média de 2001 a 2007 (paramos antes dos anos da crise financeira), e a intensidade intangível em 2001. Os painéis mostram manufatura e serviços de marketing, respectivamente. Assim, por exemplo, na manufatura, a Itália e a Áustria não investem muito em intangíveis e tiveram apenas um pequeno aumento na produtividade. Em contraste, o Reino Unido, a Suécia e a França investem muito em intangíveis e tiveram um aumento muito maior no spread de produtividade. O mesmo vale para os serviços.

E os lucros? Não temos dados diretos sobre lucros, mas se estivermos dispostos a usar P&D e/ou patentes como representativo para intangíveis, há mais evidências que apoiam essa visão da dispersão da produtividade. Os economistas Bronwyn Hall, Adam Jaffe e Manuel Trajtenberg (2005) coletaram dados financeiros e de P&D em um painel de empresas norte-americanas e vincularam esses dados às suas patentes e ao grau de citação das patentes. Eles encontraram fortes correlações, controlando uma série de outros fatores, entre o valor de mercado de ações de uma empresa e seus gastos com P&D e suas patentes bem citadas. Os valores do mercado de ações podem não ser a melhor medida das perspectivas da empresa, mas isso sugere uma ligação entre o seu desempenho e (uma dimensão de) intangíveis, o que é consistente com a ideia de que uma empresa com muitos intangíveis pode superar seus rivais.[3]

Então os spreads de produtividade aumentaram muito em países onde as indústrias investem muito em intangíveis. Está claro que é preciso realizar mais trabalho sobre essa questão, mas se a história for corroborada por mais pesquisas, então o aumento no investimento intangível pode ser parte da explicação para o aumento na variação de desempenho/produtividade. Isso, por sua vez, pode explicar uma divergência no comportamento dos investimentos: as empresas líderes, que estão confiantes em sua capacidade de criar ativos escaláveis e de se apropriar da maior parte de seus benefícios, continuarão a investir (e a desfrutar de uma alta taxa de retorno sobre esses investimentos), mas as empresas retardatárias, que esperam baixos retornos privados de seus investimentos, não o farão. Em um mundo onde há poucos líderes e muitos retardatários, o efeito líquido disso pode ser taxas agregadas de investimento mais baixas, combinadas com altos retornos sobre os investimentos feitos.

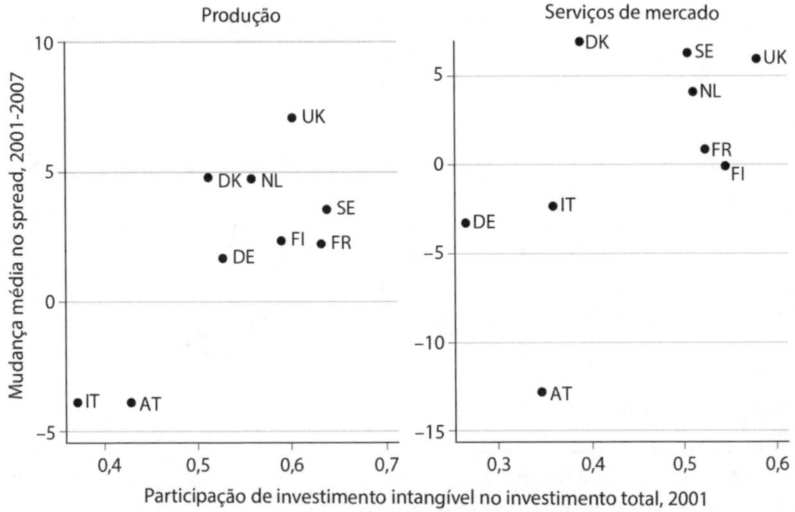

Figura 5.7. Intensidade intangível e mudança no spread de produtividade. A mudança no spread de produtividade é a mudança no quartil superior menos inferior da produtividade do trabalho do setor entre 2001 e 2007. Os países são Áustria (AT), Dinamarca (DK), Finlândia (FI), França (FR), Alemanha (DE), Itália (IT), Holanda (NL), Suécia (SE) e Reino Unido (UK). Fonte: cálculos dos autores com base nos dados do spread de produtividade do ESSLait (https://ec.europa.eu/eurostat/cros/content/impact-analysis_en) e do banco de dados INTAN-Invest (www.intan-invest.net).

Transbordamentos: Intangíveis e Desaceleração do Crescimento da PTF Um Ritmo Mais Lento de Crescimento Intangível?

Embora a má mensuração do investimento intangível não explique a maior parte do problema do investimento, pode ajudar a explicar um aspecto do quebra-cabeça da estagnação secular: o fraco desempenho da PTF nos últimos anos.

Como mostra a Figura 2.4, o investimento intangível cresceu de forma constante nas últimas décadas na maioria dos países. Além disso, tanto o investimento intangível quanto o tangível desaceleraram depois de 2007. Agora, embora tenha se recuperado, a taxa de crescimento não é tão rápida. A Figura 5.8 mostra que, como resultado, a taxa de crescimento dos serviços de capital de intangíveis e também de P&D diminuiu desde 2007. (Os serviços de capital respondem tanto pelo investimento quanto pela depreciação, portanto, essa é uma medida melhor do fluxo de serviços intangíveis do que apenas o investimento; ver Apêndice do Capítulo 3 e Box 5.1.)

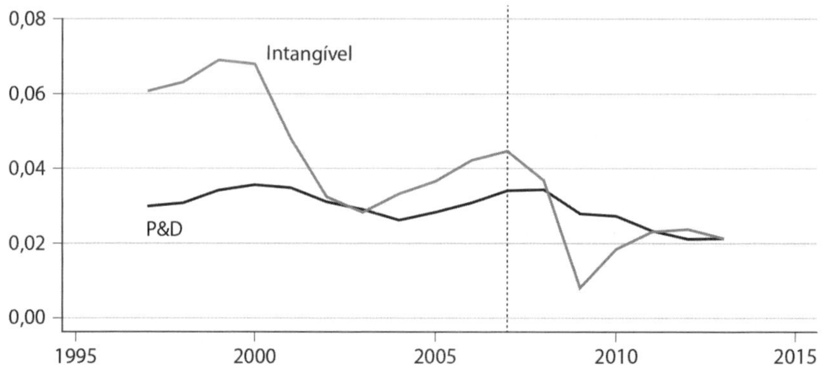

Figura 5.8. Crescimento de intangíveis e serviços de capital de P&D: Todos os países (ponderados pelo PIB em PPC). Fonte: cálculos dos autores das bases de dados INTAN-Invest (www.intan-invest.net) e SPINTAN (www.spintan.net).

Considere, então, duas das características econômicas dos intangíveis: transbordamentos e escalabilidade. Suponha que uma empresa invista em alguns tangíveis e em alguns intangíveis. Ela colherá benefícios de ambos, mas deve obter maior produtividade dos intangíveis, uma vez que estes são *escaláveis*. Além disso, se os benefícios dos intangíveis transbordarem, outras empresas poderão aumentar sua produtividade. Esperaríamos que esses efeitos adicionais aparecessem na produtividade total dos fatores.[4] O outro lado disso é que, se o crescimento do capital intangível cair, como vimos na Figura 5.8, o mesmo deve ocorrer com o crescimento da produtividade total dos fatores.

A Figura 5.9 analisa isso traçando o crescimento da PTF e o crescimento do capital intangível para dez países antes e depois da Grande Recessão. Antes da Grande Recessão, a maioria dos países estava no canto superior direito da figura, indicando crescimento positivo em intangíveis e PTF positiva. Depois de 2008, todos os países, exceto a Espanha, desceram para o canto inferior esquerdo, pois seu crescimento intangível e sua PTF caíram. A linha ascendente de melhor ajuste resume isso: parece haver uma associação entre a desaceleração do crescimento do capital intangível e a desaceleração do crescimento da PTF. Uma investigação mais sofisticada envolvendo mais anos confirma isso, e a Figura 5.10 confirma um padrão semelhante para o crescimento do capital em P&D.

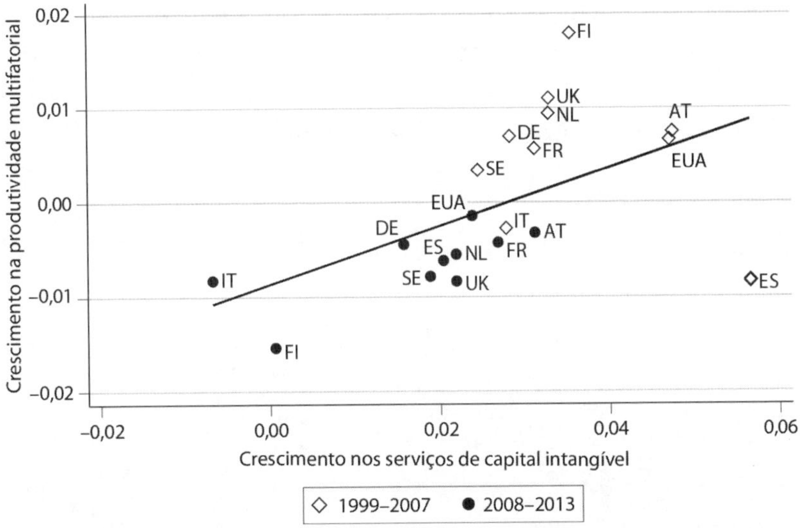

Figura 5.9. Produtividade multifatorial e crescimento de serviços de capital intangível. A figura mostra as taxas médias de crescimento anual entre 1999 e 2007 (losangos abertos) e 2008 e 2013 (círculos fechados). Os dados são de toda a economia. Os países são Áustria (AT), Finlândia (FI), França (FR), Alemanha (DE), Itália (IT), Holanda (NL), Espanha (ES), Suécia (SE), Reino Unido (GB) e EUA (EUA). Fonte: cálculos dos autores das bases de dados INTAN-invest (www.intan-invest.net) e SPINTAN (www.spintan.net).

Isso posto, ambas as imagens são chamativas, e outras coisas de pesquisas futuras terão que explorar podem estar acontecendo. Mas a figura sugere que a desaceleração da PTF pode ser em parte explicada pela desaceleração intangível.

Os Intangíveis Estão Gerando Menos Transbordamentos?

Outra razão pela qual pode haver um crescimento mais lento da PTF é que os intangíveis estão, de alguma forma, gerando menos transbordamentos. Inevitavelmente, isso é bastante especulativo, mas vamos considerar por que pode ser.

Uma possibilidade é que as empresas atrasadas tenham se tornado menos eficazes na absorção de transbordamentos. Se os benefícios dos transbordamentos intangíveis fossem acumulados aleatoriamente para as empresas, isso não teria nenhum efeito óbvio sobre sua lucratividade. Qualquer empresa teria uma chance tão boa de ganhar inesperadamente com os investimentos intangíveis de outra empresa quanto de perder os retornos de seus próprios investimentos para um rival. Mas mesmo um contato casual com a imprensa de negócios ou com pesquisas em estudos de administração sugere que o mundo não funciona assim.

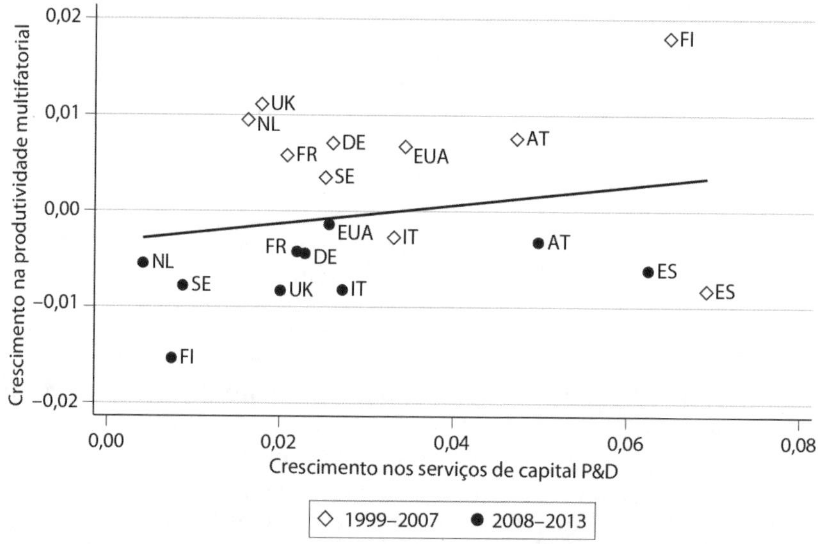

Figura 5.10. Produtividade multifatorial e crescimento de serviços de capital em P&D. A figura mostra as taxas médias de crescimento anual entre 1999 e 2007 (losangos abertos) e 2008 e 2013 (círculos fechados). Os dados são de toda a economia. Os países são Áustria (AT), Finlândia (FI), França (FR), Alemanha (DE), Itália (IT), Holanda (NL), Espanha (ES), Suécia (SE), Reino Unido (GB) e EUA (EUA). Fonte: cálculos dos autores das bases de dados INTAN-Invest (www.intan-invest.net) e SPINTAN (www.spintan.net).

Certas empresas são consideradas extraordinariamente boas em se beneficiar das ideias de outras empresas. A capacidade do Google de comprar, desenvolver e promover o sistema operacional Android, que Steve Jobs acreditava ser uma cópia do iOS da Apple, é um exemplo famoso disso. Mas é uma tendência que vemos em toda a economia: os gurus da gestão oferecem conselhos sobre "inovação aberta" e "seguimento rápido". As pessoas costumam observar que, enquanto Deus ajuda a quem cedo madruga, quem ri por último ri melhor. (O economista e blogueiro Chris Dillow destacou que o incentivo para ser um "seguidor rápido" pode ser maior em um setor que passa por muito progresso tecnológico: esperar não apenas permite que uma empresa se beneficie dos efeitos colaterais da primeira empresa a investir, mas também pode se beneficiar da queda dos preços de investimentos como software.)[5]

A escalabilidade e as sinergias dos investimentos intangíveis também desempenham um papel importante em tornar as empresas líderes mais dispostas a investir. Os líderes são mais propensos a ser maiores e crescer mais rápido e, portanto, ser capazes de aproveitar a escalabilidade dos intangíveis. (Considere como a Starbucks pode implementar sua marca e seus procedimentos operacionais em cada nova cafeteria que abre sem mais investimentos intangíveis.) É provável que eles tenham outros intangíveis valiosos sinérgicos com os novos investimentos que fazem. (Considere como a reputação preexistente da Apple de produtos atraentes e intuitivos deixou os consumidores dispostos a experimentar o iPhone, embora os smartphones anteriores fossem difíceis de usar.)

Mesmo que as empresas atrasadas estejam investindo menos, uma queda geral no investimento depende da composição da indústria. Se apenas algumas empresas líderes fossem capazes de internalizar os benefícios do investimento intangível, elas poderiam, em teoria, aumentar tanto seus níveis de investimento a ponto de usar todos os recursos das retardatárias — apenas algumas empresas investiriam, mas aquelas que o fizessem investiriam massivamente. Para que o investimento e o crescimento geral sejam reduzidos, o nível de investimento das empresas líderes que ainda estão dispostas a investir em intangíveis teria de ser insuficiente para compensar totalmente o suposto déficit de investimento das retardatárias.

Existem algumas razões pelas quais esse déficit pode ocorrer. A primeira volta à nossa discussão anterior sobre as características fundamentais dos intangíveis como investimentos em geral. Mesmo uma grande empresa com muitos ativos complementares que seja boa em inovação aberta provavelmente terá dificuldades para captar os benefícios de alguns investimentos intangíveis. Uma empresa como a Tesla Motors, que faz muitos investimentos de longo prazo em P&D e design (bem como grandes investimentos tangíveis), é considerada incomum tanto pela mídia quanto pelos analistas do mercado de ações.

A segunda possibilidade é que, talvez, mesmo quando uma empresa líder está teoricamente disposta a fazer grandes investimentos intangíveis, a atenção da administração e a dificuldade de entrega atuem como um gargalo. Considere a Amazon, líder de mercado com escala impressionante e muitos intangíveis valiosos. Ela tem a reputação de ser muito boa em execução e de adotar as ideias de empresas desafiadoras e vencê-las em seu próprio jogo e está disposta a investir e adiar a lucratividade em longo prazo. A Amazon certamente investiu pesadamente para desenvolver novos negócios, expandindo seu negócio original de venda de livros para o varejo em geral, hardware de computador e computação em nuvem e agora está passando para mantimentos. Mas esses investimentos levaram tempo. Talvez a necessidade de concentrar a atenção da administração em tantas prioridades limite a velocidade com que as empresas individuais, mesmo que sejam líderes de mercado, podem fazer grandes investimentos estratégicos. Certamente, a ideia de foco gerencial, e de não dar um passo maior que as pernas, é popular em livros de administração e jornalismo de negócios. Se isso for verdade, a necessidade percebida de foco pode limitar o investimento total em setores onde apenas algumas empresas se sentem confiantes em colher os frutos do investimento.

Por fim, devemos considerar a possibilidade de que a verdadeira natureza do investimento intangível tenha mudado. Talvez esconda atividades de rent-seeking que superficialmente parecem aumentar a produtividade, mas na verdade não fazem nada disso.

O senso comum nos diz que, tangíveis ou intangíveis, alguns investimentos que as empresas fazem são bons, e outros, ruins; essa é a natureza dos negócios. Ao longo do tempo, e no nível da economia como um todo, os bons e os maus investimentos se equilibram, e o investimento marginal de uma empresa média oferece uma taxa de retorno de mercado.

É claro que os retornos privados para a empresa que faz um investimento nem sempre serão os mesmos que os retornos mais amplos para a economia como um todo. Quando um investimento intangível tem repercussões benéficas, como discutimos anteriormente, a taxa de retorno social excede a taxa privada, e outras empresas também se beneficiam, assim como a Samsung e a HTC se beneficiaram quando a Apple investiu o suficiente para converter usuários de celulares em smartphones.

Mas também é possível imaginar investimentos, intangíveis e tangíveis, que produzem pouco ou nenhum retorno social; o retorno privado que eles geram para a empresa que os faz é o resultado da mudança de valor que já havia sido criado em outro lugar.

Considere duas empresas que estiveram no noticiário recentemente: Mylan, uma empresa farmacêutica que vende o EpiPen, e Uber, o negócio global de compartilhamento de transporte privado urbano. Como mencionamos no Capítulo 4, o sucesso do EpiPen depende de um conjunto de investimentos intangíveis interligados: seu projeto foi aprovado pelos reguladores de medicamentos; seu nome (que é protegido) é reconhecível; socorristas são treinados em como usá-lo; e tem canais de vendas e marketing para clientes importantes, como escolas (algumas das quais são amparadas por leis, como a US Schools Access to Emergency Epinephrine Act [Lei de Acesso Escolar à Epinefrina de Emergência dos EUA, em tradução livre] de 2013). Há também um lado sombrio no sucesso do EpiPen: os fabricantes do medicamento processaram os fabricantes de produtos concorrentes, atrasando ou impedindo seu acesso ao mercado. Algumas das coisas que tornam o EpiPen lucrativo criam um benefício social e também privado: o fato de os socorristas saberem como usar um EpiPen, ou de muitos pacientes com anafilaxia conhecerem a marca EpiPen, é bom tanto para os consumidores quanto para a Mylan. Mas é menos claro se as ações judiciais contra produtos concorrentes ou a dificuldade do processo de aprovação de novos autoinjetores são do interesse de alguém, exceto da Mylan.

A Uber suscita questões semelhantes. Um dos intangíveis valiosos com os quais a Uber lucra, com seu software e sua marca, é sua grande rede de motoristas parceiros. (Um sinal do valor dessas redes para a Uber é que, quando abre em uma nova cidade, às vezes oferece ofertas generosas e prêmios para novos motoristas se inscreverem no serviço.) Agora, em alguns aspectos, esse ativo intangível fornece um benefício público e privado: construir uma rede de motoristas em rede com garantia de qualidade é um serviço valioso para os clientes da Uber. Mas os críticos argumentam que, pelo menos em alguns aspectos, o "investimento" da Uber em sua rede de motoristas é um jogo de soma zero: o objetivo de manter uma rede de motoristas, eles argumentam, é permitir que a Uber obtenha os benefícios de contratar muitos funcionários sem ter de cumprir as leis trabalhistas ou os salários mínimos. Nesse sentido, o investimento da Uber em uma rede de motoristas é valioso para ela, pelo menos em parte, não porque cria novo valor, mas porque tira valor dos motoristas (que de outra forma se beneficiariam de salários mínimos etc.).

As alegações contra a Mylan e a Uber são de que alguns de seus investimentos intangíveis não são bons para a economia como um todo, mas sim para fatiar o bolo econômico existente em benefício exclusivo do investidor intangível.

Podemos pensar em outros exemplos disso. Considere duas empresas, GoodCo e BadCo, ambas gastando dinheiro em honorários advocatícios e custos de reestruturação de negócios para estabelecer uma nova subsidiária — um exemplo de investimento em desenvolvimento organizacional. O objetivo da subsidiária da GoodCo é oferecer um serviço novo e lucrativo aos clientes; será um retorno privado positivo para a empresa e também um retorno social positivo (ou seja, o PIB aumentará).

Mas suponha que o único objetivo da subsidiária da BadCo seja ajudar a empresa a evitar impostos. Nesse caso, haveria um retorno privado para a BadCo na forma de uma carga tributária menor, mas sem retorno social e sem aumento do PIB; o retorno privado da empresa é apenas a apropriação de dinheiro que, de outra forma, teria ido para o governo.

Quando esse tipo de gasto rent-seeking é feito, e se for contabilizado como investimento, então o investimento aumenta. Talvez a posição do líder também subisse, mas a produção total não aumentaria em nada. Isso se manifestaria como um declínio da PTF, o resíduo entre a contribuição do trabalho e do investimento para o crescimento e a própria taxa de crescimento observada. Na medida em que há transbordamentos, os transbordamentos são negativos.

Podemos pensar em outros tipos de gastos como esse: as chamadas patentes de bloqueio desenvolvidas exclusivamente para manter os rivais fora de um determinado campo de pesquisa; ou campanhas publicitárias que visam apenas roubar participação de mercado de outras empresas (embora, como vimos no Capítulo 4, a evidência mostre que a maior parte da publicidade não faz isso). O investimento intangível pode ter outras externalidades negativas que são mais difíceis de medir: é uma crítica de longa data ao capitalismo que seguir regras burocráticas é desumano e deprimente para os trabalhadores — é plausível que alguns tipos de investimento em desenvolvimento organizacional possam tornar os trabalhadores menos felizes ao retirar sua autonomia. Embora o oposto também possa ser feito: alguns investimentos em desenvolvimento organizacional, como processos enxutos, são baseados em dar aos trabalhadores mais poder, em vez de menos. Alguns investimentos tangíveis também podem gerar retornos sociais limitados: considere os cabos de fibra ótica instalados por firmas de negociação de alta frequência com o único propósito de cortar frações de microssegundos nos tempos de negociação (descrito vivamente por John Kay 2016). E nem todo dinheiro gasto em rent-seeking gera investimento intangível, pelo menos não nas principais metodologias utilizadas para mensurar intangíveis. Mas parece que os investimentos rent-seeking ou de soma zero são mais comuns entre os investimentos intangíveis do que entre os tangíveis.

Isso pode afetar os números de investimento e produtividade. É possível que o aumento do investimento intangível esteja escondendo um aumento dos investimentos rent-seeking que não aumentam o PIB. Isso não explicaria a queda do investimento observada na economia, mas ajudaria a explicar a queda da produtividade e da PTF. É concebível que, em uma economia mal governada, a quantidade de intangíveis cujo objetivo é atrair rendas aumente. Assim, para qualquer nível de investimento intangível, a produção seria menor, e a PTF cairia. Esse risco fornece uma boa razão para os formuladores de políticas se protegerem contra o rent-seeking em uma economia cada vez mais intangível.

Existe também a possibilidade de que o aumento do investimento intangível possa estar encorajando mais rent-seeking, o que pode aumentar a distância entre líderes e retardatários que discutimos anteriormente.

Um artigo de James Bessen pergunta especificamente se a lacuna entre os líderes e os retardatários entre as empresas não financeiras dos Estados Unidos foi causada pelo aumento do investimento intangível ou pela maior busca de renda por parte das empresas líderes. Bessen analisa a relação entre a regulamentação nas indústrias (medida por um índice de regulamentação e pelos gastos com lobby político) e as avaliações de empresas públicas. Ele conclui que, embora uma parcela significativa do aumento dos preços das ações desde 1980 tenha sido causada por intangíveis (medidos por P&D), os gastos com regulamentação e lobby têm um efeito ainda mais forte nas avaliações (Bessen, 2016).

Agora, talvez a *contestação* dos ativos intangíveis que discutimos no Capítulo 4 encoraje as empresas a gastar dinheiro afirmando ou protegendo suas reivindicações a eles. Nos últimos anos, uma proporção crescente de lobby tem sido realizada por empresas de tecnologia nos Estados Unidos; normalmente, essas empresas fazem lobby em relação a ativos intangíveis vantajosos que possuem, como o direito do Google de usar seus valiosos dados e software de maneiras específicas ou os direitos da Uber e AirBnB em relação a suas valiosas redes de motoristas e anfitriões. As recompensas pelo lobby bem-sucedido são muito altas: todos esses ativos intangíveis são altamente escaláveis e intrínsecos aos modelos de negócios de seus proprietários. São eles também que tornam seus proprietários líderes, em vez de retardatários — o que por si só pode desencorajar concorrentes retardatários de investir no futuro.

Portanto, não é que os gastos intangíveis sejam mal mensurados e sejam realmente resultado de lobby. Talvez tenhamos entrado em uma fase em que a transição para uma economia intangível esteja exigindo um novo conjunto de instituições para resolver a contestação inerente aos ativos intangíveis.

Uma interpretação otimista disso é que as estruturas legais e institucionais por trás de uma transformação para uma economia intensiva em intangíveis estão sendo elaboradas, e até que isso aconteça, haverá um incentivo desproporcional para as empresas gastarem mais em rent-seeking relacionado ao investimento intangível. Por exemplo, à medida que os transbordamentos e os efeitos de escala se tornam mais importantes, as regras existentes para impostos, concorrência e propriedade intelectual são testadas até a destruição, exigindo lobby, argumentos jurídicos e reinicializações institucionais. Esse ajuste a um novo tipo de economia exigirá muitos gastos de empresas e governos que não são imediatamente produtivos. Assim, um determinado dólar de gastos intangíveis de negócios tem um efeito de aumento de produtividade menor. Uma interpretação mais preocupante é a de que esses tipos de rent-seeking estão ligados às características inerentes dos intangíveis, em particular sua contestação: isso implica que o crescimento da PTF continuará baixo até que os governos aprendam a fazer um trabalho melhor na prevenção de rent-seeking, buscando e desenhando as instituições de que uma economia intangível precisa.

Conclusão: Um Papel Intangível na Estagnação Secular

A estagnação secular é claramente um fenômeno complexo, com uma ampla gama de causas possíveis. Identificamos quatro maneiras possíveis pelas quais a mudança de longo prazo do investimento tangível para o intangível poderia estar causando ou exacerbando isso.

Em primeiro lugar, a medição incorreta ajuda a explicar um pouco do quebra-cabeça. A inclusão do investimento intangível, que vem crescendo, mostra que a seca de investimentos não é tão ruim quanto parece. Também melhora na margem o crescimento do PIB. Mas a maior parte do problema da estagnação secular permanece.

Em segundo lugar, parece que a escalabilidade dos intangíveis permite o surgimento de empresas muito grandes e lucrativas. Elas também podem estar em melhor posição para se apropriar dos transbordamentos dos investimentos intangíveis de outras empresas. Isso aumenta a diferença de produtividade e lucros entre os líderes e os retardatários e, simultaneamente, diminui os incentivos para que estas invistam. Isso poderia ajudar a explicar como baixos níveis de investimento coexistem com altas taxas de retorno sobre os investimentos feitos.

Em terceiro lugar, após a Grande Recessão, o ritmo de criação de capital intangível diminuiu. Isso pode gerar menos transbordamentos, fazendo com que as empresas cresçam menos do que antes e diminuindo a produtividade total dos fatores. Há alguma evidência para apoiar isso: aproximadamente as maiores desacelerações do crescimento da PTF estão nos países com as maiores desacelerações de crescimento de P&D e capital intangível.

Por último, e de forma mais especulativa, as empresas atrasadas podem ser menos capazes de absorver os transbordamentos dos líderes, talvez porque estas sejam mais capazes de explorar as sinergias entre diferentes tipos de intangíveis do que as retardatárias. Ou talvez a economia esteja em uma fase em que a transição para uma economia intangível, que exige um novo conjunto de instituições para resolver a contestação inerente aos ativos intangíveis, tenha desviado o investimento para lobby, argumentos legais e reinicializações institucionais, nenhum dos quais sendo imediatamente produtivos.

Apêndice: Efeito de Intangíveis Não Mensurados no Crescimento do PIB

O efeito dos intangíveis não medidos sobre o crescimento do PIB é um pouco complicado. Como os níveis medidos do PIB incluem o investimento medido, então o crescimento do PIB inclui o crescimento medido do investimento (multiplicado pela parcela do investimento no PIB). Portanto, a medição incorreta só ocorre se o investimento omitido estiver crescendo mais rápido ou mais devagar do que o crescimento do PIB: se eles estão crescendo exatamente na mesma taxa, entendemos errado o nível do PIB, mas a taxa de crescimento está certa. Assim, se o investimento intangível omitido cresce mais rápido do que o crescimento medido do PIB, esse crescimento é muito baixo, o que pode parecer uma estagnação secular (no sentido de baixo crescimento). A Figura 5.11 apresenta o efeito líquido sobre o crescimento para todos os onze países da UE e os Estados Unidos, que acaba sendo bastante pequeno: o crescimento do PIB desde 2008 é ligeiramente maior, mas apenas em frações de um ponto percentual ao ano.

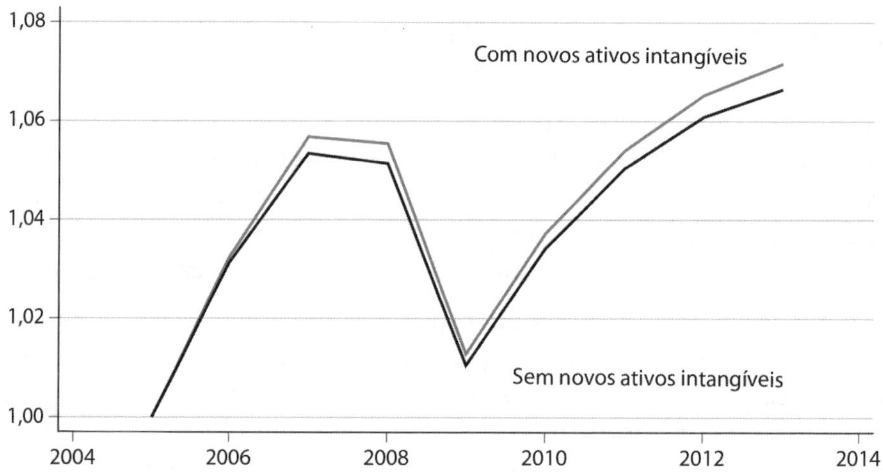

Figura 5.11. Crescimento da produção com e sem intangíveis (todos os países; índice até 2005 = 1). Fonte: Cálculos dos autores do banco de dados SPINTAN (www.spintan.net).

6

OS INTANGÍVEIS E O AUMENTO DA DESIGUALDADE

Este capítulo sugere uma relação entre a importância crescente do investimento intangível e o aumento amplamente documentado dos muitos tipos de desigualdades observados nas últimas décadas em muitos países desenvolvidos. Argumentamos que se pode esperar que o crescimento dos bens intangíveis aumente a desigualdade tanto de riqueza como de rendimento. As empresas cada vez mais intensivas em bens intangíveis precisarão de melhores funcionários para criar sinergias com seus outros ativos intangíveis: melhores gestores, melhores estrelas de cinema, melhores heróis dos esportes. As empresas irão examiná-los de modo mais completo e pagá-los mais generosamente. Quanto à desigualdade de riqueza, as repercussões dos bens intangíveis tornam a vida nas cidades ainda mais atraente, forçando o aumento dos preços da habitação e da riqueza para aqueles que têm a sorte de possuí-la. De modo mais especulativo, sugerimos que as características culturais necessárias para ter sucesso em uma economia intangível podem ajudar a explicar as tensões socioeconômicas subjacentes às políticas populistas em muitos países desenvolvidos.

Uma das questões econômicas mais debatidas da década de 2010 é a desigualdade. De acordo com o trabalho meticuloso de Thomas Piketty, Anthony Atkinson e outros, os ricos (em termos de rendimentos e patrimônio) têm, ao longo das últimas décadas, ficado mais ricos, e os pobres, mais pobres. E outras dimensões da desigualdade tornaram-se mais salientes: as desigualdades entre gerações, entre diferentes locais e entre as elites e aqueles que se sentem alienados e desrespeitados pela sociedade moderna. Talvez este elemento multidimensional da desigualdade seja a razão pela qual ela tem uma ressonância pública tão grande. As notícias fornecem um fluxo constante de histórias sobre bilionários que compraram apartamentos no valor de 150 milhões de libras em Londres e Manhattan, sobrepostas a relatos de pessoas em comunidades "deixadas para trás" que foram vítimas do vício em opiáceos, abraçaram o extremismo político e morreram jovens.

Muitas razões foram propostas para explicar por que a desigualdade está aumentando, desde as novas tecnologias à política neoliberal e a globalização. Mas, como vimos nos capítulos anteriores, há uma mudança profunda e de longo prazo na natureza das economias desenvolvidas devido ao aumento dos bens intangíveis. Isso também contribuiu para os níveis e diferentes dimensões da desigualdade que vemos nas sociedades contemporâneas?

Neste capítulo, argumentaremos que o crescimento da nova economia intangível ajuda, de fato, a explicar os tipos de desigualdade que vemos hoje em dia.

Desigualdade: Um Manual de Campo

A desigualdade econômica é uma criatura com cabeça de hidra. É útil diferenciar alguns tipos de desigualdade que surgem no debate público, e estes são apresentados no Box 6.1.

Box 6.1. Medições de Desigualdade

Para uma boa explicação dos tipos de desigualdade, é útil distinguir entre dois conceitos econômicos: *rendimento* e *riqueza*. Os *rendimentos* são obtidos pelo trabalho e pelo capital (um ativo) e constituem um "fluxo". Os rendimentos do trabalho consistem principalmente em salários. Os rendimentos de capital são pagamentos de rendas e dividendos, sendo ambos fluxos de pagamentos recebidos ao longo de um período de tempo. *Riqueza* é o valor dos ativos/capital que se tem, que é uma "ação". Para as famílias, a riqueza é tipicamente uma casa; para as empresas, são os ativos tangíveis e intangíveis que se tem e utilizados na produção. O fluxo é calculado a partir do estoque por meio de uma taxa de retorno: sua renda de capital é sua riqueza multiplicada pela taxa de retorno que você obtém com a riqueza. Você também pode pensar no fluxo de renda de seu trabalho em termos de taxas de retorno: é a taxa de retorno de seu estoque de "capital humano". O capital patrimonial é normalmente o resultado da poupança e da herança; o capital humano, resultado da educação e do talento. Os dados mostram que nas economias desenvolvidas, o rendimento do trabalho normalmente representa cerca de 65% a 75% do rendimento nacional total (também denominado PIB), sendo o restante rendimento de capital. O retorno anual da riqueza é de cerca de 6% a 8%, pelo que a riqueza total é de cerca de 400% do PIB/rendimento total. Como a riqueza pode ser tão maior que o PIB? A riqueza é um estoque acumulado ao longo de potencialmente muitos anos de construção de ativos. O PIB/renda é um fluxo anual. Finalmente, como observa o Instituto de Estudos Fiscais, a desigualdade de riqueza é muito maior do que a desigualdade de rendimentos. Os 10% das famílias mais ricas detêm 50% da riqueza. Os 25% das famílias menos ricas quase não detêm qualquer riqueza. O índice de Gini, que é uma medida resumida do quão desigual é uma distribuição, varia de 0 a 1, onde uma medida de 0 é igualdade e 1 é quando apenas uma pessoa é responsável por toda a medida. O índice de Gini é de 0,64 para riqueza e 0,34 para rendimento líquido (Crawford, Innes e O'Dea, 2016).

O primeiro e mais óbvio tipo é a *desigualdade de rendimentos*. No Reino Unido e nos Estados Unidos, registou-se um grande aumento na desigualdade de rendimentos nas décadas de 1980 e 1990; a desigualdade permaneceu nesse nível mais elevado desde então. Os países desenvolvidos também registraram um aumento na disparidade de rendimentos entre trabalhadores bem qualificados e com baixo nível de escolaridade desde a década de 1980. A Figura 6.1, que mostra dados para os Estados Unidos, é representativa de muitos países, mas não de todos: em 1979, os homens com formação universitária ganhavam cerca de 17 mil dólares a mais do que aqueles que apenas tinham o ensino secundário; em 2012, essa diferença era de quase 35 mil dólares (ajustados pela inflação).

Mas este não é apenas um caso de graduados com bom desempenho. O poder do slogan do movimento Occupy Wall Street, "o um por cento", foi ter cristalizado na mente das pessoas que a desigualdade de rendimentos hoje parece ser fractal. Os rendimentos dos 1% mais ricos, dos 0,1% mais ricos e dos 0,01% mais ricos aumentaram em níveis ainda mais vertiginosos (ver adiante). E como salientou o economista de desenvolvimento Branko Milanović, isso faz parte de um fenômeno global: ao longo das últimas duas décadas, os rendimentos aumentaram acentuadamente para a maioria das pessoas no mundo, em particular para as pessoas em países grandes e outrora pobres, como a China (Milanović 2005). As pessoas mais ricas do mundo também se saíram bem. Mas um grande grupo não teve um desempenho tão bom: as pessoas entre os 75% e 95% do rendimento mundial — o que representa grande parte da classe trabalhadora tradicional nos países desenvolvidos.

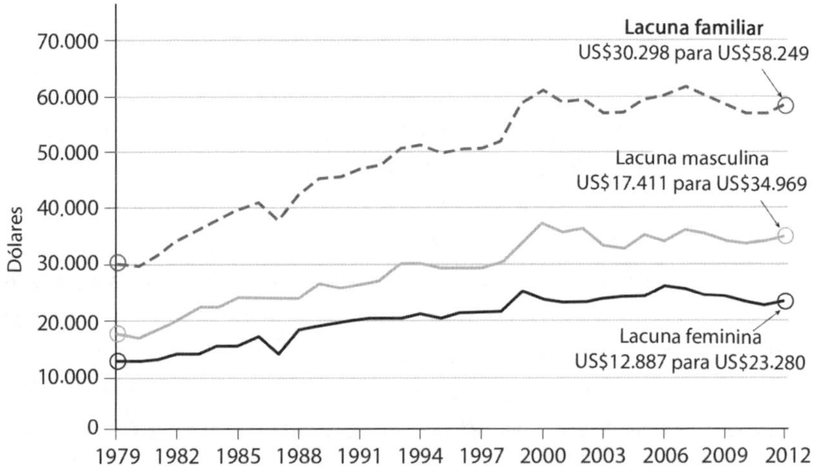

Figura 6.1. Desigualdade nos rendimentos médios anuais entre graduados do ensino médio e universitários, Estados Unidos (em dólares constantes de 2012). Fonte: os autores (2014).

O livro de grande sucesso de Thomas Piketty acrescentou outro sabor de desigualdade à mistura: *desigualdade de riqueza*. Uma das muitas características deslumbrantes de *O Capital no Século XXI* (2014), de Piketty, e da investigação que o sustenta foi a luz que lançou sobre a riqueza dos super-ricos, que muitas vezes é difícil de medir. Não será uma grande surpresa que isso tenha mostrado que a riqueza dos mais ricos em países como os Estados Unidos, o Reino Unido e a França aumentou drasticamente nas últimas décadas.

Três outros tipos de desigualdade parecem também importar para as pessoas, mesmo que tenham recebido menos atenção no debate econômico dominante sobre o tema.

Primeiro, houve um aumento da *desigualdade entre as gerações*. No Reino Unido, o quadro é particularmente nítido e bem documentado no influente livro de David Willetts, *The Pinch* (2010). Por exemplo, como mostra a Figura 6.2, na década de 1950, os pobres eram, em sua esmagadora maioria, aposentados (com um número relativamente pequeno de desempregados e trabalhadores com salários baixos). Agora a situação mudou completamente. Os aposentados, especialmente em termos de riqueza, são algumas das pessoas mais ricas do país, enquanto as fileiras dos pobres são dominadas por trabalhadores com baixos salários.

Outra dimensão é a crescente *desigualdade de localização*, mesmo nos países desenvolvidos. Não há nada de novo no fato de o declínio industrial ter tornado mais pobres lugares outrora ricos, muito menos na Grã-Bretanha, onde foi um problema durante a maior parte do século XX. Também não há nada de novo no fato de certos locais serem focos de atividade econômica. Mas eventos como o referendo do Brexit de 2016 no Reino Unido, em que cidades prósperas votaram de uma forma e o restante de Inglaterra de outra, e a eleição de Donald Trump, apoiada por uma onda de votos das chamadas comunidades deixadas para trás, afastadas das prósperas cidades costeiras dos Estados Unidos, tornam essa divisão mais saliente

As divisões reveladas pelo referendo do Brexit no Reino Unido e pela eleição de Donald Trump também apontam para uma forma diferente de desigualdade, uma forma na qual os economistas normalmente se concentram pouco, ou nunca. É a *desigualdade de estima*. As razões para a ascensão de movimentos políticos populistas em todo o mundo, desde os apoiadores de Donald Trump nos Estados Unidos, ao Partido de Independência do Reino Unido, na Grã-Bretanha, e ao Movimento Cinco Estrelas na Itália, são muitas e variadas. Mas uma coisa que muitos de seus apoiadores invocam repetidamente é a raiva por serem tratados com condescendência e desrespeitados por aquilo que consideram um sistema fora de alcance, tecnocrata e até mesmo degenerado. Alguns dos apoiadores desses movimentos são, sem dúvida, também pobres em termos de rendimento ou de riqueza — mas não todos. A desigualdade que alimenta sua raiva parece ter tanto a ver com respeito como com dinheiro.

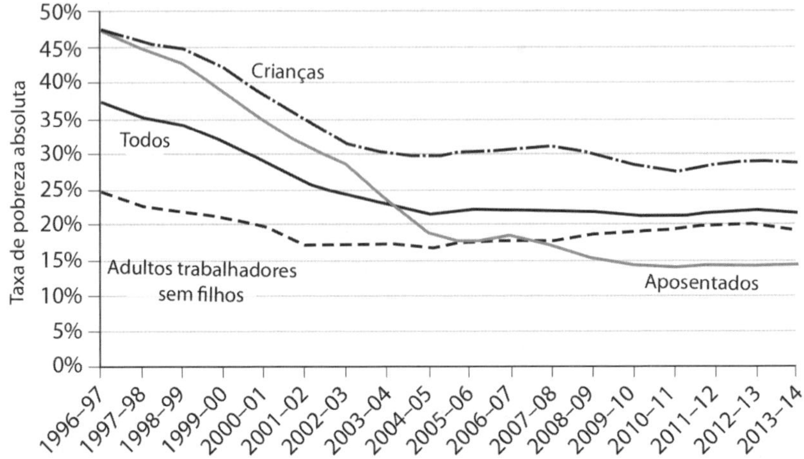

Figura 6.2. Desigualdade entre as gerações, Reino Unido. Os dados são taxas de pobreza absoluta após custos de habitação (percentagem do grupo abaixo de 60% do rendimento mediano real em 2010–2011). Fonte: Dados do Instituto de Estudos Fiscais, Belfield et al. 2014, https://www.ifs.org.uk/uploads/publications/comms/R107.pdf.

As Explicações Padrão

Os economistas desenvolveram uma série de explicações para o aumento da desigualdade. Três das mais proeminentes são a ascensão da tecnologia moderna, a ascensão da globalização e a tendência básica de acumulação de riqueza.

A primeira história sustenta que a desigualdade é o resultado de *melhorias na tecnologia*. As novas tecnologias substituem os trabalhadores, o que significa que os salários caem e os lucros aumentam. As versões modernas desta história centram-se na grande tendência tecnológica de nossa época: computadores e tecnologia da informação. No local de trabalho, segundo a história, os computadores são particularmente bons em substituir tarefas rotineiras: mesas telefônicas em centrais telefônicas, tarefas repetitivas em linhas de produção, distribuição de dinheiro em bancos. E nos últimos anos, os computadores ficaram ainda mais inteligentes: emissão de cartões de embarque, pagamentos no caixa em supermercados e respostas a perguntas rotineiras por telefone. À medida que esses computadores se tornaram cada vez mais baratos, tornou-se cada vez mais vantajoso para as empresas substituir trabalhadores pouco qualificados por computadores. A procura por esses trabalhadores caiu, e, portanto, também seus salários.

Mais recentemente, Erik Brynjolfsson e Andrew McAfee (2014) alertaram que, devido à velocidade com que a tecnologia da informação melhora, os computadores podem começar a substituir os humanos muito mais rapidamente do que estamos habituados. Pode-se esperar que essa "corrida contra a máquina" ou "ascensão dos robôs" torne os trabalhadores mais pobres redundantes, em benefício dos capitalistas ricos.

É uma história tão antiga quanto a própria revolução industrial e, naquela época, deu origem às figuras míticas de Ned Ludd e do Captain Swing. Os economistas modernos, demonstrando um talento admirável para pegar algo empolgante e dar-lhe um nome enfadonho, chamaram essa tendência de "mudança técnica enviesada por competências". Os economistas do mercado de trabalho, especialmente Martin Goos, Alan Manning e David Autor, sugeriram uma reviravolta nesta história: os computadores são especialmente bons para substituir tarefas rotineiras. A diferença é que os computadores não substituem os trabalhadores do conhecimento bem remunerados, mas também não estão necessariamente substituindo os mal remunerados. A razão é que muitas tarefas atualmente mal remuneradas são nitidamente não rotineiras: servir mesas, limpar banheiros ou cuidar de idosos. Em vez disso, as tarefas rotineiras em que os computadores são bons tendem a ser empregos de rendimento médio e, por isso, "esvaziam" o mercado de trabalho, substituindo os trabalhadores que as realizam (Goos e Manning, 2007; o autor, 2013).

A segunda explicação para a desigualdade moderna centra-se no *mercado* e foi vividamente descrita pelo economista Richard Freeman como "A Grande Duplicação" (2007). Como ele salienta, na década de 1980, antes do colapso do comunismo soviético e antes de a China e a Índia avançarem para reformas de mercado, a economia comercial global consistia em cerca de 1,46 bilhões de trabalhadores nos países desenvolvidos e em algumas partes da América Latina, Ásia e África.

Então, mais ou menos de uma só vez, na década de 1990, veio A Grande Duplicação. China, Índia e o ex-bloco soviético juntaram-se à economia global. Essa mudança aumentou a dimensão da mão de obra global para cerca de 2,93 bilhões de trabalhadores, quase duplicando-a. Quando a oferta de algo aumenta, mantendo-se todas as outras coisas constantes, os economistas esperam que o preço caia.

E assim aconteceu: esses novos participantes no mercado de trabalho global foram empregados na produção de bens que requerem relativamente pouca qualificação (têxteis e aço a granel, por exemplo, em vez de motores de aeronaves e semicondutores). Isso pressionou os trabalhadores menos qualificados que fabricavam os mesmos tipos de bens nos países desenvolvidos, e muitos perderam seus empregos ou viram seus salários estagnar. Esse é um resultado surpreendentemente bom para as pessoas dos países mais pobres, como mostra a investigação de Milanović (2005): nas últimas duas décadas, assistimos a um enorme e há muito esperado aumento da prosperidade do mundo em desenvolvimento. Mas argumenta-se que as classes trabalhadoras no mundo desenvolvido suportaram a maior parte dos custos. A imigração pode desempenhar um papel semelhante, aumentando a concorrência por empregos pouco qualificados (especialmente entre imigrantes novos e recentes).

A terceira explicação para a desigualdade atual, centrada na desigualdade de riqueza, é mais básica: é a ideia de que *o capital tende a acumular-se*, a menos que alguma força compensatória o impeça. A agora famosa desigualdade $r > g$ de Piketty (explicada no Box 6.2) implica que se os retornos sobre o capital (r) excederem o crescimento da economia como um todo (g), então a fatia do bolo econômico detida pelos ricos geralmente crescerá. Piketty argumenta que no período pós-guerra, as escolhas políticas reduziram *r:* em particular, os elevados impostos sobre os ricos e as políticas governamentais que encorajaram o pleno emprego e os direitos sindicais. A inversão dessas políticas e a queda do crescimento econômico deslocaram as economias para onde r agora excede g e continuará a fazê-lo.

Box 6.2. Um Esboço da Condição r > g de Piketty

Um esboço do argumento de Piketty, a partir de uma brilhante revisão do economista Robert Solow (2014), é este. Queremos descobrir se a fatia do bolo econômico que vai para o capital, a proporção capital/rendimento, está aumentando ou diminuindo. Suponhamos que o rendimento nacional seja 100 e cresça, digamos, 2%. Assim, o rendimento está crescendo de 100 para 102. Ao mesmo tempo, poupar e, portanto, investir também aumenta o capital: suponhamos que a poupança represente 10% do rendimento este ano. Assim, o capital está crescendo 10% (10% de 100). O único nível de capital que mantém a proporção capital/rendimento constante é se o capital for 500 (portanto, a proporção capital/rendimento é 500/100 = 5 no primeiro ano e 510/102 = 5 no segundo ano). Segue-se que, se a taxa de poupança "s" for igual à taxa de crescimento econômico "g", $s = g$, a proporção capital/rendimento permanece constante. Segue-se ainda que, se g cai, talvez porque os cientistas ficam sem ideias, e s permanece o mesmo, então $s > g$, caso em que a proporção capital/rendimento aumenta. Piketty argumenta que isso acontecerá no próximo século. A ligação com $r > g$ é que, como discutimos no Box 6.1, os rendimentos dos detentores de capital são iguais à taxa de retorno (denotada como "r" por Piketty) vezes o capital que possuem. Assim, se a proporção capital/rendimento aumentar e a taxa de retorno não diminuir, então os proprietários do capital receberão uma fatia cada vez maior do bolo econômico: essa dimensão da desigualdade, portanto, aumenta. Os críticos de Piketty argumentaram principalmente que os retornos do capital provavelmente cairiam se houvesse mais capital disponível.

Quatro Histórias Problemáticas

Tecnologia, mercado e tendência de acumulação de riqueza: embora essas três explicações para os níveis modernos de desigualdade pareçam plausíveis, há aspectos da distribuição atual que, pelo menos, as versões simples não parecem explicar.

Consideremos quatro fenômenos que são difíceis de conciliar com a explicação padrão da desigualdade: a relação imprevisível entre tecnologia e salários, o aumento contínuo do 1%, o papel desproporcional dos preços da habitação na desigualdade de riqueza e a importância das diferenças salariais entre empresas.

Considere a *tecnologia* primeiro. Vimos anteriormente que a ideia de que a tecnologia substituiria empregos e empobreceria os trabalhadores está longe de ser nova. Outra coisa que a história nos mostra é que essa ideia nem sempre é correta.

Na Grã-Bretanha de meados do século XIX, os economistas não se preocupavam com robôs e computadores, mas com mulas. As mulas são máquinas para transformar fibra de algodão em fio, um trabalho importante na indústria têxtil, que esteve no centro da Revolução Industrial.[1] No início, trabalhar com uma mula envolvia uma variedade de tarefas complexas. Você precisava controlar a velocidade do fuso, garantir que o fio estivesse enrolado no formato correto e periodicamente desenrolar o fio de maneira adequada. Isso tornou a fiação de mulas um trabalho relativamente qualificado — pelo menos no início.

Em 1824, um galês chamado Richard Roberts inventou a denominada mula autônoma. Muito mais fácil de usar do que as mulas existentes, ela colocou Roberts no caminho para se tornar um dos engenheiros mais célebres do século XIX. Os usineiros também gostaram. Nas palavras de Andrew Ure, uma espécie de teórico da administração do século XIX, "o efeito de substituir a mula comum pela mula autônoma é dispensar a maior parte dos fiandeiros e reter adolescentes e crianças" (Lazonick, 1979). De Ure, esta observação chegou ao *Capital* de Karl Marx: "O instrumento de trabalho derruba o trabalhador." A mula era um símbolo dos perigos do progresso tecnológico: as novas tecnologias reduziriam os empregos e os tornariam piores, e apenas os ricos seriam beneficiados

Mas essa história não acabou exatamente como Marx esperava. Longe de serem substituídos por crianças não qualificadas, os fiandeiros adultos prosperaram. O historiador econômico William Lazonick salientou em 1979 que os fiandeiros de mulas evoluíram para "guardadores", assumindo funções de formação, gestão e supervisão nas fábricas. E o mercado têxtil britânico expandiu-se, criando mais, e não menos empregos qualificados. Os cuidadores nas fábricas de algodão de Lancashire desfrutaram de salários relativamente altos até meados do século XX.

A moral da história dos fiandeiros é que mais tecnologia não significa necessariamente menos empregos ou salários mais baixos. A mesma lição é sugerida pela introdução de caixas eletrônicos nos bancos. Como apontou James Bessen (2015), a introdução de máquinas para dispensar dinheiro resultou, na verdade, em um *aumento* no número de caixas de banco nos Estados Unidos. A redução dos custos das agências e o aumento do tempo disponível dos funcionários para falar com os clientes e vender produtos financeiros (tendo sido dispensados de distribuir dinheiro) fizeram com que os bancos abrissem mais agências.

Na verdade, as histórias de que a tecnologia significaria o fim do emprego e levaria à crise social têm sido um dos pilares dos especialistas econômicos há mais de um século. Louis Anslow, um jornalista empreendedor, reuniu um arquivo de notícias nesse sentido, com exemplos que remontam ao início da década de 1920, incluindo um discurso de Albert Einstein em 1931, culpando as máquinas pela Grande Depressão, e o primeiro-ministro britânico James Callaghan pedindo aos funcionários públicos de Downing Street que analisassem a ameaça aos empregos proveniente da automação pouco antes de ser deposto por Margaret Thatcher.[2]

Tudo isso sugere que, embora a tecnologia tenha o potencial de deslocar empregos e criar desigualdade, não é necessariamente isso que acontece.

O segundo desafio às principais explicações da desigualdade advém da observação de Piketty de que *o aumento da desigualdade salarial está muito concentrado* no topo. Nos Estados Unidos, a disparidade de rendimento entre trabalhadores qualificados e não qualificados, que inicialmente deu origem a explicações baseadas em mudanças técnicas tendenciosas em termos de competências, deixou de divergir por volta de 2000. Desde então, os grandes aumentos acumularam-se principalmente para o 1% do topo. Veja a Figura 6.3.

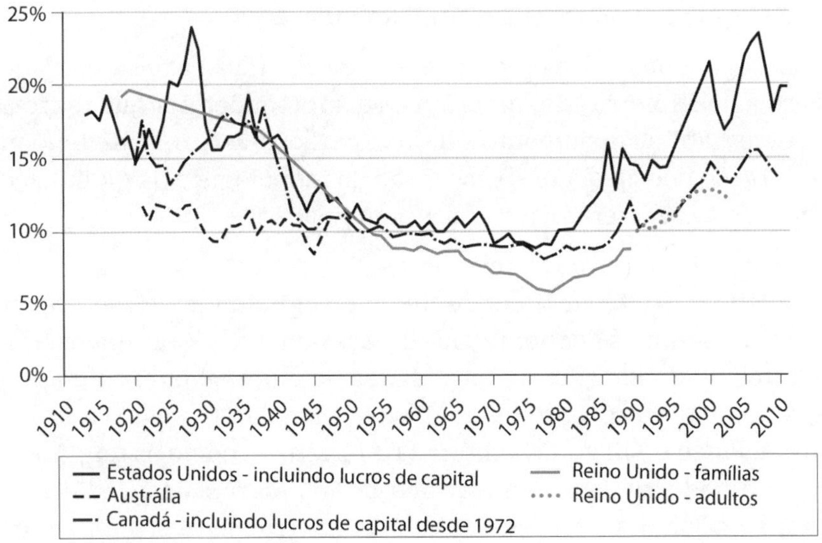

Figura 6.3. Participações na renda do 1% mais rico nos países de língua inglesa. Fonte: Alvaredo *et al.*, 2013.

É fácil imaginar como os trabalhadores pouco qualificados nos países desenvolvidos poderão sair perdendo se não tiverem as competências necessárias para trabalhar com computadores ou se seus empregos forem ameaçados por trabalhadores com salários mais baixos em outros países. Mas a forma como essas mudanças beneficiariam apenas os super-ricos é menos clara.

Alguns dos super-ricos ficaram mais ricos devido à tecnologia ou porque empregam mão de obra estrangeira barata. Mas certamente não todos. Para cada magnata do Vale do Silício ou proprietário de fundos de hedge quantitativos, há muitos gestores seniores do que consideraríamos empresas normais entre a nova elite. Piketty, por exemplo, estima que entre 60% e 70% dos 0,1% do topo são executivos-chefes e outros gestores seniores de empresas.

Um terceiro fato confuso é o *papel da habitação* na desigualdade *de* riqueza. Não muito depois da publicação de *Capital in the Twenty-First Century*, de Piketty, os economistas franceses Odran Bonnet, Pierre-Henri Bono, Guillaume Chapelle e Etienne Wasmer notaram que uma grande parte do crescimento da desigualdade de riqueza tanto nos Estados Unidos como na França havia sido causada pelo aumento do valor dos imóveis residenciais. E Matthew Rognlie, um estudante de pós-graduação do MIT que se tornou conhecido por suas críticas a Piketty, descobriu o mesmo (Bonnet *et al.*, 2014; Rognlie, 2015).

Isso sugere que, para compreender por que razão a desigualdade de riqueza está aumentando, precisamos compreender por que razão a riqueza em habitação aumentou de forma tão drástica. Essa tendência parece ter pouco a ver com a ascensão da tecnologia e da globalização, e nem é uma característica da pura acumulação.

O último dos quatro fenômenos, as diferenças de salários entre empresas, é uma fonte surpreendente de desigualdade de rendimentos. Só recentemente os economistas começaram a explorar novos e ricos conjuntos de dados combinando dados de empregadores e empregados, e um estudo recente de Jae Song, Nicholas Bloom, David Price, Fatih Guvenen e Till von Wachter (2015) analisou como os rendimentos dos trabalhadores nas empresas dos EUA mudaram entre 1981 e 2013. Agora, se a lacuna entre gestores e faxineiros estiver aumentando, você poderia pensar que veria uma lacuna crescente em *todas* as empresas: a lacuna em um escritório de advocacia internacional aumenta e a lacuna em seu escritório de advocacia local também. Mas não é bem assim. Em vez disso, as empresas líderes estão pagando mais aos seus *gestores* e aos seus *empregados de limpeza* relativamente às outras empresas: o fosso entre as profissões continua aumentando, mas, além disso, o fosso entre estas e as outras empresas também. Na verdade, os autores descobriram que "mais de dois terços do aumento da desigualdade de rendimentos entre 1981 e 2013 podem ser explicados pela crescente variação dos lucros entre empresas, e apenas um terço, pela crescente variação dentro das empresas". (Eles notaram uma exceção a isto: o fato de, entre as maiores empresas, os diretores executivos e outros gestores seniores ganharem muito mais, de formas que parecem correlacionadas com os preços das ações de suas empresas — uma descoberta familiar.)

Como os Intangíveis Afetam a Desigualdade de Renda, Riqueza e Estima

Assim, parece que nem as novas tecnologias nem a globalização e nem a simples acumulação explicam completamente os atuais níveis e tipos de desigualdade que vemos nos países desenvolvidos. Poderia o aumento do investimento intangível fornecer parte da resposta? Vejamos as formas possíveis pelas quais uma economia intangível resultaria em mais tipos de desigualdade que as pessoas têm observado.

Intangíveis, Empresas e Desigualdade de Renda

Em primeiro lugar, consideremos as formas como o aumento do investimento intangível poderia ter impulsionado o aumento da desigualdade de rendimentos que surgiu das diferenças entre empresas. Como vimos no Capítulo 4, algumas das principais características dos intangíveis são a escalabilidade e os transbordamentos. Assim, em um mundo onde o investimento intangível é muito importante, esperaríamos ver as melhores empresas, aquelas que têm bens intangíveis valiosos e escaláveis e que são boas em obter os transbordamentos de outras empresas, sendo altamente produtivas e lucrativas, e seus concorrentes perdendo.

Como vimos no Capítulo 5, esse é realmente o caso. O aumento do spread entre as empresas de topo e de base parece ocorrer em indústrias com muitos bens intangíveis. À primeira vista, isso parece ser um excelente candidato para um aumento da desigualdade. No entanto, é preciso ter um pouco de cuidado. Só porque uma empresa é lucrativa não significa que ela pague mais aos seus faxineiros. Afinal, se pedirem um aumento salarial, a empresa poderá contratar outras pessoas. Assim, para que a crescente disparidade de desempenho das empresas e o aumento da desigualdade salarial possam estar relacionados, algo adicional deve estar acontecendo.

Quem Está se Beneficiando da Desigualdade entre Empresas de Base Intangível?

Para chegar a esse ponto, perguntemos: que tipo de pessoas está se beneficiando da crescente disparidade no desempenho das empresas?

Um grupo é o que poderíamos chamar de "superestrelas": aquelas que estão pessoalmente associadas a bens intangíveis muito valiosos que escalam enormemente. Essa linha de análise foi desenvolvida pelo economista Sherwin Rosen (1981). Em muitos casos, o trabalho de uma pessoa pode ser feito por outra pessoa, ou por uma combinação de outras (portanto, o trabalho de um atendente de fast food pode ser feito por dois mais lentos). Mas nos chamados mercados de superestrelas, isso não é verdade: o melhor cantor de ópera ou jogador de futebol não pode ser substituído por dois não tão bons. Quando a tecnologia, por exemplo, a radiodifusão, aumenta o alcance a esses trabalhadores, seus rendimentos podem aumentar potencialmente de forma muito acentuada. A versão intangível desta história é que muitas superestrelas têm acesso privilegiado a bens intangíveis escaláveis muito valiosos que colhem grandes recompensas: em alguns casos, isso acontece por meio da propriedade total — por exemplo, os multimilionários da tecnologia que têm participações significativas em empresas que fundaram; em outros, a superestrela tem privilégios especiais para criar mais de um certo tipo de intangível — apenas J.K. Rowling pode escrever novos livros de Harry Potter, por exemplo.

Mas, é claro, a maioria das pessoas ricas não são estrelas ou empreendedores tecnológicos; uma proporção significativa dos super-ricos são simplesmente gestores seniores. O que poderia explicar este aspecto do aumento da desigualdade?

A literatura sobre a desigualdade entre empresas contém algumas pistas. O artigo de Song e outros que discutimos anteriormente utilizou uma técnica inteligente para compreender por que o mundo parecia estar dividido entre empresas com baixos salários e empresas com altos salários. Eles analisaram o que aconteceu com os níveis salariais dos funcionários quando mudaram para empresas que tendiam a pagar bem ou mal.

Eles procuravam evidências de que as pessoas com baixos salários tenderiam a obter aumentos salariais significativos quando ingressassem em empresas que pagassem mais. Se for verdade, isso sugeriria que o realmente importante eram as próprias empresas — que elas estavam sentadas em uma máquina de fazer dinheiro e repartiam os lucros entre qualquer pessoa que tivesse a sorte de conseguir um emprego lá (um fenômeno conhecido para qualquer pessoa que já tenha lidado com empresas estatais de petróleo e gás em países emergentes). Acontece que eles não encontraram isso. Em vez disso, descobriram que as pessoas que ingressam em empresas com salários elevados já eram bem remuneradas (um fenômeno que chamam de “classificação”), e vice-versa, e que essa tendência se fortaleceu entre 1980 e 2008.

O estudo de Song não nos diz nada sobre os tipos de trabalhadores contratados com altos salários por empresas. Mas há algumas evidências provenientes de um estudo semelhante realizado por Christina Håkanson, Erik Lindqvist e Jonas Vlachos (2015) que analisou trabalhadores na Suécia. Por sorte (do pesquisador), os jovens suecos fazem testes padronizados como parte do serviço militar. Esses testes traçam o perfil das habilidades cognitivas e não cognitivas dos recrutas. Combinados com os dados de alta qualidade sobre empregados e empregadores produzidos pelos governos escandinavos, constituem uma mina de ouro para os economistas do trabalho. O estudo de Håkanson mostrou que os trabalhadores que se mudaram para empresas com salários mais elevados foram aqueles que tiveram bons resultados nos testes de competências cognitivas e não cognitivas.

O que isso significa para a desigualdade? Parece que essas empresas com altos salários estão possivelmente sendo mais cuidadosas na classificação e triagem de seus trabalhadores. Parece-nos que essa classificação de trabalhadores está relacionada com os intangíveis de duas maneiras. Primeiro, é uma resposta à importância dos intangíveis. Em segundo lugar, é possibilitada pelo surgimento de bens intangíveis — ou, pelo menos, de bens intangíveis de um tipo específico. Vejamos cada um deles separadamente.

Classificando Trabalhadores: O Retorno dos Analistas Simbólicos

Você deve se lembrar de que vimos no Capítulo 4 que uma das características dos intangíveis é sua *natureza contestável*. O direito de usá-los e a capacidade de aproveitar ao máximo as sinergias entre eles estão muitas vezes disponíveis de uma forma que os ativos físicos não estão. Essa característica torna determinados tipos de funcionários especialmente valiosos para uma empresa que deseja aproveitar ao máximo seus valiosos intangíveis.

Para ilustrar isso, vamos voltar no tempo até a virada do século XX. Por volta de 1900, descobriu-se que cerca de um quarto das empresas britânicas do final da era vitoriana contratou um lorde ou um membro do parlamento (MP) para fazer parte de seu conselho administrativo. Agora, como os arquivos das empresas britânicas são completos, os historiadores conseguiram analisar com detalhes quem eram esses diretores de elite e o bem que fizeram às empresas que os contrataram. Os historiadores econômicos Fabio Braggion e Lyndon Moore (2013) analisaram os registros de 467 empresas cotadas na década de 1900 para compreender os benefícios de ter um diretor vinculado de maneira política e social. Acontece que, para a maioria das empresas, não havia nenhuma vantagem mensurável para os membros de elite do conselho — as empresas que os tinham tiveram um desempenho tão bom, em média, quanto as empresas que não os tinham, em termos de crescimento do preço das ações, financiamento, captação de recursos e outras medições de desempenho.

Mas havia um grupo de empresas para o qual ter parlamentares ou lordes no conselho administrativo trazia uma vantagem mensurável: empresas que trabalhavam nos setores tecnológicos emergentes de sua época: produtos químicos sintéticos, fabricação de automóveis e bicicletas, produção e distribuição de eletricidade, e assim por diante. Braggion e Moore mostraram que as novas empresas tecnológicas com grandes diretores registaram aumentos no preço de suas ações, incluindo saltos específicos se um diretor fosse eleito para o Parlamento. Eles também acharam mais fácil obter financiamento.

Parece que em indústrias com muita incerteza, envolvendo novas tecnologias, novos mercados e direitos de propriedade pouco claros, esses diretores bem relacionados ajudaram a suavizar alguns dos problemas que afetam os investimentos intangíveis: incerteza de propriedade, dificuldade de avaliação e a necessidade de boas relações com uma vasta gama de potenciais parceiros.

Um deputado poderia ajudar a garantir que a empresa obtivesse os benefícios de seus investimentos (por exemplo, usando influência para garantir que uma patente fosse honrada), e sua presença funcionava como um sinal aos investidores de que a empresa estava bem posicionada para fazer valer seus direitos.

Os parlamentares que asseguraram cargos nos conselhos administrativos de novas empresas tecnológicas foram úteis não porque eram especialistas em tecnologia, mas porque elas dependem frequentemente de bens intangíveis (desde P&D até os investimentos organizacionais e de marca necessários para trazer novos produtos ao mercado). Esses bens intangíveis geram incertezas contestáveis (A patente pode ser defendida? Será que nossos direitos de distribuição serão honrados?), e ter figurões no conselho ajudou a gerir essas incertezas e deu aos investidores a confiança de que elas seriam controladas.

Os nobres vitorianos de Braggion e Moore têm seus equivalentes modernos. No início dos anos 1990, quando o investimento intangível estava em ascensão, mas antes de dominar o investimento tangível, os economistas começavam a notar mudanças na economia.

O futuro secretário do Tesouro dos EUA, Robert Reich, previu que o poder na força de trabalho do futuro estaria nas mãos do que ele chamou de "analistas simbólicos": gerentes de produto, advogados, pessoas de desenvolvimento de negócios, engenheiros de design, profissionais de marketing, caçadores de talentos, e assim por diante. Tal como os trabalhadores suecos que se beneficiaram de salários mais elevados no estudo de Håkanson, os analistas simbólicos são pessoas instruídas e inteligentes, com uma combinação de competências não cognitivas (porque a gestão de transbordamentos envolve frequentemente interação social) e cognitivas (porque os intangíveis são geralmente ativos de conhecimento).

Também parece refletir o que vemos quando pesquisamos empresas em setores específicos. Um estudo qualitativo realizado pela fundação de inovação Nesta sobre empresas que fizeram uso intensivo de dados e análises mostrou que essas empresas estão particularmente ansiosas para contratar pessoas que combinem habilidades analíticas de dados decentes com as habilidades interpessoais necessárias para intermediar relacionamentos dentro e fora de sua própria empresa (Bakhshi, Mateos-Garcia e Whitby, 2014).

Isso proporciona uma ligação notável entre o aumento dos bens intangíveis e o da desigualdade de rendimentos. O investimento intangível aumenta. Devido à sua escalabilidade e aos benefícios para as empresas que conseguem apropriar-se dos transbordamentos intangíveis, as empresas líderes estão à frente das retardatárias em termos de produtividade, especialmente nas indústrias com maior intensidade intangível. Os funcionários dessas empresas altamente produtivas beneficiam-se de salários mais elevados. Como os bens intangíveis são contestáveis, as empresas estão especialmente ansiosas por contratar pessoas que sejam boas em contestá-los — apropriando-se de transbordamentos de outras empresas ou identificando e maximizando sinergias. Estes são os analistas simbólicos de Reich, as elites influentes de Braggion e Moore, ou os recrutas talentosos de Håkanson: pessoas que já estão bem e, em um mundo de intangíveis cada vez mais importantes e escaláveis, provavelmente terão um desempenho ainda melhor.

Classificação de Trabalhadores: Intangíveis e Triagem de Trabalhadores

A segundo modo como os bens intangíveis incentivam a desigualdade de rendimentos é ajudando a emergir hierarquias entre e dentro das empresas.

Uma pesquisa realizada pelos economistas Luis Garicano e Thomas Hubbard (2007) analisou os salários dos advogados norte-americanos entre 1977 e 1992. Eles descobriram que os salários dos advogados mais bem pagos aumentaram drasticamente durante o período (uma tendência que parece ter continuado nas duas décadas desde então). Particularmente interessante foi a razão pela qual seus salários aumentaram. Eles recebiam mais porque trabalhavam com maior número de associados (advogados juniores) ou, nas palavras do jornal, porque o "custo de coordenação da produção hierárquica" diminuía. Os melhores advogados investiram em novas formas de dividir o trabalho para que pudessem melhorar o que chamam de "alavancagem" — sua capacidade de se concentrar nas tarefas mais complexas e remuneradas.

Esse tipo de tendência é resultado do investimento em bens intangíveis, em particular desenvolvimento organizacional, software e, em certa medida, design de serviços. Envolve projetar novas formas de trabalho, desenvolver hierarquias dentro das empresas e implementar software e sistemas para gerenciá-las.

Podemos ver algo semelhante acontecendo no campo da consultoria de gestão. Vimos no Capítulo 4 como as empresas de consultoria nas décadas de 1950 e 1960 criaram inovações organizacionais que lhes permitiram prover os projetos com uma equipe júnior, complementada por um pequeno número de parceiros bem remunerados. Mais tarde, no século XX, outras inovações organizacionais fizeram com que o negócio de consultoria de gestão se segmentasse ainda mais. Na década de 1980, seria típico que um projeto da McKinsey começasse com algumas semanas de recolha de dados — compreensão das dimensões e quotas de mercado, aprendizagem sobre os clientes, e assim por diante — antes do início do aconselhamento estratégico. Como resultado, os projetos eram mais longos. Na década de 2000, grande parte desse trabalho de dimensionamento de mercado havia sido subcontratado a empresas especializadas em inteligência de mercado, que preparariam relatórios e projeções detalhados sobre dezenas de indústrias e setores, que seriam vendidos a consultores e banqueiros por uma taxa fixa. As empresas de consultoria investiram em departamentos de gestão do conhecimento para solicitar e organizar esses relatórios. O mercado para esses relatórios de inteligência de mercado era bastante competitivo, e rapidamente eles se tornaram muito mais baratos do que os dimensionamentos de mercado personalizados realizados por equipes de consultoria (Bower, 1979).

No ramo de consultoria de gestão, o tipo de inovação institucional descrita por Garicano e Hubbard levou à desigualdade entre as empresas e fez a indústria separar-se em empresas que prestam serviços de custos mais elevados e mais baixos e que empregam diferentes tipos de pessoal — exatamente o tipo de divisão que Song e outros observaram nos Estados Unidos.

Mitos Intangíveis

Os efeitos do crescente investimento intangível sobre a desigualdade de rendimentos que analisamos até agora têm sido, em um certo sentido, racionais. Mostram determinados trabalhadores que recebem salários maiores porque, intrinsecamente, valem mais para seus empregadores em uma economia intensiva em bens intangíveis, ou porque uma economia intangível incentiva uma divisão do trabalho que os tornou mais úteis aos seus empregadores do que outros.

Mas também pode haver fatores irracionais em jogo. Tal como Song e outros salientaram, com o aumento da desigualdade entre empresas, houve um grande aumento da desigualdade nas maiores empresas entre os funcionários mais bem pagos, especialmente os CEOs, e todos os outros. A correlação entre a elevada remuneração dos CEOs e o desempenho da empresa parece fraca. Então, o que está acontecendo?

Uma possibilidade é que, em um mundo em que a abundância de intangíveis aumenta a incerteza e onde os funcionários talentosos são capazes, até certo ponto, de ajudar os empregadores a tirar o melhor partido dessa incerteza, se torne mais fácil criar um culto ao talento que possa ser explorado por pessoas no topo das empresas exigindo salários mais elevados.

Como o jornalista econômico Chris Dillow[3] gosta de salientar, os seres humanos são particularmente propensos ao que os psicólogos chamam de "erro fundamental de atribuição" — a suposição errada de que os resultados (como o desempenho de uma empresa) estão relacionados com *inputs* importantes (como o habilidade do CEO), em vez de ligados à pura sorte ou a fatores complexos e difíceis de observar. Um mundo em que o aumento do investimento intangível torna os gestores qualificados um pouco mais importantes poderia facilmente alimentar a fogueira do erro fundamental de atribuição, fornecendo uma justificação para pessoas poderosas como os CEOs aumentarem seus salários mais do que os fundamentos econômicos da mudança justificariam.

Uma última possibilidade é a de que os acionistas não estejam suficientemente atentos à remuneração dos CEOs, permitindo assim que esta aumente. Brian Bell e John Van Reenen (2013) apresentam aqui algumas evidências interessantes, mostrando que a remuneração dos CEOs está mais correlacionada com o desempenho quanto mais a propriedade acionária estiver concentrada (na sua amostra, em investidores institucionais). Talvez os acionistas dispersos tenham menos incentivos para monitorizar a remuneração dos CEOs, assunto ao qual voltaremos no Capítulo 8.

Preços de Habitação, Cidades, Bens Intangíveis e Desigualdade de Riqueza

Uma das muitas conquistas de *Capital in the Twenty First Century*, de Piketty, foi lembrar aos especialistas e aos legisladores que a desigualdade não se referia apenas ao rendimento, mas também à riqueza.

Parece-nos que a ascensão da economia intangível pode ajudar a explicar o aumento em longo prazo da desigualdade de riqueza, bem como da desigualdade de rendimentos. Existem duas maneiras principais de isso acontecer. Em primeiro lugar, os bens intangíveis ajudaram a impulsionar o aumento dos preços dos imóveis, o que explica uma parte significativa do aumento da riqueza das pessoas mais ricas do mundo. Em segundo lugar, o fato de o capital intangível tender a ser geograficamente móvel tornou mais difícil a redistribuição da riqueza por meio da tributação, tal como fizeram os governos das décadas de 1950, 1960 e 1970.

Primeiramente, consideremos os preços dos imóveis. É claro que uma casa ou apartamento é essencialmente tangível. O mercado imobiliário recebeu originalmente esse nome porque é imóvel; ele está realmente lá. Mas, na verdade, o valor da propriedade, especialmente dos tipos de propriedade cujo valor aumentou de forma mais drástica nos últimos trinta anos, deriva, em grande medida, de bens intangíveis.

Como discutimos anteriormente, vários comentadores do trabalho de Piketty salientaram que uma proporção significativa do aumento da riqueza das pessoas mais ricas dos Estados Unidos (e quase toda a riqueza extra dos mais ricos da França) decorre do aumento do valor dos bens de sua propriedade. Como apontou Rognlie (2015), isso não parece acontecer porque eles estão comprando mais propriedades; é porque o valor das casas e dos apartamentos que têm aumentou de forma constante e poderosa ao longo das últimas três décadas.

Agora a inflação dos preços das casas não está distribuída uniformemente. Como mostram a Figura 6.4 para algumas cidades dos EUA e a Figura 6.5 para regiões do Reino Unido, o preço da habitação mais do que duplicou em termos reais em alguns locais e permaneceu mais ou menos igual em outros.

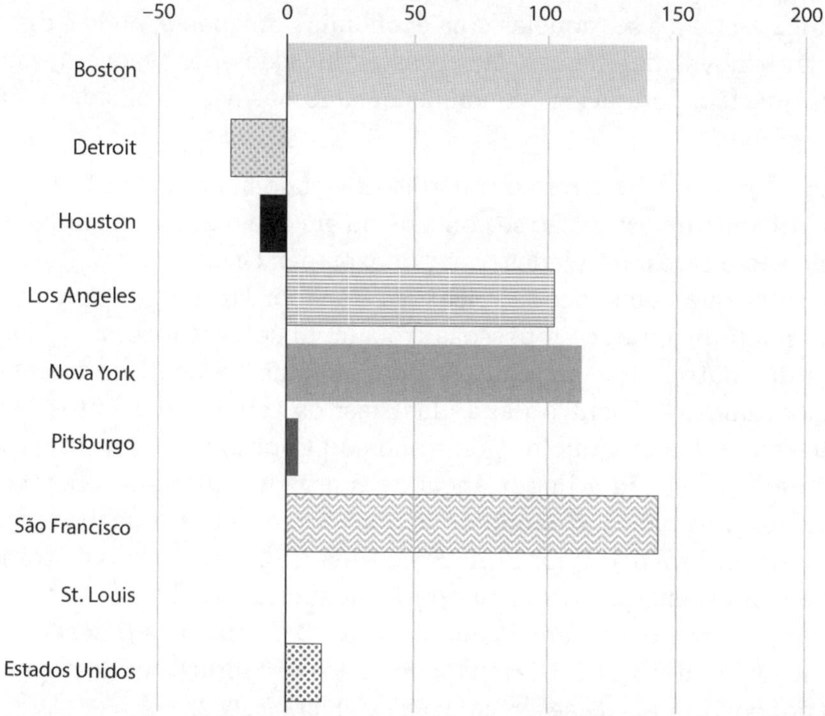

Figura 6.4. Aumentos nos preços das casas em cidades selecionadas dos EUA, do primeiro trimestre de 1980 ao segundo trimestre de 2015, em termos reais. Fontes: Zillow, Bureau of Labor Statistics e Economist.

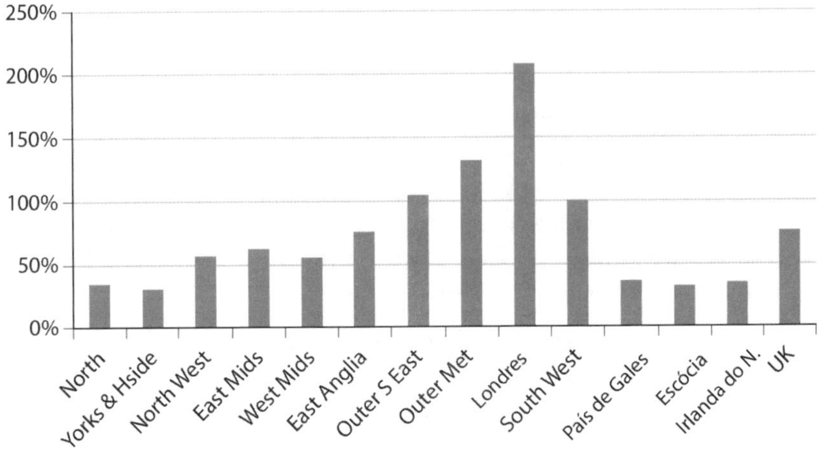

Figura 6.5. Aumentos nos preços reais das casas nas regiões do Reino Unido, 1973–2016. Fonte: ONS.

As cidades onde os preços da habitação aumentaram de maneira drástica tendem a ser aquelas com economias prósperas, onde é difícil construir novas habitações. Mas essa explicação apenas levanta uma outra questão: por que as economias de algumas dessas cidades estão prosperando?

Aqui podemos recorrer ao trabalho do economista Edward Glaeser, cuja influente investigação se concentrou em como o crescimento econômico acontece nas cidades (ver, por exemplo, Glaeser, 2011). Há muito se sabia que as cidades são ricas em transbordamentos. Populações densas significam que as pessoas trocam, observam e copiam ideias umas das outras. Inicialmente, os economistas concentraram-se nos transbordamentos dentro das indústrias; os transbordamentos Marshall-Arrow-Romer a que nos referimos no Capítulo 4. A investigação de Glaeser destacou a importância de um efeito diferente: transbordamentos positivos entre indústrias. Na verdade, ele argumentou que, para cidades prósperas dos EUA, como Nova York, esses tipos de transbordamentos, em que ideias ou oportunidades de um setor são transferidas para outro, eram mais importantes. O exemplo de Glaeser foi a invenção do sutiã, que foi desenvolvido não por fabricantes de lingerie, mas por costureiras (Glaeser, 2011; Glaeser, *et al.* 1992).

Na verdade, as cidades que dependiam de indústrias únicas, como Youngstown, Ohio, que fabricava aço, ou Akron, que fabricava pneus, ou a mais famosa, Detroit, conhecida como "motor city", tendiam a ter um desempenho pior na era moderna do que as cidades com uma variedade de indústrias. Glaeser chamou isso de "transbordamentos de Jacobs", em homenagem a Jane Jacobs, a urbanista e defensora de cidades confusas e não planejadas.

Parece que esse efeito ainda é forte. Um artigo recente de Chris Forman, Avi Goldfarb e Shane Greenstein (2016) mostrou não apenas que a área da baía de São Francisco se tornou um local cada vez mais importante de invenção nas últimas décadas, mas também uma fonte de invenções em muitas áreas diversas, não apenas na de software e semicondutores. Na verdade, é um importante originador de patentes que não mencionam nada sobre TI.

O modelo de transbordamentos urbanos de Glaeser ajusta-se perfeitamente às características dos intangíveis que descrevemos no Capítulo 4. As cidades proporcionam uma oportunidade de lucrar tanto com transbordamentos (ou seja, beneficiando-se de investimentos intangíveis feitos por outras empresas) como com sinergias (combinando diferentes intangíveis para produzir benefícios inesperadamente grandes). Vista sob essa perspectiva, a ligação entre a chamada classe criativa e as cidades não é surpreendente.

Em um mundo onde os bens intangíveis se tornam mais abundantes e constituem uma parte mais importante de como as empresas criam valor, os benefícios da exploração de transbordamentos e sinergias aumentam. E à medida que eles aumentam, esperamos que as empresas e seus funcionários queiram instalar-se em cidades diversas e em crescimento, onde as sinergias e os transbordamentos são consideráveis. Um possível resultado disso seria encorajar as pessoas a construir mais casas e escritórios nas grandes cidades. Mas, é claro, na maioria das cidades, existem grandes barreiras regulamentares à construção, desde regras de zoneamento até ações legais por parte dos NIMBYs. Assim, em vez disso, o preço da habitação aumenta, e os ricos, que têm maior probabilidade de ter esse tipo de imóveis de primeira qualidade, ficam mais ricos, como descreveu Piketty.

Impostos, Bens Intangíveis Móveis e Desigualdade de Riqueza

Parece também que a importância crescente dos bens intangíveis vem contribuindo para outro elemento da história de Piketty sobre o aumento da desigualdade de riqueza, especificamente a aparente relutância dos governos em tributar o capital do modo como o fizeram no passado. Piketty argumenta que a tributação redistributiva (juntamente com taxas de inflação mais elevadas) ajudou a erodir a riqueza acumulada dos ricos nas décadas do pós-guerra, mas que os governos perderam a coragem para esse tipo de tributação desde 1980.

É certamente verdade que houve grandes mudanças ideológicas no modo como os governos estão dispostos a redistribuir a riqueza por meio da tributação. Mas talvez a ascensão dos bens intangíveis também tenha desempenhado um papel.

Em países como os Estados Unidos e o Reino Unido, os ganhos de capital têm sido tributados desde a década de 1990 a uma taxa inferior à do rendimento. Este é um ponto de discórdia política, até porque são principalmente as pessoas ricas que obtêm ganhos de capital, porque são muito mais propensas a ter capital. A razão para essa taxa de tributação mais baixa é que o capital é móvel e, portanto, tributá-lo irá, de acordo com um grande conjunto de investigação econômica, encorajar seus proprietários a transferir seu capital para uma jurisdição com impostos mais baixos. O mesmo não pode ser dito, ou pelo menos não na mesma medida, relativamente ao rendimento do trabalho, uma vez que os empregos da maioria das pessoas ocorrem em um determinado local e são muito mais difíceis de deslocar. Assim, embora possa parecer mais justo, do ponto de vista da redistribuição, tributar mais o rendimento do capital do que o rendimento do trabalho (como fizeram os governos nas décadas de 1950 e 1960, com suas taxas de imposto separadas para o "rendimento não auferido" e similares), a maioria os governos concluiu que isso não é possível: o capital é demasiado volúvel.[4]

Consideremos agora o efeito do aumento dos bens intangíveis. Hoje em dia, a empresa média investe muito mais em bens intangíveis do que seu equivalente na década de 1990. E os ativos intangíveis são, em seu conjunto, mais móveis geograficamente do que os ativos tangíveis. Uma empresa petrolífera transferir suas operações de refinação física do Reino Unido para os Países Baixos seria um empreendimento enorme, um projeto de uma década do tipo que a maioria das empresas só realizaria se fosse absolutamente necessário. Mas se a Starbucks quiser transferir a propriedade de sua marca ou a propriedade intelectual por trás das operações de suas lojas no Reino Unido para a Holanda, Irlanda ou Luxemburgo, isso pode ser feito com um trabalho jurídico modesto

Isso intensifica o que os legisladores chamam de "concorrência fiscal": a ideia de que as empresas e os proprietários de capital procurarão as políticas fiscais mais favoráveis. Isso torna mais difícil para os governos aumentar os impostos e agrava o problema que levou, em primeiro lugar, à redução dos impostos sobre o capital.

Em suma: o aumento do investimento intangível ajuda a explicar a desigualdade de riqueza de duas maneiras. Uma vez que as empresas migram para as cidades para explorar os transbordamentos e as sinergias associados aos bens intangíveis, esta é uma das principais causas do aumento do valor da propriedade urbana de primeira qualidade, que representa grande parte da nova riqueza dos super-ricos. E porque são móveis de forma incomum em nível internacional, os bens intangíveis aumentam a concorrência fiscal, o que dificulta aos governos reduzir a desigualdade por meio de uma maior tributação do capital.

Abertura, os Deixados para Trás, os Intangíveis e a Desigualdade de Estima

No início deste capítulo, mencionamos um tipo de desigualdade que é tanto social e atitudinal quanto econômica. Essa é a desigualdade de estima, que prevalece cada vez mais na sociedade dos Estados Unidos, do Reino Unido e de outras partes da Europa — isto é, a sensação crescente de que a população está dividindo-se em duas metades: uma mais cosmopolita, mais instruída e mais liberal, e outra mais tradicionalista e mais cética em relação à opinião da elite e aos valores metropolitanos.

É uma divisão que se fez sentir radicalmente na política. Os apoiadores de Donald Trump, do Brexit e de muitos dos crescentes partidos populistas da Europa partilham um sentimento de serem alienados e patrocinados pelas elites dominantes em seu país que não partilham seus valores.

Poderíamos esperar que esses grupos sejam alienados porque são pobres. Mas as provas do referendo do Reino Unido sobre a saída da UE sugerem que pode haver mais do que isso.

O cientista político Eric Kaufmann salientou que não é a classe e a riqueza que preveem se alguém votará pela saída da UE, mas sim o conservadorismo social e as atitudes em relação ao autoritarismo. Nas palavras de Kaufmann, “a cultura e a personalidade, e não as circunstâncias materiais, separam os eleitores que saem e permanecem. Este não é um conflito de classes, mas sim uma divisão de valores que atravessa linhas de idade, renda, educação e até partido". Kaufmann sugeriu que os eleitores da saída tendiam não só a querer sair, mas também a defender outras opiniões socialmente conservadoras, por exemplo, a favor do castigo corporal: sondagens realizadas por Lord Ashcroft apoiaram essa conclusão (Kaufman, 2016a; Kaufman, 2016b).

O psicólogo Bastian Jaeger[5] explorou essa questão analisando a correlação entre as áreas que votaram pela permanência na UE e as características psicológicas. Os psicólogos estabeleceram cinco traços psicológicos que acreditam capturar dimensões da personalidade humana. Jaeger analisou o traço de "Abertura à Experiência", que está associado ao cosmopolitismo e ao interesse pelo novo. Como mostra a Figura 6.6, as pessoas que estão abertas a novas experiências parecem votar pela Permanência, e as que são mais tradicionalistas tendem a votar pela Saída, independentemente do rendimento ou da classe.

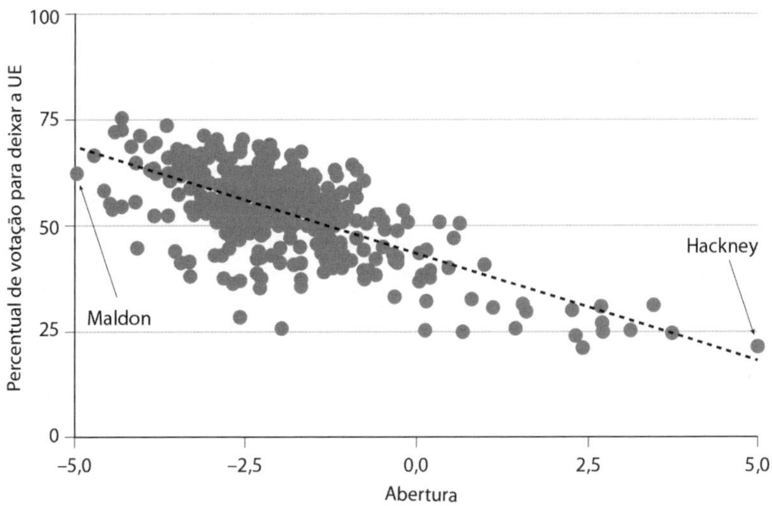

Figura 6.6. "Abertura à Experiência" e voto para sair da UE. Fonte: Krueger, 2016, após Bastian Jaeger.

Agora, consideremos os tipos de pessoas que poderiam beneficiar-se de uma economia em que os bens intangíveis são mais abundantes e importantes. Sabemos que em uma economia intangível, a capacidade de se apropriar dos transbordamentos e de aproveitar ao máximo as sinergias é valorizada. Pesquisas realizadas por psicólogos sugerem que pessoas mais abertas à experiência são melhores nisso. Talvez isso se deva ao fato de serem melhores em estabelecer o tipo de ligações entre diferentes ideias e pessoas que, como salientaram

Edward Glaeser e Jane Jacobs, são tão importantes para a magia econômica que acontece nas cidades. Talvez a criatividade e a inovação exijam abertura às ideias (há provas de que a abertura à experiência ajuda em empregos inovadores e criativos).

Isso sugere uma nova explicação para a razão pela qual a divisão entre os apoiadores de Trump, do Brexit e de movimentos semelhantes e seus respectivos não apoiadores está crescendo. Os apoiadores tendem a partilhar certas atitudes subjacentes, como o tradicionalismo e a baixa abertura à experiência. Mas encontram-se em uma economia que, devido à importância crescente dos bens intangíveis, favorece cada vez mais pessoas com características psicológicas e sistemas de valores diferentes. As causas culturais do Brexit e de Trump são exacerbadas pelas causas econômicas — causas que surgem da emergência de uma economia intangível.

Conclusão: As Implicações de uma Economia Intangível para a Desigualdade

Argumentamos que o aumento dos bens intangíveis explica vários aspectos do aumento da desigualdade em longo prazo.

Em primeiro lugar, a desigualdade de rendimentos. As sinergias e os transbordamentos que os intangíveis criam aumentam a desigualdade entre empresas concorrentes, e essa desigualdade leva a diferenças crescentes na remuneração dos empregados (pesquisas recentes sugerem que essas diferenças entre empresas são responsáveis por uma grande proporção do aumento da desigualdade de rendimentos). Além disso, a gestão de bens intangíveis requer competências e educação específicas, e as pessoas com essas competências (como os analistas simbólicos de Reich) estão agrupando-se em empregos bem remunerados em empresas com utilização intensiva de bens intangíveis. Finalmente, a crescente importância econômica do tipo de pessoas que geram bens intangíveis ajuda a fomentar mitos que podem ser usados para justificar salários excessivos, especialmente para os gestores proeminentes.

Em segundo lugar, a desigualdade de riqueza. Cidades prósperas são locais onde há muitos transbordamentos e muitas sinergias. A ascensão dos bens intangíveis torna as cidades cada vez mais atraentes para se estar, elevando os preços dos imóveis de primeira linha. Esse tipo de inflação tem demonstrado ser uma das principais causas do aumento da riqueza dos mais ricos. Além disso, os bens intangíveis são frequentemente móveis; eles podem ser transferidos por meio de empresas e fronteiras. Isso torna o capital mais móvel e dificulta a tributação. Uma vez que o capital é desproporcionalmente propriedade dos ricos, isso torna mais difícil a tributação redistributiva para reduzir a desigualdade de riqueza.

Por fim, desigualdade de estima. Há algumas evidências de que os apoiadores dos movimentos populistas (Brexit, no Reino Unido; Trump, nos Estados Unidos) são mais propensos a defender pontos de vista tradicionalistas e a obter pontuações baixas nos testes para o traço psicológico de abertura à experiência. A abertura à experiência parece ser importante para o tipo de trabalhos de análise simbólica que proliferam à medida que os intangíveis se tornam mais comuns. Assim, a crescente importância dos bens intangíveis leva a pressões econômicas que sublinham as divisões políticas que impulsionam os atuais movimentos populistas.

7

INFRAESTRUTURA PARA INTANGÍVEIS E INFRAESTRUTURA INTANGÍVEL

A ideia de que o investimento inadequado em infraestruturas está travando o crescimento econômico é generalizada, especialmente nos Estados Unidos e no Reino Unido. Este capítulo analisa como a maior dependência da economia no investimento intangível altera o debate sobre infraestruturas. Uma economia rica em bens intangíveis necessita de diferentes tipos de infraestruturas físicas, e também tem maior necessidade de infraestruturas intangíveis: os padrões, as regras e normas que sustentam o investimento intangível das empresas.

É DIFÍCIL PENSAR em algo *menos* intangível do que infraestrutura. Pontes, rodovias, centrais elétricas e represas são enormes e pesadas; elas estão fisicamente presentes de modo imperdível. A economia moderna depende de bilhões de toneladas de infraestruturas físicas que incrustam o mundo em aço, concreto, cobre e fibra óptica. Não é nenhuma surpresa que as infraestruturas sejam um tema de grande preocupação para muitos economistas e políticos: a ideia de que podemos não ter infraestruturas suficientes, ou de que a que temos não é suficientemente moderna, é um tema comum no debate público, especialmente no mundo anglo-saxão.

Este capítulo perguntará que tipos de infraestruturas são particularmente úteis para uma economia intensiva em bens intangíveis e analisará tanto a infraestrutura física como a infraestrutura que é ela própria intangível — as regras, as normas e os processos que ajudam a economia a funcionar.

Definindo Infraestrutura

As infraestruturas estão intimamente ligadas aos modos de produção que dominam a economia em um determinado momento. Uma vez que "infra" significa "abaixo", a infraestrutura consiste nas estruturas que sustentam o modo como a sociedade funciona. Uma forma de pensar sobre infraestruturas é como sendo o conjunto de ativos duradouros que são complementares ao capital utilizado pelas empresas e famílias. Assim, por exemplo, a rede elétrica é importante porque as empresas e os consumidores utilizam muitos dispositivos elétricos. Postos de gasolina e rodovias são úteis porque grande parte do transporte acontece por meio de carro e caminhão. Algumas infraestruturas podem ser propriedade pública (por exemplo, uma via pública); algumas podem ser propriedade de empresas (por exemplo, um aeroporto privado ou um cabo telefônico). Mas quem quer que seja o proprietário, a infraestrutura tem um caráter público na medida em que permite a atividade econômica por parte de um grande número de outras pessoas ou empresas.

Devido a esse caráter *facilitador* das infraestruturas, seria de esperar que, quando os modos de produção da economia e seu estoque de capital mudassem, suas necessidades em termos de infraestruturas também pudessem mudar. Uma economia de barcos de canal e carroças puxadas por cavalos precisa de canais e postos de parada; uma economia de máquinas elétricas e automóveis necessita de redes elétricas e postos de gasolina.[1]

Pensar no investimento intangível também nos leva a um aspecto diferente da história das infraestruturas. Apesar de pontes, estradas e aeroportos dominarem o debate político sobre infraestruturas, existe outro sentido da palavra que se refere a coisas que são elas próprias intangíveis: regras, normas, conhecimento comum e instituições. Tal como as infraestruturas físicas, a sua produção é dispendiosa, é durável, tende a ter um caráter público e social e a tornar a economia como um todo mais produtiva.

Hype e Falsas Promessas

A ideia de que o crescimento do investimento intangível mudaria radicalmente o tipo de infraestruturas de que a economia necessita será familiar a qualquer pessoa que tenha mergulhado no lado mais utópico da literatura sobre a chamada economia do conhecimento, especialmente no período que antecedeu a bolha pontocom de 1998–2000. Os comentadores previram a "morte da distância": que o conhecimento combinado com a tecnologia digital tornaria sem importância as restrições de espaço e lugar que grande parte de nossa infraestrutura tenta resolver. O investimento em infraestruturas de telecomunicações foi visto como de vital importância, levando a um frenesi de licitações para licenças de espectro móvel 3G e à bolha e ao crash das telecomunicações nos EUA em 2001.

Na verdade, a infraestrutura física tradicional não se tornou obsoleta. O historiador da ciência David Edgerton (2011) demonstrou a importância da infraestrutura antiquada, desde valas de irrigação até telhados de ferro corrugado, em um mundo supostamente moderno. O cientista ambiental Vaclav Smil salienta a importância da infraestrutura baseada na tecnologia do início do século XX para tudo, desde nosso sistema alimentar até nosso sistema energético (Smil, 2005). Seja qual for a evolução do aumento do investimento intangível, parece provável que o investimento em energia, transporte de passageiros e logística continuará a ser importante.[2] Jess Gaspar e Edward Glaeser (1998) mostraram que a ideia da morte da distância era mais complicada do que parecia à primeira vista: melhores tecnologias de informação podem substituir algumas reuniões presenciais, mas podem criar a necessidade de outras reuniões — e, portanto, aumentam o valor de viver nas cidades, onde é mais fácil conhecer pessoas. A título de analogia, a locomotiva a vapor foi descrita como um "cavalo de ferro" desde o início do século XIX, mas não substituiu os cavalos nem reduziu a procura por eles. Na verdade, a era ferroviária assistiu a um aumento na procura de cavalos — o "pico do cavalo" nos Estados Unidos ocorreu em 1910, oitenta anos após a abertura da primeira ferrovia a vapor.

Mas o fato de algumas das primeiras reivindicações feitas a favor da economia intangível e da economia do conhecimento se terem revelado exageradas não significa uma mudança nas necessidades infraestruturais da sociedade. A acadêmica de inovação Carlota Perez fez a afirmação provocativa de que grandes mudanças históricas em como a economia utiliza a tecnologia acontecem periodicamente e envolvem, em primeiro lugar, um intervalo de exagero e especulação (tanto intelectual como financeira), seguido por uma crise e, em seguida, por um longo período de implantação e ajustes (Perez, 2002). Continuando a analogia ferroviária, a locomotiva a vapor não tornou os cavalos obsoletos, mas seu descendente, o carro, acabou por fazê-lo. O corolário dessa ideia é que o desmascaramento da retórica da morte da distância por volta do ano 2000 não significa necessariamente que ela estivesse totalmente errada, mas, antes, que marcou a mudança de uma fase de exuberância inicial para um período mais profissional, em que as novas tecnologias são aplicadas, examinadas e implementadas, muitas vezes ao lado de infraestruturas mais familiares.

Em uma época de aumento do investimento intangível, seria de esperar que certos tipos de infraestruturas se tornassem mais importantes, em particular, infraestruturas que ajudam a tirar o máximo partido das características invulgares dos intangíveis que definimos no Capítulo 4: escalabilidade, afundamento, transbordamentos e sinergias.

No restante deste capítulo, analisaremos os diferentes tipos de infraestruturas que ajudam a fazer funcionar bem uma economia rica em bens intangíveis — primeiramente, as infraestruturas físicas; depois, a infraestrutura que assume a forma de investimento público nos tipos de bens intangíveis em que as empresas também investem; e depois, a infraestrutura em seu sentido menos próximo: padrões, normas e estruturas.

Infraestrutura Física, Sinergias e Transbordamentos

Como vimos, os investimentos intangíveis geram transbordamentos, e reunir os investimentos intangíveis certos pode criar sinergias surpreendentemente valiosas. Os indivíduos e as organizações que conseguirem tirar o máximo partido dessas tendências — explorando os transbordamentos dos investimentos de outras pessoas e identificando e tirando partido das sinergias entre novas ideias — prosperarão. As infraestruturas podem ajudá-los a fazer isso, em particular, aumentando o número e a qualidade das ligações existentes. Na verdade, para dar um exemplo de infraestrutura tradicional, os operadores aeroportuários centrais já conhecem há muito tempo os transbordamentos, à medida que a procura de acesso a um aeroporto aumenta quanto a mais rotas o operador aeroportuário consegue conectá-lo.

Um modo de fazer isso é tentar construir ou nutrir clusters dinâmicos — locais onde as empresas e as pessoas inovadoras têm maior probabilidade de se reunir e partilhar ideias. Como vimos no Capítulo 4, os clusters desempenharam um papel importante, mas ocasional, na história do pensamento econômico, sobretudo no trabalho de Alfred Marshall, Kenneth Arrow, Paul Romer e Edward Glaeser.

Mas os clusters são um verdadeiro atrativo para os legisladores e os especialistas. É raro ver um governo moderno que não tenha algum tipo de estratégia para apoiar ou construir clusters locais, especialmente em setores de alta inovação. (Veja as dezenas de nomes semelhantes ao silício que foram cunhados em todo o mundo em homenagem ao cluster tecnológico do norte da Califórnia — desde Silicon Roundabout, em Londres, e Silicon Wadi, em Israel, até inúmeras variantes mais aspiracionais em outros lugares.) A política de cluster é atraente em parte devido ao sucesso glamoroso e bem divulgado de lugares como o Vale do Silício e do setor tecnológico de Israel — que político não gostaria que seu país estivesse na vanguarda de uma revolução tecnológica? A política de clusters também pode ser politicamente conveniente: os governos que, por razões ideológicas, estão preocupados em parecer demasiadamente intervencionistas podem salientar que apenas ajudam clusters que já existem, e não tentam criar clusters do zero; os governos incapazes ou não dispostos a gastar muito dinheiro descobrirão que, quando se trata de política de agrupamentos, a persuasão moral e os eventos de networking com boa relação custo-benefício são muito úteis. Não é surpresa que os escritos de comentadores como Michael Porter e Richard Florida, que sublinharam a importância dos aspectos dos clusters no crescimento econômico, tenham sido muito populares entre os legisladores ao longo dos últimos trinta anos. O outro lado das políticas de cluster baratas e leves é a dificuldade em mostrar se foram eficazes. Existem formas relativamente rigorosas de avaliar o efeito econômico de subvenções, incentivos fiscais ou investimentos em infraestruturas. Mas quando se trata de políticas sutis e em curso destinadas a acelerar clusters que já estão se formando, é difícil testar se a política em si mudou alguma coisa. (Para alguns legisladores, o fato de uma política ser difícil de avaliar pode — como dizem no cluster tecnológico mais famoso do mundo — ser uma característica, e não um bug.)[3]

Correndo o risco de traduzir décadas de política de clusters, sugerimos que existem dois tipos de infraestruturas que realmente importam em uma época em que os clusters estão se tornando mais importantes.

A primeira é a habitação a preços acessíveis e o espaço de trabalho nos clusters existentes. Em agosto de 2016, Kate Downing demitiu-se da Comissão de Planejamento e Transportes em Palo Alto, a cidade baixa no coração do Vale do Silício, alegando que ela e seu parceiro já não tinham condições de viver lá. Eles não são de forma alguma trabalhadores que recebem um salário mínimo: são advogados e engenheiros de software.[4] Agora, como vimos no Capítulo 6, o preço dos imóveis nas cidades prósperas parece ter aumentado inexoravelmente ao longo dos últimos quarenta anos. Uma das razões para isso é que é caro e demorado construir novas casas e escritórios em muitas das cidades mais prósperas do mundo. Alguns desses custos refletem a necessidade de construir com segurança ou de minimizar perturbações — ou seja, obrigam os construtores a suportar alguns dos custos que os novos edifícios implicam, o que parece razoável.

Mas alguns custos representam a capacidade dos proprietários existentes de manter ou aumentar o valor de suas próprias propriedades. Os proprietários de Palo Alto, por exemplo, usam leis de planejamento para preservar o caráter de sua cidade como uma cidade suburbana de casas de um e dois andares com jardins (que, portanto, demandam preços muito altos), embora a cidade esteja no coração do cluster de tecnologia mais famoso do mundo, e muitas pessoas gostariam de comprar novas casas lá, se fossem construídas. Regras e regulamentos que permitam que mais construções aconteçam de forma mais rápida e barata forneceriam mais infraestruturas básicas — casas e escritórios — de que as cidades necessitam para tirar o máximo partido dos investimentos intangíveis.

Mas uma cidade com apenas apartamentos e escritórios seria realmente uma coisa monótona — e em uma era intangível, isso tem importância econômica. O segundo tipo de infraestrutura urbana importante para o investimento intangível são os locais onde as pessoas podem se reunir para interagir. Não muito tempo atrás, um dos autores apareceu em um programa de rádio analisando as atitudes políticas no referendo da UE no Reino Unido. O apresentador do programa entrevistara eleitores em Lambeth, um bairro diversificado não muito longe do centro de Londres; de passagem, ele notou como era estranho que quase todos os estabelecimentos que visitava pareciam funcionar também como cafés. Na verdade, é menos estranho do que parece. Desde os tempos dos cafés de Londres, no século XVII, os locais onde as pessoas se encontram e socializam parecem ter sido importantes para a convergência de novas ideias. Os espaços culturais e artísticos parecem desempenhar um papel especial no fomento dos investimentos intangíveis.

A investigação realizada pela fundação de inovação Nesta sugere que locais com elevadas concentrações de organizações e instituições criativas apresentam níveis mais elevados de inovação de forma mais geral (Higgs, Cunningham e Bakhshi, 2008). Espaços neutros, talvez especialmente aqueles com tendência artística ou criativa, criam oportunidades para inovação combinatória.

Isso cria uma espécie de dilema para os legisladores. A flexibilização das regulamentações sobre a construção ajuda a construir mais casas e escritórios, o que, em igualdade de circunstâncias, coopera com a prosperidade e o crescimento de aglomerados urbanos. Mas as regras liberais de construção podem ter consequências indesejadas. Qualquer pessoa que tenha vivido em uma grande cidade do mundo desenvolvido na última década estará familiarizada com histórias como a do pub Black Cap, em Camden, Londres. O Black Cap foi, durante muitos anos, um centro da cultura gay em Londres e um local artístico importante — desempenhou um papel significativo no desenvolvimento do cabaré moderno. Se deixarmos de lado sua importância cultural e histórica e olharmos para ele apenas através de uma lente econômica reducionista, seria exatamente o tipo de lugar que esperaríamos que ampliasse as sinergias e os transbordamentos da vida urbana. Mas em 2015, foi fechado, com planos de conversão em apartamentos. Em uma cidade movimentada e congestionada, as pessoas estavam dispostas a pagar mais por apartamentos luxuosos do que por bebidas e entrada em um cabaré. Talvez essa seja a decisão certa para a economia como um todo — afinal, é muito difícil medir o futuro ganho de produtividade que poderá resultar de um único local cultural no futuro —, mas é fácil acreditar que a vibração e as interações proporcionadas por lugares como o Black Cap podem ser subfornecidas pelo mercado. O que nos traz de volta ao dilema enfrentado pelos planejadores urbanos: como cortar regulamentações que impedem que os NIMBYs bloqueiem os novos edifícios de que uma economia intangível precisa para prosperar, sem acelerar inadvertidamente o fechamento de locais e instituições sem as quais a cidade não seria um cluster tão eficaz?

Há outro desafio que os legisladores enfrentam ao procurarem incentivar o investimento intangível por meio do apoio a clusters em cidades: isto é, a questão de quando colocar as necessidades de um cluster em crescimento acima de um cluster estabelecido, e os tipos de preconceitos que afetam essa decisão. Essa situação é agravada em países como o Reino Unido, onde a tomada de decisões políticas é altamente centralizada em regiões prósperas. Se a capital de um país também for um local economicamente próspero e movimentado, é muito fácil subestimar o potencial econômico do resto do país. Algumas pesquisas sugerem que isso acontece no Reino Unido, onde existe uma atitude generalizada entre os legisladores baseados em Londres de que apenas a capital tem o potencial econômico para prosperar e, portanto, que investir fundos públicos em qualquer outro lugar é o equivalente ao rei Canuto, o Grande, tentar reverter o fluxo da maré (Forth, 2015). Isso leva a uma relutância exagerada em investir fora de Londres, de tal modo que a proporção entre o financiamento público e o financiamento privado de P&D é mais elevada em Londres do que em outros lugares, e os investimentos em transportes com elevadas relações estimadas de custo-benefício não são realizados fora de Londres, enquanto aqueles com baixos índices de custo-benefício que estão em Londres são financiados.

Infraestrutura Tecnológica e Transbordamentos

Um leitor com mentalidade tecnológica poderia neste momento perguntar por que razão, em uma era em que o software e os semicondutores estão mudando o modo como as pessoas se comunicam, esta seção sobre a construção de redes para troca de ideias se concentrou principalmente na infraestrutura da interação face a face. A premissa da bolha das telecomunicações de 2001 era a de que as pessoas em breve dependeriam da fibra óptica e dos dados móveis para interagir e abandonariam o "espaço real" pelo "ciberespaço".

Verdadeiramente, a infraestrutura de telecomunicações é e continuará a ser importante para a economia em geral e para permitir o tipo de interações sociais que ajudam a tirar o máximo partido dos investimentos intangíveis. A implantação contínua de cabos de fibra óptica, torres de telefonia celular 4G e 5G e chips conectados em cada vez mais dispositivos aumentará, com o tempo, nossa capacidade de interação.

Existem dois fatores complicadores que perturbam a relação entre o investimento em infraestruturas de telecomunicações e a conectividade e produtividade. A primeira é a velocidade da mudança tecnológica na própria infraestrutura. A decisão de investir em torres de telefonia celular ou roteadores óticos hoje não é apenas uma escolha entre investir ou não investir; é também uma decisão sobre adiar o investimento até amanhã ou para o próximo ano, altura em que o custo da infraestrutura poderá ser muito menor, ou poderá haver uma tecnologia nova e melhor.

O segundo desafio é talvez mais complicado para o potencial investidor em infraestruturas: as novas infraestruturas tecnológicas são mais úteis em conjunto com novas formas de trabalhar, e sem essas novas formas de trabalhar, podem não ser muito úteis.

Em 1990, o economista Paul David (1990) chegou a essa conclusão ao estudar a introdução da energia elétrica nos Estados Unidos. David destacou que, para uma fábrica aproveitar ao máximo a energia elétrica, ela precisava reestruturar radicalmente a forma como funcionava. Enquanto em uma fábrica movida a vapor todas as máquinas-ferramentas tinham de ser alimentadas por uma correia ligada a um único eixo rotativo, a eletricidade permitia que cada ferramenta tivesse seu próprio motor; isso, por sua vez, tornou possível a linha de produção do século XX. David também observou que, quase quarenta anos após o desenvolvimento da primeira usina de energia central, apenas pouco mais de 50% da capacidade de acionamento mecânico da fábrica havia sido eletrificada. Até então, a notável inovação da energia elétrica havia proporcionado muito pouco em termos de aumento de produtividade para os proprietários das fábricas.

É possível que os sistemas de telecomunicações universalmente ligados e de alta largura de banda do século XXI sejam análogos às centrais elétricas de David. Será necessário tempo, experimentação e investimento (intangível) para conceber formas realmente eficazes e economicamente transformadoras de utilizar essas novas tecnologias para se comunicar. Como acontece frequentemente com as novas tecnologias, o futuro pode já estar aqui entre nós. Os desenvolvedores de software há anos têm usado ferramentas online como Slack e GitHub para colaborar. Há inúmeras empresas experimentando novas formas de colaboração viabilizadas pela internet, em áreas que vão desde pesquisa em saúde (como a Patientlikeme ou 23andMe) até a intermediação de propriedade intelectual entre empresas (como a Intellectual Ventures, de Nathan Myhrvold) até a análise de dados (como Kaggle, recentemente adquirido pelo Google). É fácil rir quando os defensores da tecnologia fazem previsões que não se concretizam. Onde fica o escritório sem papel? Onde está a Internet das Coisas? Mas o fato de o teletrabalho eficaz e generalizado não ter reduzido seriamente a importância da comunicação presencial pode ser um sinal não de que isso nunca irá acontecer, mas sim de que é um tipo de mudança complicada e que leva tempo.

Assim, as infraestruturas de telecomunicações serão mais importantes em uma economia intangível como forma de construir ligações e aproveitar ao máximo os transbordamentos. Mas a fibra, os roteadores, os processadores e as estações base podem não ser o aspecto mais importante dessa infraestrutura — o que realmente os tornará valiosos é o desenvolvimento de novas ferramentas e hábitos de utilização para se ligarem e trabalharem em conjunto.

Essas tendências aumentam a importância das comunicações e conexões entre as pessoas e entre as empresas, e da infraestrutura que permite isso.

Padrões, Estruturas e Normas

Os economistas sabem há muito tempo que regras, instituições e normas eficazes podem encorajar o investimento. Por outro lado, Hernando de Soto mostrou de forma memorável como as más instituições — especificamente, direitos de propriedade fracos — desencorajaram as pessoas pobres no mundo em desenvolvimento de investir em suas próprias casas, desenvolver negócios e, assim, escapar da pobreza (Soto, 2001). A invenção da sociedade anônima de responsabilidade limitada encorajou o investimento empresarial, protegendo os ativos dos proprietários de empresas contra reintegração de posse em caso de falência da empresa.

O investimento intangível também é afetado pela infraestrutura institucional, tanto formal como informal.

O aspecto mais direto disso são os direitos de propriedade. Tal como salientaram gerações de detentores de direitos, uma legislação forte em matéria de propriedade intelectual incentiva as empresas a investir nos tipos de bens intangíveis que podem ser protegidos por patentes, direitos autorais ou marcas registradas, porque reduzem o problema dos transbordamentos que afetam esses bens. Por outro lado, os direitos de propriedade intelectual demasiado amplos, fortes ou vagos podem desencorajar a inovação em longo prazo porque desestimulam a concorrência e tornam mais difícil para as empresas explorar sinergias entre bens intangíveis. Por exemplo, pensa-se que a patente muito ampla concedida aos irmãos Wright para controle de voo em 1906 tenha atrasado o setor da aviação nos

Estados Unidos até que a patente foi colocada em um conjunto de toda a indústria a pedido do governo em 1917. Há um debate intenso sobre quão fortes devem ser os direitos de propriedade intelectual e que tipos de conhecimento devem abranger — mas há um consenso geral de que fazê-los funcionar bem é importante para o investimento.

Mas as instituições que afetam o investimento intangível vão além dos direitos formais sobre a propriedade intelectual. Como vimos, como os investimentos intangíveis, muitas vezes, geram sinergias quando combinados, os grandes projetos intangíveis frequentemente envolvem um grande número de investidores e empresas, investindo ao longo de extensos períodos. Coordenar os investimentos e gerir as transferências entre diferentes empresas e organizações é algo complexo; instituições e normas podem ajudar os investidores a navegar e simplificar essa complexidade.

Considere o desenvolvimento e lançamento de um novo medicamento. Normalmente, ele envolve um embasamento científico, um processo de descoberta de medicamentos e várias fases de testes para verificar se o medicamento é seguro e mais eficaz do que os existentes; o medicamento deve, então, ser comercializado e vendido — um processo que envolve uma dança complexa entre pagadores (uma mistura de seguradoras de saúde e governos), médicos, reguladores e pacientes. Além de ser muito intensivo em capital, esse é um empreendimento de complexidade vertiginosa.

Uma coisa que reduz a complexidade do processo de descoberta de medicamentos é um conjunto de normas e regras amplamente acordadas sobre o que acontece e quando. Assim, por exemplo, os ensaios de medicamentos ocorrem em fases, cujo objetivo e duração são especificados por reguladores como a Food and Drug Administration dos EUA. Existem regras sobre quais tipos de pesquisa são financiados por órgãos públicos e instituições médicas de caridade e quais não são. A investigação acadêmica da qual dependem muitos medicamentos é regida por uma série de normas consagradas pelo tempo sobre rigor, revisão por pares e práticas de publicação.

O mercado também tem regras que ajudam a simplificar decisões complexas sobre preços e vendas. Muitos governos e seguradoras têm regras sobre que tipo de medicamentos financiarão e quais não financiarão — como as do Instituto Nacional de Saúde e Excelência Clínica do Reino Unido, que só aprovará medicamentos que possam dar aos pacientes o que os economistas da saúde chamam de ano de vida ajustado pela qualidade com valor menor que o declarado. E também existem regras não escritas: as startups de biotecnologia normalmente trabalham na expectativa de que, se conseguirem passar pela primeira fase ou demais fases de ensaios clínicos, serão adquiridas por uma empresa farmacêutica com muito dinheiro, em vez de terem de angariar quantias cada vez maiores para levar seu produto até o mercado. Os testes de medicamentos são frequentemente realizados sob contrato por laboratórios universitários, sob acordos bem definidos e compreendidos por qualquer pessoa que pretenda criar uma empresa de ciências biológicas. E o negócio de angariar dinheiro para empreendimentos nas ciências da vida tem suas próprias regras, investidores especializados e empresas de serviços profissionais com normas e entendimentos partilhados.

Ora, é verdade que muitas dessas regras têm uma função estritamente econômica: as regras que limitam quanto os governos pagarão pelos medicamentos protegem os interesses dos contribuintes; as várias fases de financiamento de capital de risco (VC, de *venture capital*) permitem aos investidores gerir seu risco, e assim por diante. Mas as regras do sistema de inovação farmacêutica também desempenham um papel mais sutil: tornam a vasta complexidade do desenvolvimento de um medicamento um empreendimento de grande incerteza e custos, gerível e compreensível para as várias partes (pesquisadores, empresários, reguladores, financiadores, gestores corporativos e outros) que precisam se unir para alcançá-lo. O estudioso da inovação Paul Nightingale descreveu normas e regras como "infraestrutura invisível" que cria "previsibilidade local" em empreendimentos que de outro modo seriam imprevisíveis e complexos (Nightingale, 2004).

Existem instituições semelhantes em outros campos que facilitam a realização de investimentos complementares por diferentes empresas. Alguns deles são protocolos formais de tecnologia da informação, como o Internet Protocol Suite e o Hypertext Transfer Protocol, que formam a base da internet e da World Wide Web, respectivamente. Outras são normas sociais, tais como as fases e a estrutura das rondas de capital de risco para startups tecnológicas, ou são regras concebidas ou aplicadas por organismos públicos, tais como regimes regulamentares ou normas internacionais.

É claro que as regras e os padrões também se aplicam aos investimentos tangíveis: as ferrovias têm manômetros; as tomadas têm formas e tensões padronizadas; os automóveis têm controles um tanto padronizados. Mas como os investimentos intangíveis têm uma probabilidade incomum de dar origem a sinergias e de recompensar a colaboração eficaz, esperaríamos que as infraestruturas invisíveis fossem mais importantes em uma economia intangível. Ajuda a aproveitar ao máximo as sinergias, criando interfaces claras entre diferentes empresas com ativos sinérgicos (por exemplo, uma startup de biotecnologia com um medicamento candidato promissor e uma gigante farmacêutica com os ativos organizacionais e de marketing para levar o medicamento por meio de ensaios clínicos e vendê-los).

Outro tipo de infraestrutura leve é o fornecimento de informações sobre os investimentos que outras pessoas estão fazendo. Se os investimentos intangíveis puderem ser combinados para criar sinergias inesperadas, então será valioso para as empresas saber onde outras empresas estão investindo em projetos e ideias potencialmente relevantes. Um modo bem estabelecida de fornecer esse tipo de informação é conversar com as pessoas e trabalhar em grupos, em que há muitas oportunidades para falar com diferentes pessoas e locais de convívio onde é provável encontrá-las. Mas fontes de informação mais formais também podem ser úteis. Qualquer pessoa que tenha participado de uma grande feira de negócios[5] pode atestar que elas não servem apenas para as empresas exporem aos seus clientes, mas também para descobrirem o que as outras estão fazendo, obter ideias e discutir parcerias e negócios. O mesmo se pode dizer dos diretórios e mapas industriais, que tornam os setores novos e emergentes legíveis, tanto para quem está de fora como para as empresas do setor.

O Mais Leve da Infraestrutura Leve: Confiança e Capital Social

Neste capítulo, passamos gradualmente dos tipos de infraestruturas mais tangíveis e mais físicas, como os transportes e a habitação, para infraestruturas que são, em si, intangíveis, como instituições, regras e informação. Continuando nesta linha, terminemos considerando a forma de infraestrutura menos física e menos programática: a confiança, e o que os sociólogos chamam de capital social — a força, o número e a qualidade das relações entre as pessoas em uma sociedade.

A confiança entre as pessoas e as empresas é uma condição prévia importante para o investimento intangível de duas maneiras.

Em primeiro lugar, incentiva os tipos de interações que criam sinergias entre diferentes bens intangíveis: as pessoas são menos propensas a partilhar ideias em sociedades fechadas e demarcadas. (Outras características sociais, como a abertura à experiência e os baixos níveis de hierarquia, ambos ocasionalmente medidos no nível da população, provavelmente também são importantes.)

Em segundo lugar, a confiança ajuda a proporcionar certeza em torno das regras para investir em bens intangíveis. Vimos anteriormente que regras incertas são inadequadas para o investimento: se uma empresa não tiver a certeza de poder recolher dados sobre seus clientes e utilizá-los para fins comerciais, é provável que nem gaste dinheiro nessa coleta. Na verdade, saber que não pode utilizar os dados especificamente para determinados fins pode ser uma melhor base para investimento do que a incerteza total. Níveis mais elevados de confiança e capital social podem facilitar a obtenção de um consenso estável sobre esse tipo de regra, o que torna as próprias regras mais confiáveis.

Conclusão: Infraestrutura em um Mundo Intangível

A morte da distância não ocorreu. Na verdade, a importância dos transbordamentos e das sinergias aumentou a importância dos locais onde as pessoas se reúnem para partilhar ideias e dos transportes e dos espaços sociais que fazem as cidades funcionar.

Mas a morte da distância pode ter sido adiada, em vez de cancelada. As tecnologias de informação estão lenta e gradualmente substituindo alguns aspectos da interação face a face. Esta pode ser uma mudança em câmara lenta, como a eletrificação das fábricas — se assim for, a importância da infraestrutura física mudará radicalmente.

As infraestruturas leves também serão cada vez mais importantes. As sinergias entre os bens intangíveis aumentam a importância dos padrões e das normas, que, em conjunto, constituem uma espécie de infraestrutura social para o investimento intangível. E os padrões e normas são sustentados pela confiança e pelo capital social, que são particularmente importantes em uma economia intangível.

Abordaremos mais essas questões políticas no Capítulo 10.

8

O DESAFIO DE FINANCIAR UMA ECONOMIA INTANGÍVEL

Uma crítica comum ao sistema financeiro é que ele é inadequado para a tarefa de investimento empresarial. Os mercados financeiros, prossegue o argumento, são imediatistas, compreendem mal o risco e impõem incentivos perversos aos gestores. Neste capítulo, perguntamos se o atual sistema financeiro é apropriado para uma economia cada vez mais baseada em intangíveis, à luz das propriedades econômicas dos intangíveis descritas no Capítulo 4. Argumentamos que, embora algumas críticas populistas ao sistema financeiro empresarial sejam exageradas, as propriedades dos bens intangíveis colocam desafios específicos ao financiamento das empresas.

Quando questionadas sobre o que há de errado com o capitalismo hoje, muitas pessoas apontam para os mercados financeiros. Uma preocupação particularmente generalizada é a de que o sistema financeiro faça um mau trabalho ao atender às necessidades da economia real, em particular, ao fornecer às empresas o financiamento de que necessitam para investir.

Essa crítica é, em alguns aspectos, antiga: foi na década de 1930 que Keynes fez sua famosa queixa de que o "desenvolvimento do capital" dos países estava sendo delegado à mentalidade de cassino de seus mercados bolsistas.[1] Mas assumiu uma nova urgência na última década, desde que o fracasso sistêmico do sistema financeiro esteve perto de colapsar a economia global.

A preocupação populista com o financiamento empresarial tem um roteiro comum. Diz-se que os bancos não estão interessados nos negócios e privam as empresas do financiamento de que necessitam para prosperar. Os mercados acionistas são vistos como excessivamente imediatistas e, à medida que os gestores prestam cada vez mais atenção ao preço das ações das suas empresas, cada vez mais influentes. Assim, os gestores cortaram gastos em P&D para tentar agradar aos investidores de curto prazo atrás de dinheiro rápido.[2] Essas preocupações impulsionam as políticas públicas em todo o mundo desenvolvido: a maioria dos governos, em certa medida, subsidia ou coage os bancos a emprestar às empresas e concede vantagens fiscais àquelas que financiam por meio de dívida. Muitos países consideram medidas para levar os investidores a adotarem uma perspectiva de longo prazo, tais como a imposição de impostos sobre participações de curto prazo ou a alteração dos requisitos de informação financeira. E a maioria dos governos gastou dinheiro tentando encorajar formas alternativas de financiamento, especialmente capital de risco (VC), que é considerado como uma grande fonte potencial de crescimento empresarial e de riqueza nacional.

Alguns desses argumentos não são tão claros como seus proponentes sugerem. Por exemplo, nem sempre está claro que os gestores que cortam as despesas em P&D estão fazendo a coisa errada. É perfeitamente possível que os projetos que estão cortando não estejam funcionando. Seria realmente melhor para eles continuar gastando em projetos sem potencial de sucesso? E os acionistas que vendem também podem estar perfeitamente justificados: talvez as perspectivas para a empresa tenham piorado. O mesmo acontece com as recompras de ações, objeto de muitas críticas nos últimos anos: não é óbvio por que são tão ruins — talvez a empresa tenha amadurecido, as oportunidades tenham diminuído e devolver dinheiro aos acionistas seja uma recompensa digna pelo seu compromisso com a empresa.

Em vez de refazer detalhadamente esses argumentos de longa duração, embora devamos abordá-los um pouco, neste capítulo faremos algo diferente. Aqui, nos concentrar em saber se a mudança gradual na base de capital da "economia real" de ativos tangíveis para ativos intangíveis tem implicações para o funcionamento do setor financeiro.

Discutiremos duas coisas principais. Em primeiro lugar, que a mudança gradual para bens intangíveis ajuda a explicar muitos dos problemas percebidos de que o setor financeiro é acusado. A razão para isso pode ser rastreada até às qualidades econômicas dos ativos intangíveis que descrevemos no Capítulo 4: escalabilidade, afundamento, transbordamentos e sinergias, e as características mais amplas que deles emergem, incerteza e contestação. Em segundo lugar, discutiremos que uma melhor compreensão dos desafios do financiamento de uma economia intangível sugere um novo curso de ação, tanto por parte dos governos que procuram melhorar o que Keynes chamou de desenvolvimento de capital do país como por parte dos investidores financeiros que procuram retornos mais elevados.

Analisaremos três tipos de financiamento com uma influência significativa no investimento empresarial: financiamento bancário, capital público e capital de risco. Nos dois primeiros casos, analisaremos os desafios que essas formas de financiamento enfrentam ao oferecer recursos ao investimento empresarial em uma economia intangível. No caso do capital de risco, analisaremos como a indústria de capital de risco evoluiu em resposta a uma economia rica em intangíveis e até que ponto satisfaz as necessidades das empresas ricas nesses ativos.

Mercados Financeiros e Investimento Empresarial: Um Problema Antigo, mas Atual

Mas primeiramente recapitularemos o conhecimento adquirido sobre o que há de errado com as finanças empresariais e como elas estão piorando.

A crítica de que o sistema financeiro prejudica a economia real e particularmente o investimento empresarial é simultaneamente muito antiga e muito atual. Tem duas partes: em primeiro lugar, que os mercados financeiros fazem um mau trabalho no fornecimento de financiamento empresarial porque são míopes e tolos; em segundo lugar, que essa influência maligna está se tornando mais forte à medida que cada vez mais aspectos dos negócios são "financeirizados".

A ideia já estava bem estabelecida antes da Segunda Guerra Mundial, quando Keynes afirmou que os mercados de ações eram essencialmente cassinos e não tinham lugar na determinação do investimento empresarial; quando o governo britânico lançou o Comitê Macmillan, em 1929, para investigar se o sistema financeiro britânico satisfazia as necessidades da sua economia; e quando Keynes, a força motriz por detrás do comitê, articulou seus pontos de vista sobre a ligação entre o capital financeiro e o fraco desenvolvimento do capital da nação.

Na verdade, grande parte da política governamental em todo o mundo baseia-se na ideia de que o sistema financeiro serve mal as empresas. Apesar de o setor dos serviços financeiros ser considerado um bastião do capitalismo laissez-faire, a maioria dos países desenvolvidos intervém profunda e amplamente no mercado de financiamento empresarial. O Kreditanstalt für Wiederaufbau da Alemanha (fundado em 1948) e a US Small Business Administration (SBA, fundada em 1953) garantem ou subscrevem financiamento empresarial; em 1945, o Reino Unido criou a Corporação Financeira Industrial e Comercial para fornecer capital de crescimento. Uma pesquisa no site do governo do Reino Unido, no verão de 2016, revelou 319 esquemas baseados em financiamento.

Uma preocupação mais recente diz respeito à "financeirização" e ao curto prazo a ela associado. A financeirização é a importância crescente de normas, métricas e incentivos do setor financeiro para a economia em geral. Algumas das preocupações expressas são as de que, por exemplo, os gestores recebem cada vez mais opções de ações para alinhar seus incentivos com os dos acionistas; as empresas são frequentemente geridas explicitamente para aumentar o valor para os acionistas em curto prazo; e a engenharia financeira, como a recompra de ações e a gestão de resultados, tornou-se a parte mais importante do trabalho dos gestores seniores. O resultado final é que, em vez de as finanças servirem aos negócios, os negócios servem às finanças: o rabo abana o cão. O que John Kay descreveu como "obliquidade" é eliminado: a ideia de que ganhar dinheiro era uma consequência ou um benefício de segunda ordem de servir os clientes e construir bons negócios (Kay, 2010).

Um terceiro aspecto das finanças é a percepção de que o capital de risco será muito importante para as economias do futuro. É difícil pensar em um grande país desenvolvido cujo governo não tenha gasto o dinheiro dos contribuintes em uma tentativa de construir ou fazer crescer seu setor de capital de risco. A maioria dos países desenvolvidos implementou esquemas de coinvestimento ou incentivos fiscais para tentar estimular um setor de capital de risco como o dos Estados Unidos. Alguns desses esquemas, como o programa Yozma de Israel, até funcionaram — na verdade, o próprio setor de capital de risco dos

EUA foi iniciado pelo programa Small Business Investment Companies da SBA. Alguns governos investem diretamente no capital de empresas (como a High-Tech Gruenderfonds, da Alemanha, ou a TEKES Venture Capital, da Finlândia), e alguns estudiosos da inovação, como Mariana Mazzucato (2015), argumentam que deveriam fazer isso com muito mais frequência. Tem havido também tentativas periódicas apoiadas pelo governo para iniciar novas bolsas de valores para empresas em fase inicial, facilitando seu acesso ao capital público (no sentido de capital aberto), em vez de capital do setor público.

Como mencionado anteriormente, alguns desses argumentos são muito menos claros do que parecem à primeira vista. Mas refletir sobre a natureza cada vez mais intangível da economia ajuda a esclarecer essas preocupações e a compreender como podemos responder-lhes. Para fazer isso, desmembraremos o financiamento em torno do investimento empresarial em (a) bancos, (b) mercados de ações e (c) capital de risco.

Setor Bancário: O Problema dos Empréstimos em um Mundo de Intangíveis

Um tema que parece unir a maioria dos proprietários de pequenas empresas é a teimosia e a falta de confiabilidade dos bancos. Os bancos, argumentam eles, são lentos em emprestar, ignorantes sobre a realidade empresarial, burocráticos e avessos ao risco.[3] Talvez não seja de admirar que a ideia de criar um banco governamental mais disposto a emprestar às empresas apareça regularmente em manifestos políticos no Reino Unido e, de fato, seja, até certo ponto, uma realidade em países como a Alemanha, a França e os Estados Unidos. É comum pensar que os intangíveis pioram esse problema. Nesta seção, analisaremos por que isso acontece e o que significa para o futuro do financiamento bancário das empresas.

O pedante tio de Hamlet, Polônio, disse "nem devedor, nem credor, pois o empréstimo muitas vezes perde a si mesmo e ao amigo", mas teria ficado surpreso com a economia moderna.[4] A maior parte do financiamento externo que a maioria das empresas recebe assume a forma de dívida. Os bancos, ou mais raramente os detentores de títulos, emprestam dinheiro por um período fixo de tempo e esperam que ele seja devolvido no final, com juros intermediários. Se a dívida não for paga, por exemplo, porque a empresa faliu, o credor geralmente recorre a alguns dos ativos da empresa; isso pode não compensar toda a perda, mas reduz significativamente o risco financeiro que o credor está assumindo.

Isso é bastante simples se os ativos de uma empresa forem coisas tangíveis. Considere os ônibus. Em 1986, a Grã-Bretanha desregulamentou seu mercado de ônibus de longa distância. Uma startup esperançosa chamada British Coachways aproveitou a oportunidade para tentar competir com a National Express, a atual. Mas essa foi uma ruptura que não aconteceria: a British Coachways desistiu do fantasma dois anos depois. O que aconteceu depois do fracasso é instrutivo para nossos propósitos: eles devolveram os ônibus à empresa de leasing. Embora o negócio tenha falido, seu maior investimento, uma frota de veículos de transporte coletivo, manteve bastante valor. Da mesma forma, quando a Maxjet, uma companhia aérea de classe executiva com descontos, faliu em 2007, seus cinco Boeing 767 foram revertidos para uma empresa de leasing e sobreviveram para voar mais um dia.

Ativos como edifícios, máquinas ou terrenos específicos também podem ser avaliados, e os financiadores criarão empréstimos com respaldo de ativos garantidos contra tudo, desde motores de aviões a petroleiros. Os empréstimos não precisam desse tipo de garantia para se beneficiarem da reciclabilidade de ativos tangíveis: os credores muitas vezes cobram uma taxa geral (conhecida nos Estados Unidos como garantia negativa) contra uma empresa com ativos que podem ser liquidados, ou mesmo emprestam com a segurança de ativos fora do negócio. Na verdade, muitos empréstimos comerciais concedidos por bancos britânicos (e norte-americanos), por exemplo, são uma forma disfarçada de empréstimo hipotecário, uma vez que os bancos normalmente penhoram a casa do proprietário da empresa (Fraser, 2012; Black, de Meza e Jeffreys, 1996). Esses sistemas estabelecidos ajudam a contornar o aviso de Polônio: os empréstimos ainda podem dar errado, mas se seu devedor tiver ativos tangíveis, seu dinheiro não será perdido, e embora você possa não ser mais amigo de seu devedor inadimplente, pode pelo menos tratá-lo com equanimidade.

As empresas que têm principalmente ativos intangíveis, no entanto, se parecem muito mais com o mundo da imaginação de Polonius. Como vimos no Capítulo 4, o investimento intangível, muitas vezes, é *irrecuperável*: muitos ativos intangíveis são difíceis de vender se, por alguma razão, você descobrir que não precisa deles, especialmente se seu negócio falir. A Toyota investe milhões em seus sistemas de produção enxuta, mas seria impossível separar esses investimentos de suas fábricas e vendê-los de alguma forma. A Starbucks codifica suas operações em um manual volumoso que suas filiais e franquias seguem, e a homogeneidade e a experiência do cliente que ela gera parecem aumentar sua lucratividade, mas é difícil imaginar que o manual seria tão valioso para outra pessoa.

Mesmo os bens intangíveis que podem ser vendidos, como patentes ou direitos de autor, apresentam problemas aos credores: são normalmente difíceis de avaliar, porque uma patente ou um direito de autor são únicos de um modo que uma van, um edifício ou muitos tipos de máquinas-ferramentas não são. Os mercados líquidos que existem para ativos como vans e edifícios de escritórios, ou os consultores profissionais que avaliarão sua mina ou seu navio-tanque químico, têm menos equivalentes no mundo da propriedade intelectual: é um campo mais novo, menos desenvolvido e conceitualmente mais difícil. O resultado é que é muito mais difícil oferecer mesmo intangíveis bem especificados como garantia de um empréstimo.

Vemos essa discrepância nas proporções de alavancagem típicas entre grandes empresas em diferentes setores: as indústrias com ativos majoritariamente tangíveis têm uma alavancagem elevada — isto é, são financiadas mais por dívida do que por capital próprio —, enquanto as indústrias com utilização intensiva de bens intangíveis têm menos dívida e mais capital próprio.

Esse problema se agrava se a economia como um todo se tornar mais intensiva em bens intangíveis. Se os bancos estiverem menos dispostos e menos capazes de emprestar a empresas com utilização intensiva de bens intangíveis, mas estas estiverem se tornando mais comuns, esperaríamos ver queixas de que os bancos se recusaram a financiar empresas viáveis cujo número está crescendo. E a regulamentação atual proíbe (quase todos) os ativos intangíveis como parte das reservas de capital que os bancos devem deter em caso de crise bancária.[5]

Uma preponderância de ativos intangíveis invendáveis poderia mesmo, no devido tempo, apresentar um problema gradual para a estabilidade de um sistema bancário. Dado que as corridas aos bancos são economicamente catastróficas, os reguladores exigem que os bancos mantenham um determinado montante de reservas para cada empréstimo em seus livros. O montante das reservas depende do tipo de empréstimo: em geral, os empréstimos garantidos por ativos valiosos fáceis de vender requerem menos reservas; empréstimos com pouca segurança exigem mais. Agora, dado que muitos empréstimos comerciais bancários não são garantidos (o banco tem direito sobre os ativos da empresa como um todo por meio de uma garantia negativa, mas não sobre um ativo específico), poderíamos esperar o risco de as carteiras de empréstimos comerciais não garantidos dos bancos aumentar ao longo do tempo: especificamente, o valor dos empréstimos cairia se houvesse falência generalizada de negócios e necessidade de liquidar ativos.

Na prática, existem três maneiras de resolver o problema da redução dos empréstimos bancários em uma economia rica em bens intangíveis. A primeira é tradicional: a ação governamental. Como vimos, pressionar os bancos a emprestar mais ou utilizar o dinheiro dos contribuintes para cofinanciar ou garantir empréstimos bancários tem uma tradição de décadas na maioria dos países desenvolvidos. A ideia de que o governo deveria fazer mais nesse sentido é um dos pilares da esquerda britânica e pode ser ouvida também em outras partes do espectro político. Mas em uma economia cada vez mais rica em bens intangíveis, essa abordagem enfrenta um desafio: se a cada ano o estoque de capital do país se tornar mais intangível, a lacuna que o governo está tentando preencher aumentará. Para ser eficaz, um banco de investimento nacional ou um programa de garantia de empréstimos teria de ser cada vez maior a cada ano. Isso não é inerentemente impossível, mas certamente não é o que a maioria dos defensores dos programas de empréstimos governamentais propõe, espera ou apoia.

A segunda maneira de resolver o problema é conceber novos tipos de empréstimos. A inovação financeira tem sido uma espécie de palavrão desde a crise financeira — o antigo presidente do Federal Reserve, Paul Volcker, chegou ao ponto de dizer que a única inovação financeira benéfica das décadas anteriores à crise financeira foi o caixa eletrônico —, mas, na verdade, ao longo dos anos, os credores criaram novas formas de utilizar pelo menos alguns tipos de ativos intangíveis como garantia. Um documento de trabalho recente (Mann, 2014) sugere que 16% das patentes registradas no Gabinete de Marcas e Patentes dos EUA foram dadas como garantia em algum momento. Alguns estudos analisaram o impacto da desregulamentação bancária nos EUA no investimento em inovação: um deles mostrou que a desregulamentação da banca interestadual registou um aumento nos empréstimos a empresas inovadoras (com base no número e na qualidade de suas patentes), o que implica que uma maior concorrência incentiva os bancos a estarem mais dispostos a emprestar a empresas que realizam (pelo menos um tipo de) investimento intangível (Amore, Schneider e Zaldokas, 2012).

Há também um número crescente de inovações financeiras específicas focadas em empréstimos contra bens intangíveis. Quando David Bowie morreu, em 2016, houve muitos tributos às suas inovações musicais, mas muito menos à contribuição que ele fez para finanças intangíveis ao levantar um título de US$55 milhões para seus futuros royalties. Os governos de Singapura e da Malásia (trabalhando em conjunto com organizações do Reino Unido como o Instituto de Propriedade Intelectual), por exemplo, iniciaram programas para subsidiar ou garantir empréstimos bancários para a propriedade intelectual, na esperança de que esses subsídios aumentem a disponibilidade de empréstimos garantidos por intangíveis.

No geral, esses tipos de empréstimos são mais apropriados para bens intangíveis que tenham direitos de propriedade intelectual associados, tais como patentes ou direitos de autor — isso será geralmente uma minoria dos investimentos intangíveis que a maioria das empresas faz. Mas instituições mais desenvolvidas para financiar esses tipos de bens intangíveis serão cada vez mais procuradas em uma economia mais intangível e beneficiarão tanto os credores que os concebem e oferecem como, citando novamente Keynes, o desenvolvimento do capital da nação.

A última forma de responder à dificuldade de conceder empréstimos contra bens intangíveis é a mais radical. Cabe às empresas alterar seu mix financeiro: especificamente, confiar mais no capital próprio e menos na dívida. Se uma empresa falir, os proprietários de capital não têm recurso — não recebem nada — e podem se dar ao luxo de ser relativamente despreocupados quanto ao valor de liquidação dos ativos de uma empresa. Isso torna o capital próprio um modo melhor de financiar empresas com poucos ativos tangíveis.

Mas é mais fácil sugerir o aumento do montante do financiamento de capitais próprios em uma economia do que colocar a ideia em prática: é um projeto que levaria décadas, em vez de anos. Algumas das barreiras são institucionais: fora do mundo muito pequeno do capital de risco (do qual falaremos mais tarde) e do campo ainda menor e mais recente do crowdfunding de capital, a maioria das empresas não angaria capital e a maioria das instituições financeiras não o fornece. Existem agências estabelecidas que podem avaliar a solvabilidade mesmo de pequenas empresas e algoritmos que permitem aos bancos decidir de forma rápida e barata se lhes concederão empréstimos. Não existe nada semelhante para o investimento em ações, e a tarefa analítica equivalente (trabalhar o provável valor futuro de uma empresa, em vez da probabilidade de cumprir o serviço de uma dívida fixa) é mais complexa. E os fatores culturais também atrapalham: apesar de um teorema de economia financeira muito elegante que mostra que os proprietários de empresas devem ser indiferentes entre financiamento de capital e de dívida, para muitos proprietários de pequenas empresas, parece haver uma tendência cognitiva e cultural contra a doação de capital.[6]

No entanto, existe uma grande barreira regulatória que poderia ser removida. Os sistemas fiscais da maioria dos países desenvolvidos favorecem o financiamento por dívida em detrimento do financiamento por capital próprio: uma empresa pode incluir juros sobre um empréstimo como despesa operacional e reduzir o pagamento de impostos, mas não o custo do capital próprio. Corrigir essa distorção (por exemplo, permitindo uma dedução fiscal para o custo do capital próprio, ou eliminando o estatuto fiscal favorável da dívida e reduzindo as taxas globais para compensar) tem sido desde há muito um objetivo dos peritos fiscais. O influente relatório Mirrlees sobre o sistema fiscal do Reino Unido, elaborado pelo Instituto de Estudos Fiscais, recomendou-a (Mirrlees *et al.*, 2011), mas até agora revelou-se tão difícil como qualquer outra grande reforma fiscal das empresas — o que significa dizer que é realmente muito difícil, porque há muitos interesses em jogo.[7] No entanto, com a importância crescente dos bens intangíveis, a necessidade de fazer essa mudança pode aumentar ao longo do tempo. Agora seria um bom momento para os legisladores assumirem a responsabilidade e agirem.

Mercados Míopes

Não são apenas os bancos que são acusados de dificultar o investimento empresarial. Os mercados e os proprietários de ações também são amplamente vistos como parte do problema. Consideremos o caso da empresa química ICI, que já foi o carro-chefe da indústria química britânica. As fábricas da ICI em Billingham, Runcorn e Blackley eram marcos industriais do norte da Inglaterra, e suas ações eram um dos pilares da Bolsa de Valores de Londres. Durante décadas, a empresa investiu na pesquisa e introdução no mercado de uma grande variedade de produtos inovadores, desde o Crimplene ao tamoxifeno e ao Perspex. Foi pioneira em novas formas de fazer negócios que outras empresas adotaram com lucro, e químicos, engenheiros e gestores formados pela ICI preenchiam grande número de cargos na indústria britânica. Mas as coisas começaram a mudar na década de 1990: assustada com uma ameaça de aquisição por parte de um investidor ativista, a ICI começou a se concentrar na procura de valor para os acionistas em curto prazo. Para tal, mergulhou com entusiasmo no mercado de fusões e aquisições, desinvestindo ou vendendo divisões no valor de bilhões de dólares e adquirindo várias outras. A procura de foco e eficiência revelou-se difícil, e a empresa enfrentou uma dívida crescente e problemas na integração de suas aquisições. Na década de 2000, o declínio da ICI era óbvio, e poucos ficaram surpresos quando o que restou da empresa foi comprado pela Akzo Nobel em 2008 por meros (em relação ao seu valor passado) 8 bilhões de libras.

Para críticos como o economista John Kay (2003), a ICI é um exemplo do efeito maligno que os mercados acionistas exercem agora sobre o investimento empresarial. Nos dias de glória da ICI, a empresa, nas palavras de Kay, "tratava os mercados de valores mobiliários com desdém". Quando começou a levar a sério o preço de suas ações, fracassou de duas maneiras: gerou menos inovações lucrativas e menos valor para os seus próprios acionistas e abandonou seu papel mais amplo no cenário empresarial do Reino Unido como um viveiro de talentos administrativos e científicos, como o eixo central das cadeias de abastecimento industriais e como uma voz para a boa administração.

O exemplo da ICI resume todos os elementos da crítica central aos mercados de ações: que eles recompensam os resultados financeiros de curto prazo em detrimento do investimento em longo prazo, e que a financeirização — o crescente poder e importância dos mercados financeiros na vida empresarial — torna os gestores excessivamente receptivos aos caprichos impacientes dos acionistas. Uma série de dados preocupantes apoia essas preocupações: estudos realizados por Rachelle Sampson e Yuan Shi (2016) sugerem que os mercados bolsistas estão cada vez mais descontando os fluxos de caixa das empresas norte-americanas; uma pesquisa de Andrew Haldane (R. Davies *et al.*, 2014), economista-chefe do Banco da Inglaterra, e Richard Davies, presidente do Conselho de Consultores Econômicos do governo do Reino Unido, encontrou resultados semelhantes no Reino Unido, assim como o economista David Miles (1993). Um estudo realizado por Graham, Harvey e Rajgopal, de 2005, sugeriu que essa visão não é incomum: concluiu que 78% dos executivos afirmaram que sacrificariam o valor de longo prazo para cumprir as metas de lucros.

Os críticos alegam ainda que, em vez de investirem, há sinais de que as empresas estão devolvendo dinheiro aos acionistas: em 2014, as empresas do índice S&P 500 dos EUA gastaram quase tanto em recompras de ações quanto receberam em lucros.[8] O resultado final é que as empresas cotadas na bolsa se abstêm de fazer investimentos que de outro modo fariam, preferindo manter seu dinheiro ou devolvê-lo aos acionistas.[9] A economista de inovação Mariana Mazzucato apresentou esse argumento, por exemplo (2013; 2015).

Os legisladores e os especialistas propõem uma série de soluções para os problemas do curto prazo do mercado, incluindo a tentativa de encorajar os investidores a manterem ações durante mais tempo por meio de taxas de imposto diferenciadas sobre as vendas delas, reduzindo a financeirização por meio da limitação ou proibição de recompras de ações ou da restrição dos termos das opções, ou simplesmente apelar aos proprietários de ações para que sejam mais responsáveis.

Contudo, como veremos, a crescente importância do investimento intangível altera a natureza do problema do curto prazo: parece que as características incomuns dos intangíveis acentuam certos problemas de subinvestimento, mas também criam novos problemas que exigem soluções diferentes.

Do que Falamos quando Falamos de Curto Prazismo

Há dois detalhes importantes nesta crítica aos mercados acionários. Em primeiro lugar, ao contrário da crítica ao financiamento bancário que discutimos anteriormente, é uma crítica ao impacto indireto do sistema financeiro nas decisões empresariais, e não na concessão de financiamento. Os empréstimos bancários são uma fonte direta de financiamento: a decisão de um banco de não emprestar impede uma empresa de investir, privando-a diretamente do dinheiro de que necessita para realizar o investimento. Os mercados de ações, por outro lado, são mercados secundários: o movimento do preço das ações de uma empresa não afeta diretamente a quantidade de dinheiro que a empresa tem; em vez disso, os mercados podem encorajar os gestores a renunciar aos investimentos se temerem que o investimento baixe o preço das ações da empresa a curto prazo, especialmente se os gestores seniores tiveram ações ou opções de ações.

Em segundo lugar, as empresas que são excessivamente influenciadas pelos mercados acionistas apresentam dois modos de falha distintos. No primeiro, os próprios acionistas da empresa perdem no longo prazo porque a empresa recusa investimentos que poderia razoavelmente esperar que lhe rendessem dinheiro. (Em termos de economia financeira, rejeitam projetos que teriam um valor atual líquido positivo.) A decisão da ICI de parar de investir em novos materiais seria um exemplo disso, segundo John Kay, se acreditarmos que esses projetos provavelmente ganhariam dinheiro para a ICI.

O outro modo de fracasso ocorre se a pressão dos mercados acionistas desencoraja uma empresa de investir em coisas com um benefício público mais amplo — por exemplo, a ICI não formar os gestores ou engenheiros que dirigirão outros negócios no futuro, ou não realizar a pesquisa básica que outros utilizam. Os dois modos de fracasso têm uma diferença importante: no segundo, embora a empresa não aja no interesse da economia em geral, pode muito bem estar agindo no melhor interesse dos seus próprios acionistas (pelo menos em curto prazo). No primeiro exemplo, nem isso está sendo feito. Essa distinção é especialmente relevante no contexto do investimento intangível, como veremos.

Quando os Mercados Acionistas Encontram os Intangíveis

Aqueles que criticam os mercados acionistas por serem demasiado imediatistas por vezes argumentam que esse problema é ainda pior para as empresas que dependem de bens intangíveis. A P&D, por exemplo, é um investimento de longo prazo cujos benefícios são difíceis de prever antecipadamente e cujos custos geralmente são contabilizados na demonstração de resultados de uma empresa, em vez de capitalizados em seu balanço. Cortar P&D (e a maioria dos outros intangíveis) aumenta os lucros de uma empresa sem qualquer impacto imediato e óbvio no balanço patrimonial.

Além disso, como vimos no Capítulo 4, mesmo a P&D bem-sucedida pode escapar das mãos de uma empresa e acabar por beneficiar seus concorrentes. Pesquisas mostram que as empresas cortam as despesas em P&D quando os mercados bolsistas se voltam contra elas. Existe também uma correlação particularmente forte entre o investimento em P&D e o fluxo de caixa. Ou seja, pelo menos na década de 1990, quando grande parte dessa pesquisa foi realizada e as empresas tinham um fluxo de caixa mais elevado, investiram mais em P&D. Isso é consistente com a ideia de que as empresas não têm acesso a fundos externos e, portanto, quando têm os fundos internamente, só então podem investir (veja, por exemplo, B.H. Hall e Lerner, 2010).

Os mercados acionistas também parecem impedir alguns outros tipos de investimento intangível. William Lazonick argumentou que as pressões dos mercados financeiros desencorajaram as empresas modernas de investir na formação e na retenção de funcionários, comparando as carreiras ao longo da vida dos engenheiros de software no apogeu de empresas como a Hewlett Packard e a IBM com a itinerância dos técnicos modernos, que poderiam mudar regularmente entre o Facebook, o Google e as startups, o que faz com que seus chefes se sintam pouco inclinados a investir em sua formação. Alex Edmans (2011) analisou o desempenho do preço das ações de empresas que conquistaram um lugar nas listas das melhores empresas para se trabalhar — essas listas são compiladas por pesquisadores e jornalistas e tendem a refletir os tipos de investimentos em gestão e processos que classificaríamos como desenvolvimento organizacional e treinamento. Edmans descobriu que suas ações superaram persistentemente as de outras empresas e que é a satisfação dos funcionários que causa um desempenho superior, e não o contrário. Esse é um resultado surpreendente: se os mercados valorizassem de forma justa o tipo de capital organizacional resultante de boas práticas de gestão e de força de trabalho, os benefícios de conquistar um lugar nesse tipo de lista (e revelar ao mercado que sua empresa é bem gerida) deveriam ser refletidos no preço de suas ações logo após ela vencer. O fato de haver um aumento no preço em longo prazo sugere que, embora as boas práticas de gestão melhorem o desempenho das empresas (daí o aumento do preço das ações de longo prazo), os mercados acionistas subvalorizam os benefícios desse tipo de intangível (uma vez que os analistas de ações deveriam ser capazes de reconhecer a boa gestão no momento da premiação, em vez de esperar que seus resultados apareçam na demonstração de resultados).

Mas, claro, correlação não é causalidade: só porque uma empresa cotada na bolsa investe menos em P&D, formação ou em outros bens intangíveis não significa que esteja sendo desencaminhada pelos mercados acionistas. Os gestores podem optar por investir menos porque sabem que é improvável que os investimentos disponíveis para eles sejam rentáveis ou, mais especificamente, que possam ser rentáveis para alguém, mas não necessariamente para eles. As páginas de negócios estão repletas de empresas que lançaram novos produtos ou criaram novas linhas de serviços apenas para lamentarem seu excesso de otimismo. Se os mercados acionistas estão impedindo esse tipo de investimento intangível, isso pode não ser ruim.

Para ter a certeza do que está acontecendo, precisamos de dados que nos permitam corrigir a qualidade do investimento intangível que uma empresa pública faz, ou que nos permita comparar empresas semelhantes com perspectivas de investimento semelhantes, algumas das quais são propriedade pública, e algumas não.

Felizmente, tem havido um florescimento recente apenas desse tipo de artigos. As descobertas são mistas. Um estudo, realizado por Edmans, Fang e Lewellen (2013), oferece o que parece ser uma prova definitiva. Esse estudo analisa como a P&D das empresas varia com o período de aquisição do capital dos gestores seniores. Os gestores de empresas públicas são frequentemente pagos em ações (ações ou opções), que só podem ser executadas após um período de anos (o "período de aquisição"); uma vez adquiridas as opções, os gestores muitas vezes executam as opções e as vendem, o que os torna particularmente sensíveis em relação ao preço das ações de seu empregador naquele momento. Acontece que é incomum gestores reduzirem os gastos com P&D em um trimestre quando têm muitas aquisições de capital. Uma vez que os períodos de aquisição de títulos de capital são definidos com anos de antecedência, isso parece ser uma prova *prima facie* de que os gestores estão reduzindo o investimento intangível para melhorar os lucros e dar um impulso ao preço das suas ações quando isso é mais importante para eles.

Um segundo estudo de Bernstein (2015) também é revelador, mas de um modo diferente. Bernstein começou por observar que, quando uma empresa privada decide abrir o capital, isso leva tempo — e há muitos deslizes entre o arranque e a IPO. Para algumas empresas, os tempos econômicos são tranquilos, e elas abrem o capital. Mas para outros, o mercado de ações poderá entrar em colapso pouco antes de seu lançamento. Geralmente, essas empresas não abrem o capital. Isso cria uma experiência natural entre outras empresas semelhantes, algumas das quais são negociadas publicamente, e outras não; mais importante ainda, seu status é gerado por algo que está fora do controle da empresa. A partir disso, podemos inferir os efeitos causais de ser público não comparando duas empresas públicas ou duas privadas, mas sim uma empresa pública com uma privada devido a um choque adverso fora de seu controle.

Ele encontra duas coisas interessantes. Em primeiro lugar, a transição do setor privado para o público não afeta o registro de patentes de uma empresa — um indicador de investimento intangível bem-sucedido, neste caso, em P&D. Uma empresa pública tem o mesmo número de patentes em relação à sua "gêmea" não pública. Mas, em segundo lugar, os tipos de patentes que as empresas públicas registram tendem a mudar. As patentes de uma empresa pública têm menos citações do que as de empresas privadas, e muitos dos funcionários científicos da empresa pública tendem a sair. Mas a empresa pública compra muito mais patentes de qualidade superior. Isso é consistente com o modelo de inovação aberta que discutimos no Capítulo 4. Assim, a investigação de Bernstein sugere que as empresas públicas podem mudar sua estratégia de inovação, em vez de seu esforço de inovação, pelo menos conforme medido pelas patentes.

Então, o que está acontecendo aqui? A visão de curto prazo do mercado quando se trata de bens intangíveis parece ser real: os gestores cortam a P&D. Mas as empresas cotadas em bolsa parecem acabar com patentes de maior qualidade. Talvez uma forma de conciliar essa situação seja por meio de uma vertente diferente de pesquisa, iniciada pelo economista financeiro Alex Edmans, que sugere que *quem* são os investidores de uma empresa pode fazer a diferença.

Quando perguntamos aos gestores de empresas públicas por que é importante cumprir as metas de lucros, eles falam frequentemente em enviar os sinais certos aos investidores e em lhes dar confiança. Muito do que os gestores fazem quando planejam investimentos é difícil de explicar a quem está de fora e é comercialmente sensível, mas se uma empresa obtém ou não os lucros prometidos é algo relativamente fácil de comunicar e verificar. Um acionista poderá precisar ser muito informado e especializado para saber se o novo produto de uma empresa terá probabilidades de ser um sucesso, mas qualquer pessoa que consiga ler uma demonstração de resultados pode ver se atingiu seu objetivo de lucros. Seria de esperar que acionistas informados e especializados dessem às empresas mais margem para investir em coisas arriscadas e complexas, como intangíveis.

Como você mediria a experiência dos acionistas de uma empresa? Vários pesquisadores utilizaram proxies: em particular, analisaram quantas ações de uma empresa são propriedade de instituições (e não de indivíduos) e quão concentradas são essas participações. A lógica é a de que as instituições financeiras tendem a ser mais sofisticadas do que os apostadores comuns e que o incentivo para estudar e compreender uma empresa e seu negócio aumenta quanto mais ações uma instituição tem. (A pesquisa é um investimento intangível escalável para corretores de bolsa, assim como para qualquer outra pessoa!) Um investidor que gasta tempo e recursos para coletar informações será beneficiado se tiver uma ação. Mas não precisa gastar mais tempo e recursos para obter benefícios muito maiores se tiver um milhão de ações. Isso sugere que os acionistas dispersos têm um fraco incentivo para recolher informações, um argumento apresentado formalmente por Alex Edmans (Edmans, 2009).[10]

Parece que ter mais investidores institucionais e mais concentrados incentiva o investimento em P&D. Aghion, Van Reenen e Zingales (2013) compararam empresas imediatamente fora do S&P 500 com aquelas que acabaram de entrar. No geral, essas empresas tinham características semelhantes, mas com uma grande diferença: estar no índice encorajava mais participação institucional. Descobriram que uma maior propriedade institucional levou a mais investimento em P&D. Edmans (2014) resume as evidências que mostram que a propriedade concentrada tem um efeito semelhante: empresas com acionistas que controlam participações relativamente grandes (os chamados blockholders) investem mais em P&D do que aquelas com propriedade dispersa.

Isso sugere que os efeitos dos mercados acionistas sobre o investimento intangível são mistos. Existem algumas evidências de que os mercados são imediatistas, na medida em que a gestão pode, por vezes, aumentar o preço das ações de suas empresas, cortando o investimento intangível para preservar ou aumentar os lucros ou cortando o investimento para recomprar ações. Mas também parece que parte do que está acontecendo é uma intensificação dos incentivos de gestão: as empresas públicas cujos gestores têm ações concentram-se em tipos de investimento intangível com maior probabilidade de sucesso. E a extensão da miopia do mercado varia: as empresas com investidores mais concentrados e sofisticados têm menos probabilidades de sentir pressão para cortar investimentos intangíveis do que aquelas com investidores dispersos e pouco sofisticados.

O argumento de que ter acionistas concentrados ou detentores de blocos melhora os resultados faz sentido. Afinal de contas, se os acionistas compram e vendem ações, não podemos simplesmente acusá-los de visão de curto prazo: as perspectivas da empresa podem realmente ter mudado. Portanto, não é a duração da participação que importa; em vez disso, é a base de informações sobre a qual os compradores e vendedores agem. Os blockholders têm maior incentivo para conhecer as perspectivas de longo prazo da empresa, que hoje em dia se baseiam em seus ativos intangíveis. Assim, é mais provável que negociem com base em informações de longo prazo, desse modo apoiando os gestores que fazem investimentos sólidos de longo prazo e penalizando os gestores com um horizonte de curto prazo. O alinhamento dos incentivos aos acionistas e aos gestores que a participação em bloco traz é ainda mais importante no caso dos ativos intangíveis, uma vez que estes, muitas vezes, estão escondidos da vista dos investidores externos e, por isso, é necessário um esforço para revelá-los. No Capítulo 9, discutiremos mais detalhadamente por que eles estão ocultos.

A Utilidade do Capital de Risco e Seus Limites

Dadas as limitações do financiamento bancário para empresas com utilização intensiva de bens intangíveis e os problemas de subinvestimento que afetam as empresas públicas, não é surpresa que muitas pessoas recorram ao capital de risco para financiar a nova economia.

Afinal, o VC é uma forma de financiamento que se desenvolveu com algumas das empresas de uso intensivo de bens intangíveis que mais crescem no mundo. A maioria das empresas ricas em bens intangíveis do Vale do Silício, e muitas de elevado crescimento em outros países, obtiveram seus primeiros investimentos nas empresas de capital de risco em Sand Hill Road. Essa forma de financiamento evoluiu com empresas como Intel, Google, Genentech e Uber, cujas vantagens competitivas dependem de bens intangíveis: investigação e desenvolvimento valiosos, design de produtos inovadores, software e desenvolvimento organizacional.

Na verdade, tal como os bicos dos tentilhões das Galápagos de Darwin, que evoluíram para se alimentar de cactos específicos, muitas das características distintivas do capital de risco estão diretamente relacionadas com aos aspectos características incomuns dos investimentos intangíveis que as empresas financiadas por capital de risco tendem a fazer.

Mas essa adaptação não é perfeita: embora as melhores empresas apoiadas por capital de risco tenham crescido rapidamente e se expandido em todo o mundo, o capital de risco como forma de financiamento espalhou-se de modo muito mais hesitante. Muitos governos tentaram promover setores indígenas de capital de risco, mas muito poucos tiveram sucesso; alguns setores em que o modelo de capital de risco foi aplicado em um ambiente de grande esperança, como as tecnologias verdes e a energia, mostraram, até agora, resultados decepcionantes. Sucessos espetaculares, até agora, têm sido bastante raros. Pensar nos intangíveis também nos ajuda a compreender os limites do capital de risco e por que é errado considerá-lo uma panaceia.

O Bico do Tentilhão: Por que o Capital de Risco Funciona para Bens Intangíveis

O capital de risco tem várias características que o tornam especialmente adequado para empresas com utilização intensiva de bens intangíveis: as empresas de capital de risco assumem participações no capital, e não dívidas, porque é pouco provável que os negócios ricos em bens intangíveis valham muito se falirem — todos esses investimentos irrecuperáveis. Da mesma forma, para satisfazer os próprios investidores, os fundos de capital de risco dependem de altos ganhos, possibilitados pela escalabilidade de ativos como os algoritmos da Google, a rede de motoristas da Uber ou as patentes da Genentech. Terceiro, o capital de risco é, muitas vezes, sequencial, com rondas de financiamento a decorrer por fases. Essa é uma resposta à *incerteza* inerente ao investimento intangível. A natureza da incerteza nas startups é a de que ela tende a diminuir com o tempo. Quando Peter Thiel fez o primeiro investimento externo de 500 mil dólares no Facebook em 2004, a sorte da empresa era consideravelmente mais incerta do que quando a Microsoft investiu 240 milhões de dólares em 2007. O financiamento em rondas ajuda a resolver a incerteza ao trabalhar o desenvolvimento do negócio por fases. Para os investidores, cria um "valor de opção", ou seja, um valor para adiar o investimento subsequente até que a informação seja revelada. Essas opções são particularmente valiosas para empresas cujo custo de inovação é relativamente elevado.

Uma maneira de entender o VC é observar onde ele funciona e não funciona. A biotecnologia tem muitas empresas de capital de risco que oferecem muito financiamento: parece funcionar. Devido à teoria do afundamento, o risco de financiamento é maior para as indústrias que têm de voltar repetidamente ao mercado de capitais e não têm ativos ou produtos que possam ser vendidos em cada fase. No entanto, na biotecnologia, o processo tem uma série de fases distintas, e foram desenvolvidas instituições que podem, em cada fase do processo, vender patentes parcialmente aprovadas etc. Além disso, desenvolveram-se direitos de propriedade intelectual (DPI) que permitem que o conhecimento em vários estágios seja apropriado e, assim, comercializado. Por outro lado, a energia verde tem uma atividade de VC muito menor. Mas essa é uma área com enorme incerteza, poucas fases distintas e direitos de propriedade mal estabelecidos.

A natureza do investimento intangível também pode explicar como os capitalistas de risco acrescentam valor aos negócios em que investem. Uma das coisas estranhas sobre o capital de risco é a persistência de um forte desempenho entre os fundos — isto é, o fato de 25% dos melhores fundos de capital de risco tendem a ser sempre os mesmos, ano após ano, e até década após década. Isso é muito incomum nos mercados financeiros. Um estudo recente do Reino Unido concluiu, na indústria de fundos mútuos, que os 20% dos gestores de fundos com melhor desempenho estavam entre os 20% com pior desempenho um ano depois (Vanguard, 2015). Os fundos de private equity apresentam variabilidade semelhante ao longo do tempo. Mas as empresas de capital de risco de alto desempenho tendem a ter um bom desempenho fundo após fundo, ano após ano.

Poderia se pensar que isso se deve ao fato de os capitalistas de risco serem profissionais altamente remunerados, bons em escolher investimentos ou em participar de conselhos de administração de empresas. Mas, mais uma vez, as pessoas que gerem empresas de fundos mútuos e fundos de participações privados também são profissionais altamente remunerados, e o desempenho superior desses fundos não persiste.

Uma possibilidade é a de que essa persistência decorra das características dos ativos intangíveis em que as empresas apoiadas por capital de risco investem. Vimos que os ativos intangíveis muitas vezes têm *sinergias* significativas entre si: por exemplo, a combinação do algoritmo de pesquisa do Google com uma aplicação de e-mail deu origem ao Gmail, que era radicalmente melhor e mais rentável do que seus concorrentes quando foi lançado, em 2004. Vimos também que os bens intangíveis são frequentemente *contestados*: é mais difícil para a Uber "ter" a sua rede de motoristas-parceiros do que para uma empresa de táxis ter uma frota de carros, e o valor do ativo Uber está disponível de um modo que a frota de carros não está.

Quando olhamos para fundos de capital de risco bem-sucedidos e seus parceiros, vemos gente altamente conectada e pessoalmente confiável em suas áreas de investimento. Na década de 1980, antes de a economia japonesa ficar fora de moda, o veterano capitalista de risco John Doerr costumava dizer que sua empresa, a Kleiner Perkins, construiu o "keiretsu" norte-americano, as redes empresariais interligadas que costumavam dominar a indústria japonesa; ou seja, a empresa construiu ligações informais entre as companhias de seu portfólio, permitindo-lhes explorar sinergias de intangíveis.[11] Hoje em dia, poucas pessoas elogiam o keiretsu do Japão, mas o Vale do Silício tem uma empresa de capital de risco chamada Keiretsu Capital, e os melhores fundos dos Estados Unidos, de Israel, de Londres e de Estocolmo esforçam-se para criar grupos de empresas e explorar pontos em comum entre elas.

As ligações sociais e a reputação de que gozam as melhores empresas de capital de risco as ajudam não só a construir redes para explorar sinergias, mas também a aumentar o valor dos ativos *contestados*. Particularmente em áreas como software e serviços de internet, o valor de um investimento intangível depende fortemente de como ele se enquadra em um ecossistema tecnológico mais amplo: uma nova aplicação pode valer muito mais se for integrada com o Calendário Google; uma empresa de software analítico pode valer mais se conseguir desenvolver uma parceria com uma empresa de distribuição de anúncios online. As empresas de capital de risco bem conectadas também garantem que suas startups estejam ligadas a redes abertas de inovação. Isso tem um benefício financeiro direto para os fundos de capital de risco, na medida em que facilita a venda de empresas a compradores comerciais, obtendo, assim, um retorno para o fundo; também ajuda a limitar a quantidade de capital que o próprio fundo precisa levantar para sair. As ligações e reputações dos fundos de capital de risco e de seus parceiros acrescentam valor aos investimentos intangíveis das empresas em que investem. Além disso, é plausível que essa vantagem persista ao longo do tempo, uma vez que depende não só das redes de parceiros, mas também dos portfólios das empresas com que trabalha.

Na verdade, as críticas recorrentes à falta de diversidade do setor de capital de risco do Vale do Silício e das empresas que apoia podem ser vistas como um reflexo da importância do capital social. Poderíamos especular que a razão pela qual os VCs parecerem uma camarilha não é porque os capitalistas de risco são pessoas extraordinariamente más ou exclusivistas, mas porque o modelo subjacente do negócio de VC prospera em redes sociais densas, que sempre tenderão a gravitar para uma camarilha na ausência de esforço compensatório, e talvez mesmo assim.

O que o Capital de Risco Não Pode Fazer

Portanto, há fortes argumentos para afirmar que o capital de risco é adequado para investir em empresas ricas em bens intangíveis e deve ser corretamente considerado um tipo positivo de inovação financeira. Mas o capital de risco não é uma panaceia para o investimento empresarial e, por si só, lutará para resolver o problema de como financiar o desenvolvimento de capital de uma economia intangível.

O primeiro é o problema dos transbordamentos. Os gestores de empresas apoiadas por capital de risco têm fortes incentivos para criar companhias valiosas — afinal, os fundadores realmente bem-sucedidos podem se tornar muito ricos. Mas, como vimos no contexto das empresas públicas, os fortes incentivos aos gestores os tornam menos dispostos a investir em intangíveis, cujos retornos mais provavelmente irão para outras empresas. Portanto, não é realista esperar que companhias apoiadas por capital de risco façam pesquisas básicas no estilo Bell Labs. Na maioria das vezes, o Vale do Silício (e outros ecossistemas tecnológicos, como o de Israel) depende de pesquisas universitárias financiadas publicamente para esses bens intangíveis básicos.

O mesmo se aplica quando a dimensão do investimento intangível necessário é muito grande e muito incerta: o desenvolvimento de reatores nucleares de quarta geração comercialmente viáveis ou de novos processos de energia verde, por exemplo, requer investimentos muito maiores do que a maioria dos fundos de capital de risco farão, com transbordamentos elevados.

Por fim, verifica-se que a notável capacidade dos fundos de capital de risco de gerir a contestação e os transbordamentos é, ao contrário de um algoritmo ou de uma marca, muito difícil de ser ampliada. O setor de capital de risco do Vale do Silício levou quatro décadas para amadurecer, na presença de subsídios públicos consideráveis, tanto diretos (de companhias de investimento em pequenas empresas) como indiretos (a partir de contratos de defesa que forneciam fluxos de receitas para empresas apoiadas por capital de risco). Parte do que levou a tanta demora foi o processo de incorporação do capital de risco no ecossistema da indústria tecnológica, de tal modo que os empreendedores procuraram fundos, grandes empresas compraram startups, e gerações de empreendedores e capitalistas de risco orientaram-se mutuamente. Replicar isso em uma nova indústria, mesmo com a ajuda de um governo generoso, leva tempo. Não é nenhuma surpresa que, dos muitos países desenvolvidos que gastaram grandes quantias grandes do dinheiro dos contribuintes nos últimos trinta anos tentando criar seu próprio equivalente, a maioria, como aponta Josh Lerner em seu livro apropriadamente intitulado *The Boulevard of Broken Dreams*, teve sucesso limitado.

Se o capital de risco estiver bem adaptado a alguns aspectos do investimento intangível, mas for muito difícil de escalar, onde ficam os legisladores? Por um lado, deveriam moderar suas expectativas sobre o que o capital de risco pode fazer para o desenvolvimento de capital em curto prazo em países e locais que ainda não têm um setor de capital de risco globalmente significativo: criar um setor de capital de risco é um projeto de vinte anos, e não algo que pode ser alcançado entre eleições; e embora o subsídio público seja útil, não pode substituir o tempo.

Devemos também ser cautelosos quanto ao potencial do capital de risco para transformar setores estabelecidos onde atualmente têm pouca força. Mais uma vez, parece que leva tempo para que os laços sociais dos quais o capital de risco depende se estabeleçam em novas indústrias. O desafio é muito mais difícil em setores em que a inovação envolve investimentos de capital muito maiores, como a produção de energia. Seria presunçoso dizer que o VC não pode trabalhar em um campo como o da energia nuclear, mas isso exigiria fundos em uma escala nunca antes vista, com muitas oportunidades para os pioneiros perderem dinheiro ao longo do caminho. Mesmo em um setor de capital de risco que funcione bem, persistirá a necessidade de o governo financiar ativos intangíveis ricos em transbordamentos e de as grandes empresas estabelecidas encontrarem uma forma separada de os financiar. O governo pode fazer esse financiamento diretamente, ou talvez por meio de outras instituições com financiamento público: talvez universidades.

Conclusão: O Desenvolvimento do Capital de uma Economia Intangível

Vamos concluir pensando no longo prazo. Se assumirmos que o investimento intangível se tornará cada vez mais importante para as empresas, que tipo de instituições financeiras e mecanismos de financiamento serão necessários para apoiá-lo e que oportunidades isso criará para os investidores?

Em primeiro lugar, esperaríamos ver um abandono dos empréstimos bancários como meio de financiamento das empresas. Parte dessa lacuna seria assumida pela criação de novos produtos de dívida garantidos por propriedade intelectual, mas na maior parte haveria uma mudança para a utilização de capitais próprios como meio de financiamento de pequenas e médias empresas. Isso dependeria de uma reforma fiscal significativa — acabando com o tratamento fiscal favorável da dívida, por exemplo, e introduzindo mais vantagens fiscais para as startups — e da evolução de novas instituições financeiras para permitir o investimento em capital de pequena escala e facilitar a devida diligência.

Esperaríamos ver o investimento em capitais públicos dominado mais por instituições, algumas das quais se comprometeriam a assumir grandes participações em empresas ricas em bens intangíveis, permitindo um maior investimento. Isso exigiria a eliminação de algumas regulamentações que desencorajam a participação em bloco e também dependeria de melhores ferramentas para que os investidores institucionais avaliassem e valorizassem os investimentos intangíveis. Algumas dessas ferramentas podem, com o tempo, dar origem a alterações nas normas de contabilidade financeira, para que os balanços das empresas públicas reflitam melhor seus investimentos (agora principalmente intangíveis) (Lev, 2001; Lev e Gu, 2016). Dado que pelo menos alguns investimentos intangíveis parecem atualmente estar subvalorizados, existiria durante algum tempo a oportunidade para os fundos obterem retornos excessivos por meio da compra e detenção de ações em empresas ricas em bens intangíveis e apoiando planos de gestão para mais investimentos intangíveis. Poderíamos também esperar ver um aumento no número de grandes empresas privadas à medida que certas empresas com grandes detentores de blocos decidam que os benefícios de serem públicas são superados pelo custo de divulgação — que, em uma era de intangíveis ricos em transbordamentos, pode ser mais elevado.

Poderá também haver uma estratégia diferente disponível para os maiores investidores institucionais: investir amplamente em um ecossistema, de tal forma que valha a pena aprovar planos de gestão para investimentos intangíveis, mesmo que tenham grandes transbordamentos, uma vez que esses grandes investidores se beneficiarão do investimento, mesmo que uma empresa diferente tire vantagem dele porque tem uma participação na indústria como um todo. Essa tática de investir em uma indústria específica (como a de energia) poderia talvez ser aplicada de forma mais ampla — especialmente por investidores muito grandes, como os fundos soberanos. Esse parece ser o modo mais provável de surgir uma geração moderna de Bell Labs sob financiamento privado.

Provavelmente também assistiremos a uma expansão do capital de risco, embora seja menos certo se surgirão setores de capital de risco sérios em muitos locais ou se penetrarão em setores inteiramente novos. De qualquer forma, continuarão a depender de relações estreitas tanto com empresas estabelecidas como com investimentos intangíveis financiados publicamente (tais como pesquisa e desenvolvimento científicos no longo prazo) para prosperar.

O capital de risco coevoluiu com um tipo específico de negócio intensivo em intangíveis, então podemos esperar que eles estejam bem adaptados um ao outro. Essa ligação entre o investimento intangível e as vantagens e os desafios do capital de risco não é apenas uma questão de curiosidade ociosa. É de importância prática, porque fornece pistas sobre que tipo de sistema financeiro podemos esperar em um mundo onde o investimento intangível se torna a norma, e que tipo de instituições podem ser obrigadas a investir em outras empresas ricas em bens intangíveis.

Por fim, se os subsídios públicos às instituições do setor privado não puderem gerar transbordamentos públicos suficientes, então talvez haja um crescimento na importância dos geradores de conhecimento subsidiados publicamente: as universidades. Mas para que o apoio seja fornecido, teriam de ser instituições verdadeiramente públicas geradoras de conhecimento, e provavelmente seriam necessárias experiências em forma organizacional. Talvez isso seja mais bem feitofeito por institutos de pesquisa do que por universidades convencionais, e talvez, paradoxalmente, a pesquisa a ser apoiada não deva ser imediatamente comercializável de maneira explícita, uma vez que pode ser deixada em mãos privadas.

9

COMPETINDO, GERENCIANDO E INVESTINDO EM UMA ECONOMIA INTANGÍVEL

Como serão as empresas de sucesso em uma economia rica em bens intangíveis e como poderão os gestores e investidores criá-las e investir nelas? Neste capítulo, veremos o que as pessoas pensavam que a nova economia poderia significar para as empresas e os gestores, e como ainda não funcionou dessa forma, devido, pensamos, às características dos intangíveis. Veremos, então, se as regras para sustentar a vantagem competitiva mudaram (não mudaram), se a gestão está se tornando mais importante (ela está) e até que ponto as medidas contábeis atuais são adequadas para os investidores identificarem tal vantagem (elas não são).

Nos tempos inebriantes do final da década de 1990, quando todos os especialistas começaram a ficar entusiasmados com uma nova economia, havia uma espécie de visão partilhada sobre o que as empresas precisariam fazer para ter sucesso nessa economia e o que isso significaria para a gestão e a vida profissional.

O livro de Charles Handy de 1994, *The Future of Work*, fez a previsão de um futuro de empregos e carreiras de portfólio para os bem qualificados e subcontratação precária para os outros. A obra *Living on Thin Air*, de Charles Leadbeater, publicada no auge da bolha pontocom, começa com um retrato do autor como um trabalhador de conhecimento de portfólio e depois identifica oito características que as empresas bem-sucedidas da nova economia teriam: elas seriam celulares, autogeridas, empreendedoras e integradoras, ofereceriam participações acionárias aos seus funcionários e precisariam de reservas profundas de conhecimento, legitimidade pública e liderança colaborativa. A visão de como as empresas têm sucesso combina a teoria de gestão japonesa, como o conceito de empresa "criadora de conhecimento" de Nonaka e Takeuchi (The Knowledge-Creating Company, 1991), com estudos de inovação empresarial observados nas empresas do Vale do Silício da época.

Como muitas das coisas nos livros de Handy e Leadbeater — ambos envelheceram bastante bem —, todas essas previsões, até certo ponto, se concretizaram. Entre em uma cafeteria em qualquer uma das principais cidades do mundo e você verá trabalhadores do conhecimento itinerantes do tipo que Handy descreveu no início da década de 1990. Observe a maneira como as pessoas falam sobre as empresas mais admiradas do mundo ("O que o Google faria?") e você verá elogios ao tipo de inovação empresarial colaborativa, em rede e com uso intensivo de conhecimento que não pareceria deslocada na década de 1990 na Califórnia ou no Japão.

Mas algumas coisas revelaram-se um pouco diferentes, quer porque contrariam a tendência das empresas modulares e intensivas em conhecimento e dos trabalhadores do conhecimento itinerantes e empreendedores, quer simplesmente porque eram menos óbvias em 1999.

Uma ilustração gráfica disso é o armazém da Amazon. Sarah O'Connor, ao escrever no *Financial Times* em 2013, pintou um retrato vívido do trabalho e da gestão no armazém da Amazon em Rugeley, nas West Midlands do Reino Unido.[1] É pouco provável que o termo "trabalho de conhecimento autônomo" figure na descrição de cargo dos funcionários. Os funcionários do armazém têm rastreadores GPS que otimizam sua rota para embalar um pedido: relativamente simples se o pedido for apenas um livro, mas uma conquista técnica formidável se o pedido for um livro, um aspirador de pó, um jogo Banco Imobiliário e um par de esquis. É claro que o rastreador também permite que os gerentes fiquem de olho em onde os trabalhadores estão e com que rapidez se movem. O'Connor descreve gerentes enviando mensagens de texto aos funcionários para acelerar e aconselhando-os a colocar vaselina nos pés para evitar bolhas durante toda a caminhada (são estimados até 24 km por turno). Assim, na nova economia realmente existente, nem todos se revelaram um "nódulo midiático autofacilitador" (como os trabalhadores do conhecimento do final da década de 1990 foram sarcasticamente descritos pelo satírico Charlie Brooker). A economia intangível tem tanto a ver com os armazéns da Amazon e com o manual de operação da Starbucks quanto com os descolados em Shoreditch e Williamsburg ou com os trabalhadores de produção Kanban capacitados em fábricas de inspiração japonesa.

Talvez um segundo modo pelo qual a nova economia se revelou inesperada seja a emergência do culto ao gestor. Intermináveis hagiografias de gestão adornam as estantes de livros dos aeroportos. Os gerentes são convidados para Davos. Jack Welch, ex-CEO da General Electric, tem um instituto com seu nome. E, claro, os CEOs são notoriamente altamente recompensados. Agora isso foi suplantado pela nova seita da "liderança". A Figura 9.1 apresenta, por década, o número de vezes que a "liderança", em oposição à "gestão", é mencionada como tema num artigo da *Harvard Business Review*. As referências à gestão têm crescido constantemente. Mas as referências à liderança explodiram desde os anos 2000.

Essa idolatria é, em muitos aspectos, um enorme quebra-cabeça. Não vivemos em uma época muito menos respeitosa? Não estamos menos dispostos a aceitar instruções e menos confiantes nas figuras de autoridade? Será que as mudanças nas normas sociais parecem *desviar* as pessoas dessas atitudes reverentes para com gestores e líderes?

Um terceiro resultado da nova economia, talvez não tão esperado, é o que pode ser chamado de "corrida à escala". Juntamente dos pequenos empreiteiros de portfólio e das empresas enxutas e em rede, vemos alguns gigantes: novas empresas multibilionárias com grande escala e ambições maiores. Como vimos no Capítulo 5, as empresas líderes parecem ter uma liderança ainda maior: mais lucrativas, mais produtivas. Peter Thiel, cofundador do PayPal, escreveu de modo convincente sobre essas questões em seu livro *De Zero a Um*, sublinhando que o sucesso comercial se baseia na exploração dos efeitos de rede e das economias de escala: como ele salienta, o Twitter pode facilmente crescer, mas um estúdio de ioga não.

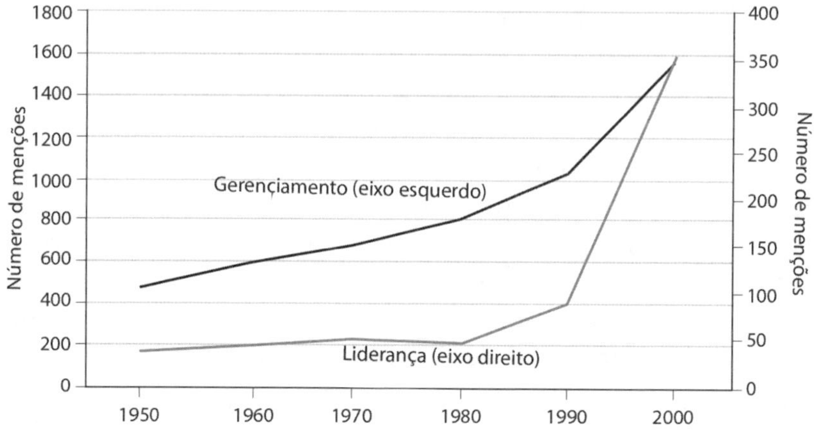

Figura 9.1. Menções sobre "Gestão" e "Liderança" na *Harvard Business Review*. Fonte: cálculos dos autores a partir dos assuntos do título do HBR.

Argumentaremos que todas essas mudanças aparentemente contraditórias decorrem das características econômicas essenciais dos ativos intangíveis. Para contar essa história, começamos por argumentar que a evolução do trabalho e o culto à gestão advêm não apenas de mudanças nas normas sociais e afins, mas também da evolução das empresas. Por sua vez, essas empresas estão tentando competir em seu mercado. Assim, começamos por expor as pressões que as empresas sofrem para competir e como o crescimento dos intangíveis altera o que as empresas têm de fazer. Como veremos, em uma economia rica em bens intangíveis, a pressão para competir empurra as empresas para a grande escala e para uma ênfase na gestão. Isso não só muda o modo como as empresas competem e administram, mas também onde os investidores devem procurar retornos, por isso concluímos com alguns conselhos para eles.

Competindo

Uma das questões práticas mais importantes colocadas aos especialistas em estratégia empresarial, gestão, contabilidade e economia é *"Como pode a minha empresa progredir?"* Não é de surpreender que tal pergunta tenha suscitado muitas respostas.

O ponto de partida é refinar a questão, pois tudo depende do que você entende por "progredir". Um modo de progredir é a manipulação em curto prazo dos agregados contábeis. Tal como observamos no Capítulo 8, cortar P&D, por exemplo, reduz as despesas correntes, e se a empresa já tiver um bom fluxo de receitas provenientes de P&D anteriores, isso poderá não ter qualquer efeito negativo nas receitas durante anos. Receitas iguais, custos baixos, e então... pronto: lucros aumentam. Como veremos mais adiante neste capítulo, e como salientaram Baruch Lev e Feng Gu (2016), as convenções contábeis tornam muito difícil para os investidores externos confirmar se as empresas estão fazendo isso. Mas, por enquanto, vamos partir da observação de que uma versão mais sofisticada de "Como as empresas podem progredir?" é perguntar *"Como as empresas podem melhorar o desempenho de forma sustentável?"* — isto é, não por meio de manipulação de curto prazo.[2]

A maneira mais fácil de ver como as empresas podem criar vantagens competitivas sustentadas é começar pensando em um mundo onde elas não conseguem. De acordo com o Departamento de Agricultura dos EUA, em 2016, havia cerca de 25 mil fazendas em Idaho, cultivando quase 12 milhões de acres, com propriedades de 474 acres, em média (das quais 60% tinham menos de 100 acres).[3] Isso significa que cada área agrícola representa cerca de 0,004 % da área total cultivada. Apesar das vantagens geográficas de Idaho, especialmente na produção de batatas (o sul de Idaho tem dias quentes e noites frias durante a estação de cultivo da batata), é bastante improvável que qualquer fazenda individual tenha muitas vantagens sobre outra. Seus resultados serão os mesmos, e seus insumos, as máquinas, o solo e a experiência, provavelmente também serão os mesmos.

Tudo isso sugere que a vantagem competitiva sustentável surge se uma empresa puder fazer algo distinto, ou se tiver um ativo diferenciado. Um agricultor de Idaho não pode fazer melhor do que seu vizinho, mas pode fazer melhor do que um agricultor do Canadá, uma vez que tem o ativo distinto da terra em seu estado. É claro que um ativo diferenciado pode não ser necessariamente um insumo, mas pode ser uma reputação ou uma rede de clientes (relógios suíços, por exemplo, ou o Facebook). A literatura de gestão chama esses ativos distintivos de "recursos estratégicos" e diz que têm três características. Eles são (a) valiosos (por exemplo, uma patente), (b) raros (por exemplo, um slot de pouso em um aeroporto movimentado) e (c) difíceis de imitar (por exemplo, a reputação de um relógio suíço).[4]

Portanto, o conselho aos gestores sempre foi: construir e manter ativos diferenciados. E aos investidores: procurem empresas que tenham esse tipo de ativos. Esse conselho muda em um mundo intangível? Não. Mas o mundo rico em bens intangíveis é precisamente um reflexo das empresas que cada vez mais seguem esse conselho. Por quê?

É bastante incomum que um ativo tangível seja uma fonte de distinção. Talvez uma máquina especialmente customizada possa ser. Mas na maior parte dos casos, os ativos tangíveis não serão diferenciados. Um banco pode construir uma grande sede com um átrio imponente, aquários coloridos e mesas minimalistas no saguão. Mas qualquer outra empresa também pode fazer isso. É muito mais provável que os tipos de ativos intangíveis de que falamos neste livro sejam distintos: reputação, design de produto, funcionários treinados que prestam atendimento ao cliente. Na verdade, talvez o trunfo mais distinto seja a capacidade de entrelaçar todos esses ativos; portanto, um ativo intangível particularmente valioso será a própria organização.

Esses insights estão implícitos no livro *De Zero a Um*, de Peter Thiel. Sua visão é a de que o sucesso comercial se baseia em quatro características: construir uma tecnologia proprietária, explorar efeitos de rede, beneficiar-se de economias de escala e gerir a marca. Essas recomendações estão firmemente alinhadas com a estratégia para um negócio rico em bens intangíveis, com base nos quatro elementos que discutimos no Capítulo 4. Assim, por exemplo, ele salienta acertadamente que o Twitter pode facilmente crescer: um excelente exemplo de economias de escala em ação. Por outro lado, ele usa um estúdio de ioga como exemplo de negócio que não pode crescer e, portanto, está destinado a permanecer pequeno. Como vimos, a Les Mills International teve de adotar um modelo de negócio muito diferente dos negócios de academias tradicionais para crescer até ao tamanho que atingiu.

A ênfase nos efeitos de rede é uma visão de Thiel que sugere que os governos poderão se tornar mais importantes para o sucesso das empresas no futuro. Um dos cofundadores do PayPal de Peter Thiel, Elon Musk, está atualmente envolvido no que pode se tornar um dos negócios de rede definitivos: carros autônomos movidos a bateria. O efeito de rede seria familiar a qualquer empresário do século XIX. Cavalos e carroças precisavam de uma gigantesca rede de estábulos para alimentar e dar água aos cavalos e consertar as carroças. Naquela época, os carros movidos a gasolina precisavam de uma rede gigantesca de garagens e postos de gasolina. Agora, os carros elétricos precisarão de uma rede de estações de carregamento. Implementar tudo isso requer ajuda estatal, e Musk tem sido tão empreendedor na obtenção do apoio dos governos como na condução da tecnologia nos negócios. As dificuldades jurídicas da Uber e da Airbnb são exemplos semelhantes.

Mas uma característica das empresas de sucesso que Thiel parece omitir é a construção de uma boa organização. O Wal-Mart e o K-Mart estão no mesmo setor, têm mais ou menos os mesmos tipos de caminhões e equipamentos em suas lojas e estocam produtos muito semelhantes. No entanto, mesmo para o observador comum, eles são muito diferentes. O que os torna diferentes é, em parte, sua reputação, mas também a própria organização. Voltemos, então, para a organização e, em particular, para o papel da gestão e da liderança.

Gerenciando

Uma das razões para o status de celebridade dos gestores é apresentada pelo sempre fascinante blogueiro Chris Dillow,[5] isto é, o preconceito cognitivo do "erro fundamental de atribuição". Como discutimos no Capítulo 6, se as pessoas tendem a relacionar o sucesso de uma empresa com seu gestor herói, em vez de com o progresso geral da tecnologia ou com o estado da economia ou com o capital organizacional incorporado na própria empresa, elas podem recompensar o gestor com exagero. Assim, o gerente ou líder se torna objeto de um culto à carga. Os conselhos administrativos, intimidados pelas normas sociais da época, concedem aos gestores salários excessivos que os acionistas desatentos aparentemente estão dispostos a aceitar. Os observadores externos criticam os salários dos altos executivos, mesmo no setor público, à medida que se tornam múltiplos daquilo que um primeiro-ministro ou presidente recebe.

Como aponta o brilhante economista-educador Russell Roberts (2014), os cronistas do culto à celebridade têm um extenso pedigree. Escrevendo na *Teoria dos Sentimentos Morais,* em 1759, Adam Smith salienta: "Frequentemente vemos as atenções respeitosas do mundo mais fortemente dirigidas aos ricos e aos grandes do que aos sábios e aos virtuosos." Isso antecipa perfeitamente o culto moderno em torno das celebridades da lista Z1. Ele argumenta que o fascínio por outras

1 Grupo de famosos por nenhum motivo especial.

pessoas que são amadas faz parte de nosso desejo natural de sermos amados. Assim, uma obsessão natural por celebridades é canalizada para os gestores, independentemente de suas virtudes.

Gestão e Monitoramento

Vimos que a economia intangível construirá mais ativos que são irrecuperáveis, têm sinergias, podem ser ampliados e potencialmente conferem transbordamentos. Podem essas características explicar o aumento da reverência pela gestão? Para responder a essa questão, precisamos recuar e colocar uma questão muito mais básica: para que servem os gestores?

Talvez a vida cotidiana forneça a resposta: eles gerenciam. Fornecem liderança e direção estratégica às empresas. Inspiram e motivam. Planejam e executam. Um momento de reflexão, no entanto, faz com que não tenhamos tanta certeza. Eles passam tempo em reuniões inúteis. Concedem aumentos salariais e não assumem a culpa quando as coisas dão errado.

Essas observações são inúteis porque não são respostas à questão: descrevem o que os gestores *fazem*, mas não para que *servem*. Para começar a obter uma resposta, vamos pensar em seu relacionamento com o limpador de janelas. Quando o limpador de janelas chega à sua casa, é provável que você faça a mesma coisa que todo mundo. Você pergunta o preço. O limpador limpa as janelas. Você dá uma olhada rápida nas janelas e, se estiverem limpas, entrega o dinheiro.

Onde está a gestão, liderança e direção estratégica nessa transação? Onde estão os consultores de gestão? E quanto aos consultores financeiros, jurídicos e de saúde e segurança? A resposta, para os economistas, é que eles não são necessários porque o mercado cuidou de todo o processo: você acordou um preço, o vendedor entregou, o comprador paga.

Mas contratar um limpador de janelas parece diferente de administrar uma empresa. É verdade que os trabalhadores da empresa concordaram com um preço pelo seu trabalho, mas não há (ou não deveria haver) negociações hora a hora sobre preços e responsabilidades. Em vez disso, os gestores de uma empresa têm outra coisa: têm autoridade. Ou seja, eles têm o direito de instruir seus colegas sobre o que fazer na execução de suas tarefas e de destituí-los caso não as cumpram. É claro que você pode se recusar a pagar o limpador de janelas se a tarefa não for realizada de forma satisfatória e tirá-lo de sua casa, mas isso apenas significa que você pode optar por encerrar qualquer relação comercial. Mas as empresas são diferentes. Nas empresas, os gestores têm autoridade para escolher se seus funcionários trabalham com os ativos da companhia, utilizando suas máquinas ou transacionam em seu nome, trabalhando, assim, com sua reputação. Você não pode impedir que seu limpador de janelas independente use o balde dele, pois não tem autoridade para isso, mas teria se gerenciasse uma empresa de limpadores de janelas.

Portanto, para um economista, a pergunta "*Para que servem os gestores?*" esconde uma questão mais profunda: "*Qual é o papel da autoridade em uma economia?*" Na verdade, essa é uma questão muito mais difícil do que parece. Para perceber por que, comecemos com uma economia em que sabemos a resposta: a Coreia do Norte. Em uma economia planificada centralmente, a autoridade decide tudo: quem obtém os alimentos, quando obtém eletricidade, que trabalhos as pessoas desempenham, tudo é decidido pelos planejadores. Portanto, a autoridade simplesmente decide.

Então, quem decide em uma economia não planejada centralmente? Friedrich von Hayek recebeu o Prêmio Nobel de Economia em 1974 por ter apresentado uma resposta brilhante: ninguém. Para adquirir um lápis em uma economia de mercado, basta ir a uma loja para comprá-lo. Os compradores de lápis não conhecem quem fez o lápis — quem extraiu o grafite, derrubou as árvores ou transportou o lápis para a loja —, por isso dificilmente pode lhes dar instruções. Os que estão envolvidos em sua produção, os mineiros, os desmatadores de árvores e os caminhoneiros, recebem instruções não dos indivíduos compradores de lápis, mas por meio do sistema de preços. Se os preços dos lápis subirem, mais grafite será extraído, mais árvores serão derrubadas e mais madeira será transportada. Nenhuma autoridade pessoal é necessária, uma vez que o sistema de preços dá as instruções.

À luz disso, em 1937, Ronald Coase (outro ganhador do Nobel) fez uma pergunta enganosamente simples, mas muito profunda: por que, então, existem empresas? Se os mercados fazem um bom trabalho na coordenação da economia, qual é a necessidade das empresas? A resposta de Coase foi a de que as empresas faziam um trabalho de coordenação mais barato do que os mercados. Dentro de uma empresa, disse Coase, a coordenação pelos mercados internos seria muito dispendiosa, uma vez que seria necessário (a) descobrir quais são os valores de mercado e (b) negociar um contrato para cada transação.

É aqui que entram os gestores. Se o mercado não consegue coordenar a atividade, mas a autoridade consegue, então alguém tem de exercer a autoridade. Essa pessoa é o gestor, sendo que os gestores são definidos como pessoas que têm autoridade em uma empresa. Essa é uma definição bastante clara e é, de fato, utilizada pelos dirigentes estatísticos quando realizam questionários ocupacionais e pedem às pessoas que informem se são gestores.[6]

Assim, os custos são evitados dentro da empresa por meio da autoridade. Em vez de pechinchar o tempo todo, o empregador diz ao empregado o que fazer, e o empregado o faz. Daí entra o papel dos gestores. Eles realizam a atividade de coordenação dentro de uma empresa que o mercado não consegue realizar e o fazem por meio da autoridade.

O raciocínio de Coase tem um poder considerável. Em 2014, os tribunais da Califórnia emitiram seu veredicto sobre se os motoristas da FedEx são prestadores de serviços da FedEx ou funcionários.[7] Se Coase estivesse vivo (morreu em 2013, aos 102 anos), teria sido o perito perfeito. Eles decidiram que a FedEx era um empregador precisamente porque diziam aos motoristas o que fazer: exatamente o raciocínio de Coase.

O exercício da autoridade parece uma boa descrição do armazém da Amazon feita anteriormente. Muita engenharia de processo cuidadosa foi combinada para permitir um sistema em que a rota ideal ao redor do armazém possa ser calculada de forma muito eficiente. Como destacou o economista Luis Garicano (2000), os avanços na tecnologia da informação melhoraram o fluxo de informações em toda a organização. Uma queda no preço da informação pode levar a menos autoridade: a quebra de hierarquias, com trabalhadores autônomos que enviam ideias por e-mail ao patrão. No entanto, a monitorização também se tornou mais eficiente com o crescimento da TI, por isso, no caso da Amazon, a TI reforçou um tipo de design organizacional de "comando e controle".

Assim, parte da razão para o crescimento talvez inesperado desse tipo de trabalho muito não autônomo é que os aspectos intangíveis do desenvolvimento organizacional e do software permitem uma monitorização cada vez mais eficaz. Portanto, eles são substitutos da autonomia. Nas circunstâncias certas (ou deveriam ser as circunstâncias erradas?), isso automatiza o trabalho autônomo da mesma forma que uma máquina automatiza o trabalho físico. Os economistas marxistas têm um nome para esse papel adicional de monitorização: "mudança tecnológica com tendência para o poder" (ver, por exemplo, a discussão em Guy, 2014). Outros exemplos são a caixa registradora e o tacômetro de um caminhão (o "Espião na Cabine"). Em suma, o modo como o trabalho muda e, portanto, como a natureza da gestão muda depende de onde você se encontra na cadeia de valor intangível.

Gestão em um Mundo Rico em Intangíveis?

Se a gestão é apenas monitoramento, então, é claro, mudanças na tecnologia de monitoramento, como TI, mudam a gestão. Na verdade, poderá haver *menos* necessidade de gestão se a autoridade puder ser exercida por qualquer pessoa com um software de rastreamento. Não parece haver qualquer papel especial para os ativos intangíveis e não há razão para que o culto à gestão e às recompensas gerenciais se torne maior. Então há mais ou menos necessidade de gestão e autoridade em uma empresa rica em bens intangíveis do que em uma rica em bens tangíveis?

Em uma segunda onda de trabalho que se seguiu a Coase, economistas como Oliver Williamson pensaram mais sobre os problemas de negociação que Coase disse que poderiam ser resolvidos por meio da monitorização e da autoridade dentro das empresas. Em particular, Williamson observou que a negociação seria particularmente dispendiosa quando as partes reduzissem os custos. Assim que uma empresa ferroviária, digamos, tenha instalado trilhos, ela comprometeu capital para o negócio em geral e para a rota em particular. Isso potencialmente coloca esses trabalhadores em uma posição de negociação poderosa. A antecipação de uma tal posição desvantajosa poderá, então, dissuadir a empresa de fazer um investimento inicial: conhecido em economia como o problema de hold-up.

Agora, se os investimentos intangíveis forem particularmente significativos para uma empresa, e se esses investimentos forem irrecuperáveis, então as oportunidades de retenção são potencialmente substanciais. Isso pode elevar muito os custos de negociação. Se os gestores dessas empresas puderem exercer autoridade e evitar essa negociação potencialmente dispendiosa e esbanjadora, eles serão muito valiosos. Assim, talvez uma das razões para o aparecimento de gestores altamente remunerados seja o fato de os riscos serem muito mais elevados em uma economia intangível, criando uma procura maior por eles.

As outras características dos intangíveis também aumentariam a procura de coordenação interna por parte dos gestores. O mesmo raciocínio se aplica à sinergia. Se os intangíveis têm muitas sinergias potenciais, capturá-los de forma eficaz exige realizar transações dentro da empresa e incentivar interações com outras que estão igualmente reduzindo custos. E se essas combinações de intangíveis puderem produzir escala, então as empresas também se tornarão muito grandes e seus gestores serão muito procurados.

Assim, mesmo que todas as empresas necessitem de autoridade e coordenação, a mudança para uma empresa rica em bens intangíveis aumentará a procura de tal coordenação e, portanto, a de gestores. Mas o que eles *farão* exatamente?

Um modo de responder a essa questão é colocar outra: se a economia intangível valorizará a boa coordenação por parte de gestores competentes, por que toda a economia não é controlada por esses ótimos gestores? Os intangíveis preveem, de fato, empresas gigantes, quando medidos pelas receitas, uma vez que eles podem ser dimensionados (pense nas receitas do Facebook). Mas e as empresas gigantes, medidas pelo número de empregados? Afinal de contas, se a exploração de bens intangíveis necessita de sinergias, então certamente serão necessárias empresas gigantes com muitos empregados para internalizar todos esses benefícios.

Uma resposta é que os bens intangíveis, como o software de roteamento, facilitam o monitoramento e permitem que as empresas cresçam. A força compensatória é que gerir grandes empresas é difícil, e gerir grandes empresas com utilização intensiva de bens intangíveis é ainda mais difícil. É claro que as limitações naturais da capacidade de atenção e da largura de banda dificultam muito gerir a autoridade sobre empresas gigantes, sejam elas tangíveis ou intangíveis. Mas nas empresas com utilização intensiva de bens intangíveis, existem dois desafios particularmente difíceis.

O primeiro surge das sinergias que são endêmicas nos bens intangíveis. O compartilhamento de informações será muito valioso, pois quando os intangíveis são combinados entre si, o todo pode ser mais do que a soma das partes. A autoridade é o modo de organizar essas combinações? Depende da estrutura das informações na empresa: em outras palavras, os gestores ou funcionários sabem melhor o que se passa?

A resposta habitual para muitas empresas é que os trabalhadores sabem o que se passa, uma vez que os gestores estão distantes e sem contato diário. Mas com empresas sinérgicas, poderá acontecer precisamente o oposto. Talvez apenas os gestores saibam o que está acontecendo, já que só eles podem ver o quadro geral e perceber como as sinergias se interligam. Tudo isso sugere que ambos os lados precisam um do outro, e não está claro se a autoridade será o modo correto de organizar a construção de informações.

O segundo problema da gestão de um negócio intangível é que, à medida que o emprego se torna cada vez mais intensivo em conhecimento, a importância dos trabalhadores-chave do conhecimento aumenta se seu conhecimento for tácito. E manter esses ativos é mais difícil do que manter ativos físicos. Os ativos tangíveis podem ser protegidos com chave e fechadura; os ativos intangíveis não.

Tudo isso significa que nas empresas com utilização intensiva de bens intangíveis, serão valorizados os gestores que partilham informações em todos os níveis hierárquicos e mantêm trabalhadores leais ligados à empresa. Isso significa usar a autoridade de um modo que construa uma boa organização.

Construindo uma Boa Organização

Qualquer pessoa que tenha passado algum tempo em qualquer local de trabalho provavelmente reconhecerá as observações de Milgrom e Roberts sobre a reputação quase universal dos departamentos de pessoal como representantes de tudo o que há de ruim em uma organização:

> Em todas as organizações às quais estamos associados, e na maioria das quais ouvimos falar, o Departamento de Pessoal é visto pelos gerentes de linha e pelos funcionários como indiferente, sujeito a regras e burocracia. Leva uma eternidade para obter uma decisão do Pessoal, e as decisões parecem mais destinadas a manter as preciosas regras, os procedimentos e a classificação de cargos/ganhos e curvas de experiência/ganhos do Departamento de Pessoal do que atrair, recompensar e reter as melhores pessoas para a organização. Além disso, os protestos são ignorados: os funcionários estão sempre em reuniões quando você tenta contatá-los e eles não retornam suas ligações. (Milgrom e Roberts, 1988, S176)

Se os departamentos de pessoal são o problema, e não a solução, o que dizer dos gerentes famosos? Boris Groysberg, Andrew McLean e Nitian Nohria estudaram vinte gestores que deixaram a GE entre 1989 e 2001 para se tornarem CEOs de outras empresas (Groysberg, McLean e Nohria, 2006). Acontece que há muitos CEOs de grandes empresas dos EUA que eram da GE durante o período da amostra: James McNerney, na 3M, e Robert Nardelli, na Home Depot, por exemplo. Eles estudaram os lucros (em relação a um comparador sensato) em empresas após três anos de mandato do novo CEO. O resultado foi decepcionante para a reputação dos gestores como superestrelas uniformes — eles descobriram que os gestores não eram de modo algum uniformemente bem-sucedidos. Em nove dos vinte casos, as empresas tiveram um desempenho muito melhor do que seus concorrentes (na sua medida, retornos anormais anualizados, em 14,1%), mas nos outros onze, as empresas tiveram um desempenho substancialmente pior (em -39,8%).

Então, o que constitui uma boa organização? O armazém da Amazon sugere uma resposta: mais coordenação. Emitir mais instruções, redigir contratos de trabalho mais rígidos e aplicar cláusulas de não concorrência quando os trabalhadores deixarem a empresa. Apesar de suas implicações, pode-se ver como isso pode ser um bom caminho a seguir para algumas empresas, ou divisões dentro de empresas. A Amazon, por exemplo, pode considerar que sua reputação de entrega rápida necessita de uma supervisão rigorosa de seus funcionários de expedição. A Starbucks pode argumentar que a reputação do café significa dizer aos baristas exatamente o que fazer.

E algumas evidências sistemáticas apoiam essa visão. Os economistas Nicholas Bloom e John Van Reenen e seus coautores pesquisaram extensivamente as empresas para perguntar sobre a qualidade de sua gestão. Essa qualidade é muito difícil de medir e utiliza uma série de perguntas, baseadas no trabalho da McKinsey, sobre práticas de gestão (ver www.worldmanagementsurvey.org — conteúdo em inglês). Isso se divide em monitoramento (monitorar a empresa e melhorar) metas (definir metas e agir de acordo com elas) e incentivos (recompensar os funcionários com base no desempenho). Como bem resumem: “A nossa metodologia define uma organização mal gerida como aquela que não consegue monitorar o desempenho, não tem metas eficazes e baseia as promoções na estabilidade, sem nenhum sistema para resolver o mau desempenho persistente dos funcionários. Em contraste, uma organização bem gerida é definida como monitorando continuamente e tentando melhorar seus processos, estabelecendo metas abrangentes e estendidas e promovendo funcionários de alto desempenho e corrigindo (por meio de formação ou desligamento) funcionários com baixo desempenho” (Bloom *et al.*, 2011, p. 7).

Mas essa pode não ser uma boa gestão em todas as circunstâncias. Consideremos uma empresa que estabelece metas ambiciosas, como no armazém da Amazon, por exemplo. No caso de funcionários que trabalham lá por um curto prazo, talvez para ganhar um dinheiro extra no Natal, eles trabalharão muito e depois pararão. (Na verdade, O’Connor menciona que muitos trabalhadores são demitidos após a correria do Natal.) Bom para eles e bom para a Amazon. Mas e os trabalhadores envolvidos em longo prazo? Se eles se movimentarem rapidamente pelo armazém antes do Natal, seus gerentes aumentarão a meta e exigirão que eles se movam ainda mais rápido depois do Natal. Isso é conhecido como "efeito catraca", discutido por Weitzman (1980), que o credita a Berliner (1957), que escreve sobre o planejamento soviético. Assim, os expedidores trabalham menos arduamente inicialmente, anulando o objetivo do esquema de incentivos. Talvez não seja uma gestão tão boa, afinal.[8]

Outro problema em incumbir os gestores de definir muitas metas, fazer avaliações de desempenho e coisas do gênero é a politicagem. Suponhamos que os trabalhadores percebam que podem fazer melhor por si próprios gastando tempo não produzindo, inovando ou ajudando, mas tentando persuadir seu gestor. Talvez o gerente possa ser persuadido de que a tarefa é muito difícil e de que, portanto, estabelecer metas relaxadas seja bom. Ou que um bônus é realmente necessário. Ou que aquele desempenho realmente foi muito bom. Esse tempo gasto naquilo que os economistas Paul Milgrom e John Roberts chamam educadamente de "atividades de influência" é tempo passado longe da atividade produtiva (Milgrom e Roberts, 1988). Mais uma vez, talvez não seja uma gestão tão boa, afinal.

Em ambos os exemplos, uma boa organização envolve *comprometimento*. No exemplo do efeito catraca, a organização se beneficia ao se comprometer a não punir o bom desempenho agora com metas excessivas no futuro. Uma maneira de fazer isso *não* é aumentar a recompensa pelo desempenho diário, mas sim prometer uma trajetória constante de recompensa no longo prazo. Do mesmo modo, reduzir as políticas significa se comprometer a *não* fazer ajustes minuto a minuto nos termos e condições, porém, mais uma vez, a analisar o desempenho em longo prazo. E na opinião de Milgrom e Robert, esse design do departamento de pessoal (caricaturado) é uma forma desse compromisso. Se violar as regras instantaneamente em resposta a qualquer demanda de qualquer funcionário, todos gastarão seu tempo fazendo lobby. Ter regras e não responder é um compromisso a não ser convencido por atividades de influência e, assim, dissuadir os funcionários a praticá-las.

Então, como podem os gestores construir uma boa organização em uma empresa com uso intensivo de intangíveis? Uma resposta a essa pergunta é escolher o design organizacional correto, e essa escolha depende do uso ou produção predominante de intangíveis.

Portanto, se você é predominantemente um *produtor* de ativos intangíveis (desenvolver software, criar design, produzir pesquisas), provavelmente desejará construir uma organização que permita o fluxo de informações, ajude em interações fortuitas e mantenha os talentos-chave. Isso provavelmente significa permitir mais autonomia, menos alvos e mais acesso ao chefe, mesmo que à custa de atividades de influência. Isso parece descrever os tipos de organizações autônomas que os primeiros escritores, como Charles Leadbeater, tinham em mente. E também parece descrever a importância crescente dos inovadores sistêmicos. Esses inovadores não são criadores de invenções únicas e isoladas. Em vez disso, seu papel é coordenar as sinergias que levam tal inovação ao mercado com sucesso.

Do mesmo modo, as competências para gerir o processo de inovação serão diferentes das anteriores. Como vimos, a ascensão da economia intangível torna o próprio processo de inovação mais importante. Os estudiosos de administração Mark Dodgson, David Gann e Ammon Salter (2005) descrevem como ele mudou do que era a taxonomia tradicional de "pesquisa" e "desenvolvimento" para uma descrição funcional do processo de "Tecnologia de Inovação", com a necessidade de " pensar", "brincar" e "fazer", enfatizando o novo escopo para uma troca mais fácil de ideias, experimentação e sua implementação mais rápida.

E se, por outro lado, você for mais um *usuário* de ativos intangíveis: digamos, o armazém da Amazon, usando o conhecimento do algoritmo de roteamento, ou a Starbucks, usando o livro de franquia? Para essas empresas, a organização e, portanto, a gestão seriam diferentes. Você provavelmente deseja ter mais hierarquias e metas de curto prazo, já que está menos preocupado com os fluxos de informações vindos de baixo e mais preocupado com o baixo desempenho e com a interrupção de atividades de influência.

Liderança

Se muitas das visões dos autores anteriores sobre a economia do conhecimento se concretizaram (como as organizações com trabalhadores autônomos e peripatéticos), uma coisa que não previram é a importância aparentemente crescente da liderança. E como vimos, a gestão por autoridade pode ter algumas fraquezas, tais como não encorajar o fluxo de informação ou o compromisso. Argumentaremos que a liderança é importante em uma empresa com uso intensivo de intangíveis, uma vez que complementa as relações de autoridade e as formas organizacionais.

Por que a liderança é diferente da gestão? Uma abordagem é tentar descrever o que um líder "bom" ou um "mau" faz: eles são generosos ou insensíveis, rudes ou gentis, amigos da família ou não, e assim por diante. Dado que as normas sociais e os modismos de gestão mudam mais rapidamente do que a maioria dos CEOs muda de posição, essa abordagem é apenas uma especulação interminável.

Portanto, é melhor ir ao cerne da questão, que é a simples observação de que os líderes têm seguidores. Nas forças armadas, o exemplo mais óbvio de líderes e seguidores, os seguidores seguem por uma questão de compulsão, o que é fácil de explicar. O que é muito mais interessante é quando os seguidores permanecem *voluntariamente* leais aos seus líderes.

Ter seguidores voluntários é *realmente* útil em uma economia intangível. Um seguidor permanecerá leal à empresa, o que mantém o capital intangível tácito na companhia. Melhor ainda, se eles forem inspirados e tiverem empatia pelo líder, cooperarão entre si e fornecerão informações a ele. É por isso que a liderança será muito valorizada em uma economia intangível. Pode, na melhor das hipóteses, substituir e talvez mitigar os aspectos dispendiosos e possivelmente distorcidos da gestão pela autoridade.

Um bom exemplo da importância da liderança em uma era intangível pode ser visto no fenômeno por vezes denominado sistemas ou inovação sistêmica. Às vezes, Elon Musk é descrito como um inovador de sistemas, que aspira a desenvolver novos produtos em uma série de campos relacionados (armazenamento de eletricidade, energia solar, carros elétricos) ou em sistemas complexos (aquisição espacial, créditos de carbono). A inovação de sistemas também é amplamente discutida no setor sem fins lucrativos, especialmente porque financiadores de grande escala, como a Fundação Gates e a Bloomberg Philanthropies, procuram mudar sistemas inteiros de uma só vez, como a saúde pública nos países em desenvolvimento ou o governo municipal. Uma vez que mesmo as organizações ricas normalmente não são suficientemente grandes para controlar diretamente os principais sistemas econômicos, a inovação de sistemas depende da liderança: a capacidade de convencer outras organizações, redes de parceiros e até mesmo concorrentes a fazerem o que o inovador de sistemas pretende. Seria de esperar que esse tipo de liderança sistêmica se tornasse mais importante em uma época em que a maior parte do investimento é intangível. Uma das razões é que, em uma economia intangível, existem muitas sinergias a explorar entre diferentes investimentos — um líder que consiga convencer a indústria de baterias a desenvolver produtos e conceber sistemas em sincronia com a indústria de automóveis elétricos prosperará. Da mesma forma, se a dificuldade de apropriação dos transbordamentos dos investimentos intangíveis acabar por ser resolvida por um maior investimento público (como sugerimos no Capítulo 10), então a capacidade de interagir eficazmente com os sistemas complexos do setor público será também uma vantagem comercial. Os inovadores de sistemas que conseguem fazer essas coisas demonstram um exemplo da importância da liderança em uma economia intangível.

Portanto, a questão é: como os líderes conseguem que os seguidores os sigam? A resposta precisa depende de como você acha que os seguidores pensam. Como mencionamos na introdução, se a adoração de celebridades for comum entre seus funcionários, eles poderão segui-lo de qualquer maneira. Outra visão é a de que os seguidores são muito mais obstinados e só seguirão se acharem que é de seu interesse seguir. O economista Benjamin Hermalin (1998) mostrou que isso pode levar a uma série de características interessantes.

Em primeiro lugar, o líder terá de saber mais que os seguidores. Talvez isso explique a importância do crescimento das declarações de missão. Em alguns casos, isso talvez seja mera bravata. Mas poderá ser de grande valor se convencer os potenciais seguidores de que os líderes sabem mais do que eles.

Em segundo lugar, os líderes não têm apenas de saber mais, mas também de convencer os seguidores de que sabem mais. Os líderes podem fazer isso de várias maneiras. Claro, eles terão de ser bons comunicadores. Mas o mais interessante é que os seguidores ficarão mais convencidos se virem o compromisso dos líderes. Hermalin sugere que os líderes podem demonstrar comprometimento de duas maneiras: a) pelo exemplo. Se um líder ficar até tarde no escritório ou investir seu próprio dinheiro, os seguidores verão comprometimento; b) pelo sacrifício. Quer saber se o líder acha que um projeto terá sucesso? Veja se ele compra pizza para quem trabalha até tarde. Se o fizer, é um sinal de que o trabalho vale a pena.

Resumo:
Gestores e Líderes em uma Economia Intangível

Quais são as lições para os gestores em tudo isso? Em primeiro lugar, a própria economia intangível valorizará a boa organização e gestão. Com mais custos irrecuperáveis, transbordamentos e a oportunidade de escala e sinergias, a necessidade de coordenação adicional aumenta e, portanto, uma boa organização e gestão serão mais procuradas.

Em segundo lugar, que tipo de organizações essa economia exigirá? As percepções econômicas de querer coordenação e fluxos de conhecimento sem encorajar atividades de influência sugerem que surgirão diferentes tipos de organizações, correspondentes às partes da economia intangível em que se especializam. Está criando ativos intangíveis (desenvolver software, criar design, produzir investigação)? Em caso positivo, você provavelmente deseja uma organização plana, com mais autonomia, menos alvos e mais acesso ao chefe. Isso custará tempo em atividades de influência, mas construirá uma organização que permite o fluxo de informações, ajuda em interações fortuitas e mantém os talentos-chave. Você está usando ativos intangíveis (digamos, as rotinas do livro de franquias da Starbucks)? Então provavelmente desejará mais controle e autoridade para usar o ativo em seu máximo proveito e interromper as atividades de influência.

Finalmente, além de gestores, a economia intangível exigirá líderes. A gestão, no simples sentido de autoridade, provavelmente não será suficiente na maioria das empresas ricas em bens intangíveis. É muito difícil gerir a exploração de sinergias de trabalhadores intensivos em conhecimento e ampliação das operações nessas empresas simplesmente exercendo autoridade. Será necessário liderança, no sentido de motivar a lealdade e o esforço.

Se um número suficiente de funcionários for convencido pelo exagero e pela presunção, alguns líderes terão prazer em fornecer isso. Mas suspeitamos de que os líderes mais bem-sucedidos e duradouros terão de ganhar respeito fazendo sacrifícios. Eles terão de trabalhar muito e mostrar comprometimento com a empresa. E esses líderes, por sua vez, adaptarão a forma organizacional certa às suas necessidades.

Tudo isso sugere que o interesse crescente na gestão e na liderança que documentamos no início deste capítulo é real. É uma consequência de mudanças fundamentais na economia, e não apenas de mudanças de atitude e aceitação social. Mas se a procura crescente atrair tanto os sinceros como os charlatões, tanto os capazes como os vendedores ambulantes, então as atitudes poderão mudar. Tal como os líderes indignos estão sendo rejeitados na política, talvez a aceitação social dos líderes nos negócios possa ser atenuada se a percepção for a de que tais posições são dominadas pelos indignos. Isso tornará a liderança dos bons gestores mais difícil de conquistar, porém mais fácil de sustentar.

Investindo

E os investidores? Conforme discutido anteriormente, os retornos são relativos à escassez. E a escassez, para as empresas, advém da construção de vantagens que são distintivas e não podem ser facilmente replicadas. Pouco disso virá de ativos tangíveis: qualquer pessoa pode alugar uma máquina ou um caminhão de entrega. Mas muito poderá vir de ativos intangíveis. Portanto, a primeira questão a se colocar é: como pode um investidor externo detectar se uma empresa está construindo seus ativos intangíveis?

Contabilização de Investimentos: Alguns Princípios Gerais

Em uma série de livros e artigos, o estudioso de contabilidade Baruch Lev e seu coautor estabeleceram uma questão muito importante: podem os investidores obter informações sobre intangíveis a partir de dados contábeis? A resposta a essa questão é fortemente sugerida no título de seu livro mais recente, *The End of Accounting* (Lev e Gu, 2016).

Ao compilar as contas de lucros e perdas (também conhecidas como demonstração de resultados), os contadores se preocupam em relatar os fluxos de receitas e os custos associados ao longo de um período financeiro. E, de fato, os analistas financeiros passam muito tempo a analisar os lucros ou ganhos — em termos gerais, a diferença entre as receitas e as diversas medidas de custos.

Muito razoavelmente, então, os contadores tentam *combinar* as receitas do último ano com os custos incorridos em sua geração. Por exemplo, o custo do couro para produzir sapatos — isto é, o custo das matérias-primas utilizadas na produção — é alocado de modo bastante sensato como custos ("custo das vendas").

Que tal combinar as receitas com os custos incorridos ao gastar em ativos? Isso é mais complicado, uma vez que, por definição, os benefícios surgirão bem depois do ano específico em que os custos foram incorridos e, portanto, não correspondem às receitas desse ano. Como, então, conseguir a correspondência entre essas despesas e receitas? A resposta é capitalizar esses custos: isto é, reconhecer que os gastos tangíveis criam um ativo. Feito isso, a despesa desse ativo pode ser refletida em sua depreciação ou amortização: isto é, um valor anual é tratado como uma despesa, e esse valor anual reflete um encargo pela utilização ao longo do tempo do ativo de longa duração.

A alternativa à capitalização de gastos com ativos é debitar todo o custo do ativo em um ano nos custos, em vez da suavização implícita de custos na capitalização. Como é bem sabido, e como Baruch Lev sublinhou vigorosamente em uma longa série de livros e artigos (veja, por exemplo, Lev, 2001), contabilizar como despesa o custo dos ativos de longa duração conduz a distorções nos lucros, resultantes da "incompatibilidade" de receitas e custos. No ano em que incorre nesses custos, uma empresa parece muito pouco lucrativa, uma vez que eles são muito elevados, mas as receitas permanecem inalteradas. Mas se o ativo for útil e ajudar a gerar receitas (um caminhão, P&D que conduza a uma patente de sucesso, uma maior rede de consumidores etc.), então, no futuro, a empresa parecerá ser altamente lucrativa com base em muito poucos custos incorridos e muito poucos ativos adquiridos.

Tratamento Contábil de Intangíveis: Despesas versus Capitalização

Tudo isso é de importância crucial se os investidores estiverem muito interessados em detectar gastos em bens intangíveis. Então, como eles são tratados?

Nesse caso, as regras contábeis internacionais são basicamente as mesmas. Se o intangível for adquirido fora da empresa — por exemplo, a compra definitiva de uma patente ou de uma lista de clientes —, é um ativo, não uma despesa, e por isso é capitalizado. Por outro lado, se for gerado internamente — um design ou software interno, por exemplo —, é tratado não como uma compra de um ativo, mas como uma despesa. Existem exceções a essas regras gerais, mas elas tendem a ser raras. As despesas com software ou P&D geradas internamente podem ser tratadas como investimento em ativos, mas em circunstâncias especiais: essencialmente quando essas despesas se referem a um processo comprovado, como as últimas fases de expansão de um projeto de P&D ou de uma ferramenta de software já comprovada.[9]

É notável que essas regras sejam tão assimétricas. Poderíamos razoavelmente alegar que o valor de um ativo intangível é tão incerto que não deveria ser capitalizado, mas isso significaria não capitalizá-lo, quer seja gerado internamente ou comprado.[10] A British American Tobacco informou em 2015 que tinha quase 10 bilhões de libras em ativos intangíveis (tinha apenas 3 bilhões de libras em ativos tangíveis, ou seja, ativos fixos tangíveis). A maior parte do aumento naquele ano veio do valor do ágio proveniente de compras de outras empresas — por exemplo, a marca resultante da compra da Rothmans. Uma quantia muito pequena veio de software escrito internamente. Mas se tivessem investido na construção interna de marcas, os acréscimos aos ativos intangíveis teriam sido zero.[11]

Como consequência, grande parte do investimento (pelo menos interno) em ativos fica oculto. Isso importa? Três testes sugerem que sim. O primeiro teste é muito amplo, mas revelador. Lev e Gu (2016) analisaram empresas que abriram o capital ao longo de cada década, dos anos 1950 aos anos 2000. Para cada uma dessas décadas/grupos de empresas, eles perguntaram: quão correlacionados estão os valores contábeis e os lucros com os valores de mercado? Seus resultados são muito impressionantes e estão apresentados na Figura 9.2. As barras do histograma mostram um declínio muito claro nas correlações ao longo das décadas, sugerindo que as contas financeiras se tornaram, de fato, muito menos informativas sobre os lucros das empresas. Isso ocorreu à medida que a porcentagem de P&D e SG&A (custos de vendas, gerais e administrativos) como parte das vendas aumentou (ver a linha contínua): a questão é que muitos investimentos intangíveis, tais como design, são atribuídos pelas regras contábeis aos SG&A.

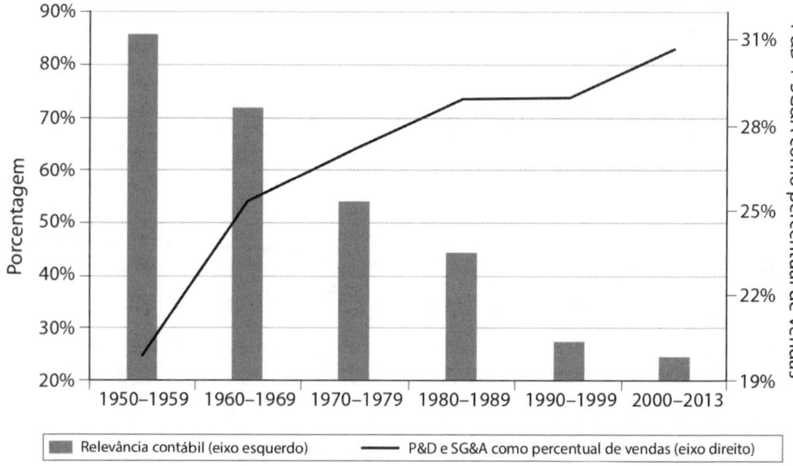

Figura 9.2. O declínio da informatividade dos relatórios de lucros e valor contábil. As barras mostram a fração da variação nos valores de mercado contabilizada pelos lucros e valores contábeis das empresas que entram no mercado de ações em décadas sucessivas. A linha mostra as despesas médias de P&D e vendas, gerais e administrativas como uma parcela das escalas das empresas. Fonte: Lev e Gu, 2016, Figura 8.2.

Em segundo lugar, Mary Barth, Ron Kasnik e Maureen McNichols (2001) concluem que os analistas são muito mais propensos a cobrir empresas com elevados gastos intangíveis (medidos por P&D e publicidade). Isso também sugere que as contas das empresas e indústrias com utilização intensiva de bens intangíveis são menos informativas, uma vez que é necessário o conhecimento dos analistas para descobrir informações adicionais.

Em terceiro lugar, os contadores Ester Chen, Ilanit Gavious e Baruch Lev (2015) analisam uma amostra de 180 empresas israelitas ao longo do tempo que reportam utilizando duas regras diferentes. Os GAAP baseados nos EUA obrigam as empresas a reportar P&D como despesas, mas as IFRS, que são a norma para a maioria das empresas europeias, permitem que o "D" em P&D seja capitalizado. Assim, os autores podem fazer um teste direto para saber se as informações adicionais sobre "D", ocultadas pelas regras GAAP, são informativas. Com certeza, essas informações adicionais ajudam a prever os preços das ações.

O que os Investidores Devem Fazer?

À luz de tudo isso, os investidores em ações têm algumas opções.

A primeira é evitar o problema de descobrir toda a informação, que é comprar ações de todas as empresas — ou seja, diversificar. Isso evita um problema adicional de transbordamentos. Considere o caso da EMI e do tomógrafo computadorizado. Se você fosse um acionista da EMI e se preocupasse apenas com seus retornos, teria visto com prazer o investimento no tomógrafo computadorizado sendo interrompido — do ponto de vista da EMI, era um desperdício colossal. Mas se tivesse também ações da General Electric e da Siemens, as empresas que obtiveram os benefícios indiretos da pesquisa da EMI e dominaram o mercado de tomografia computadorizada, teria ficado mais do que feliz com o avanço do projeto.

Podemos estender esse exemplo a um princípio geral. Se os acionistas tivessem ações de todas as empresas da economia — em outras palavras, investidores perfeitamente diversificados —, esperaríamos que fossem totalmente tolerantes com empresas que fizessem investimentos com elevados transbordamentos. Eles saberiam que o que perderam nas oscilações compensariam nas rotundas, como diz o ditado britânico. Ou seja, as perdas que incorreram seriam corrigidas com ganhos compensatórios.

Mas parece que há um dilema aqui. Os investidores diversificados são o oposto dos investidores concentrados: se uma instituição tiver ações de todas as empresas incluídas em um índice, terá muito menos ações de cada empresa do que se tivesse ações de apenas algumas empresas. E, como vimos, as instituições cujas participações estão concentradas em determinadas empresas têm um interesse mais forte em adquirir conhecimento suficiente sobre o negócio delas para saberem a diferença entre maus e bons investimentos e, portanto, são mais propensas a apoiar investimentos rentáveis, mas investimentos de longo prazo pela administração. E esse é o dilema, do ponto de vista de quem está ansioso por ver as empresas públicas fazerem mais investimentos de longo prazo em investimentos intangíveis. Por um lado, os investidores com participações mais concentradas são uma coisa boa, mas, por outro, os investidores diversificados também o são. Sem investidores concentrados, é menos provável que as empresas invistam em tamoxifenos e megafábricas; sem investidores diversificados, é menos provável que invistam no tomógrafo computadorizado ou nos Bell Labs.

Surge uma estratégia alternativa se, ao que parece, certos tipos de investimentos intangíveis tendem a ser sistematicamente subvalorizados. Isso sugere que existem oportunidades para investidores que identificam bons investimentos intangíveis e apoiam as empresas que os realizam a médio prazo. Além disso, sugere que o tempo gasto na medição e compreensão do potencial de vários tipos de investimento intangível pode valer a pena. Embora isso possa ser demasiado difícil para os investidores individuais, parece ser uma possibilidade para os gestores de ativos no futuro. Eles podem servir os investidores sendo muito mais astutos em relação a uma empresa, indo além das informações contidas nas contas. Terão de recolher sistematicamente muito mais informações sobre a construção de ativos intangíveis que a empresa está fazendo e as condições para seu sucesso. Na verdade, a procura desse conhecimento que compreenda as entranhas profundas da empresa e a forma como as condições externas lhe permitirão utilizar seus ativos intangíveis tornará essas competências altamente valorizadas.

Essa visão está muito alinhada com a do economista John Kay em seu livro *Other People's Money* (2015). Como ele diz, os mercados bolsistas, quando começaram, eram os veículos para angariar financiamento, muitas vezes para grandes projetos de infraestrutura (tipicamente, ferrovias) de muitos acionistas dispersos. Mas os mercados já não desempenham essa função. Quase nenhum novo projeto é financiado por meio do mercado de ações. (Na verdade, a observação de que poucas empresas estatais iniciais recorrem ao mercado de ações para obter financiamento confirma a hipótese de que os mercados de ações têm problemas significativos em lidar com elas.) Em vez disso, a negociação no mercado de ações é dominada por grandes gestores de ativos que negociam entre si. Na opinião de Kay, procuram retornos superiores aos disponíveis para o mercado como um todo (procuram por "alfa"), tentando antecipar o que os outros pensam sobre o valor dos ativos, em vez do valor dos próprios ativos subjacentes.

Um papel diferente para o setor financeiro, argumenta Kay, seria ele regressar à sua função central de alocação de capital por meio do que ele chama de "busca" e "administração". A busca é a descoberta de novas oportunidades, e a administração é o monitoramento dos ativos de longo prazo da economia. Assim, sugere Kay, os gestores de ativos do futuro poderão desempenhar muito mais dessas funções para os investidores. Os gestores de ativos fariam isso por meio da construção de relações de confiança e de longo prazo nas indústrias onde escolhessem aplicar sua experiência. Com a construção de ativos intangíveis e a falta de informação nas contas das empresas, as pressões para essa mudança estão aí.

Conclusão: Competindo, Gerenciando e Investindo em uma Economia Intangível

O crescimento do investimento intangível tem implicações significativas para os gestores, mas afetará diferentes empresas de diferentes maneiras. As empresas que produzem ativos intangíveis quererão maximizar as sinergias, criar oportunidades para aprender com as ideias dos outros (e se apropriar dos transbordamentos dos intangíveis dos outros) e reter talentos. Esses locais de trabalho podem acabar se parecendo bastante com a imagem popular de empresas modernas baseadas no conhecimento. Mas as empresas que dependem da exploração de ativos intangíveis existentes podem parecer muito diferentes, especialmente quando esses ativos são estruturas e processos organizacionais. Esses podem ser ambientes muito mais controlados — os armazéns da Amazon, e não a sua sede. A liderança será cada vez mais valorizada à na medida que permite às empresas coordenar investimentos intangíveis em diferentes áreas e explorar suas sinergias.

Os investidores financeiros que conseguem compreender a complexidade das empresas ricas em bens intangíveis também se sairão bem. A maior incerteza dos ativos intangíveis e a utilidade decrescente das contas das empresas valorizam a boa investigação sobre o capital e a percepção da gestão das empresas. Isso representará um desafio para os investidores, em parte porque a análise de capital de financiamento está se tornando mais difícil para muitos investidores institucionais à medida que as regulamentações são mais rigorosas, e em parte devido à tensão inerente entre a diversificação (que permite aos acionistas beneficiar-se dos efeitos de transbordamentos dos investimentos intangíveis) e a concentração de propriedade (o que reduz os custos de análise).

10

POLÍTICAS PÚBLICAS EM UMA ECONOMIA INTANGÍVEL: CINCO PERGUNTAS DIFÍCEIS

O fato de os investimentos intangíveis terem características diferentes daquelas dos tangíveis significa que os governos que pretendem o crescimento econômico em uma era de investimento intangível poderão ter de seguir políticas diferentes. Este capítulo analisa o que isso pode significar para as regras de propriedade intelectual, novos mercados e instituições, o sistema financeiro e o investimento público.

Se há algo que parece natural para os políticos e governos é reagir a acontecimentos extremos. A reunião de crise, a resposta de emergência, o desafio nacional: esses são os tipos de situações que os políticos estão preparados para responder. Às vezes essas respostas são altamente eficazes, às vezes são contraproducentes, mas uma coisa com a qual podemos contar é que, quando algo grave acontecer, os políticos reagirão.

A mudança lenta e gradual, por outro lado, é algo a que os políticos têm *muita dificuldade* em responder. A ascensão de uma economia intangível é uma dessas mudanças: como vimos, o investimento intangível aumentou de modo constante ao longo de trinta anos ou mais. Não houve nenhum choque repentino, nenhuma desculpa para uma coletiva de imprensa urgente ou um pacote de medidas de emergência. Apesar das tentativas periódicas de alguns especialistas e comentadores de enquadrá-la como uma "revolução", considerando como as revoluções avançam, ela é demasiado lenta e sutil para chegar à maioria das agendas políticas.

Isso é lamentável, para dizer o mínimo. O investimento intangível tem características econômicas distintas (os quatro elementos, descritos no Capítulo 4) e desempenha um papel relevante em questões econômicas prementes e importantes, desde a estagnação da produtividade até ao aumento da desigualdade. Portanto, há um forte argumento óbvio de que a política governamental deveria mudar para levar isso em conta.

Este capítulo estabelece cinco prioridades que os governos precisam abordar para lidar com uma economia na qual o investimento intangível é cada vez mais importante. Lamentamos dizer que esta não é uma lista de dúvidas políticas e vitórias rápidas. Pelo contrário, é uma coleção de dilemas e problemas difíceis, cujas respostas não são conhecidas. Não pretendemos que isso seja uma escolha fácil para os redatores de manifestos, mas estamos confiantes de que essas questões serão cada vez mais importantes para a política da próxima década e que os governos que conseguirem fazer progressos na sua resolução desfrutarão de maior prosperidade do que aqueles que as ignorarem ou falsificarem.

Desafios Políticos em uma Economia Intangível

Ao longo deste livro, identificamos uma série de características de uma economia rica em bens intangíveis que apresenta desafios e oportunidades para os decisores políticos governamentais. Vamos recapitular as cinco mais importantes.

Em primeiro lugar, os bens intangíveis tendem a ser *contestados*: é difícil provar quem os possui, e, mesmo assim, seus benefícios tendem a transbordar para outros. Esse problema tem sido tradicionalmente abordado por regras e normas de propriedade intelectual. Seria de esperar que uma economia cada vez mais dependente de bens intangíveis valorizasse boas estruturas de propriedade intelectual. Mas descobrir o que significa "bom" em propriedade intelectual é muito difícil.

Em segundo lugar, vimos que em uma economia intangível, as sinergias são muito importantes. A combinação de diferentes ideias e ativos intangíveis está no cerne da inovação empresarial bem-sucedida — e é o que distingue as empresas de maior sucesso do mundo, do Google à Disney e à Tesla Motors. Criar as condições para que as ideias se concretizem deve ser um objetivo importante para os decisores políticos. Isso é, em parte, uma questão de resolver questões políticas familiares, como o modo de incentivar o desenvolvimento urbano eficaz, e, em parte, de enfrentar novos desafios, como a forma de incentivar a pesquisa sobre novos meios de colaboração e comunicação.

O terceiro desafio, que delineamos nos Capítulos 8 e 9, diz respeito ao financiamento e ao investimento. Como vimos, as empresas e os mercados financeiros parecem subinvestir em investimentos intangíveis escaláveis e irrecuperáveis com tendência para gerar transbordamentos e sinergias. Nosso atual sistema de financiamento empresarial agrava esse problema. Em conjunto, isso leva a uma menor produtividade. Portanto, também esperaríamos que uma economia intangível próspera fizesse mudanças significativas em sua arquitetura financeira para facilitar o investimento dessas empresas nesses ativos. Poderíamos também esperar ver mudanças culturais no mundo dos negócios que tornem esse tipo de investimento mais provável.

Mas mesmo que os governos do futuro consigam esclarecer os direitos de propriedade sobre bens intangíveis, criar um fermento produtivo de ideias e estimular o desenvolvimento de mercados financeiros que incentivem o investimento empresarial, é provável que subsista um quarto desafio econômico. Tudo o mais constante, é provável que seja mais difícil para a maioria das empresas apropriar-se dos benefícios do investimento de capital nas economias do futuro do que nas economias ricas em bens tangíveis com as quais estamos familiarizados. Essa é uma mudança importante: o capitalismo bem-sucedido depende da ideia de que as empresas privadas têm uma expectativa razoável de receber alguns dos retornos de seus investimentos. Quando este não é o caso, as empresas têm menos incentivos para investir, e os governos podem se sentir obrigados a intervir. Isso já ocorre com alguns bens intangíveis importantes, como a pesquisa básica, que, na maioria dos países, é significativamente financiada pelos governos. Assim, poderemos esperar ver economias ricas em bens intangíveis bem-sucedidas realizar mais investimento público em bens intangíveis (incluindo, mas não limitado a pesquisa e desenvolvimento científico). À medida que os bens intangíveis se tornam mais importantes para a economia como um todo, poderá acontecer que uma proporção maior do investimento econômico seja financiada publicamente.

Tal aumento marcaria uma mudança significativa em relação a quarenta anos de desregulamentação e de declínio do envolvimento governamental na economia. Além disso, faria grandes exigências tanto à eficácia do governo (a sua competência e imparcialidade) como à sua legitimidade popular; exploraremos essas demandas com mais detalhes no final do capítulo.

Por fim, os governos devem descobrir como lidar com o dilema específico de desigualdade que os bens intangíveis parecem encorajar. Por um lado, como vimos nos Capítulos 5 e 6, o crescimento do investimento intangível parece aumentar a desigualdade e as divisões sociais. Mas, como vimos no Capítulo 8, aproveitar ao máximo os transbordamentos e as sinergias dos bens intangíveis exige boas instituições sociais e confiança.

No restante do capítulo, examinaremos essas cinco questões em ordem. Para uma visão mais concreta, imagine a economia daqui a cerca de dez anos, quando, se as tendências continuarem, os investimentos intangíveis nos países desenvolvidos poderão representar três quintos ou dois terços do investimento empresarial anual. Tentaremos descrever os tipos de políticas que veríamos em dois países hipotéticos: a República de Foo, que respondeu de forma eficaz à mudança de capital de tangíveis para intangíveis, e o Reino de Bar, que não o fez. (Mais tarde, faremos um breve desvio no Box 10.1 para um terceiro país, a Ruritânia, para analisar um conjunto alternativo de políticas que um pequeno país poderia utilizar para lucrar com o aumento dos bens intangíveis.)

Regras e Normas Mais Evidentes sobre Propriedade de Intangíveis

Um modo consagrado de incentivar o investimento em bens intangíveis é criar regras que permitam que pessoas e empresas os possuam. Os exemplos clássicos são patentes e direitos autorais; na verdade, essas regras têm até a sua própria cláusula na Constituição dos EUA. Isso mitiga o problema dos transbordamentos, tornando ilegal que qualquer pessoa, exceto o detentor dos direitos, utilize o ativo sem permissão.

Uma opção para um governo empenhado em reduzir os transbordamentos dos ativos intangíveis é tornar mais rigorosas e expandir essas leis. Poderia permitir patentes mais amplas e duradouras, direitos de propriedade intelectual sobre bens intangíveis, como o design, e uma tolerância a cláusulas de não concorrência (que ajudam as empresas a reduzir os transbordamentos de treinamento ao dificultar a saída de trabalhadores qualificados para outras empresas). Além disso, também poderia tornar mais barato obter proteção de PI.

Tudo isso certamente aumentaria a capacidade das empresas de se apropriarem do investimento intangível que realizam. Mas haveria um preço alto a se pagar. Fortes direitos de PI reduzem as oportunidades para outras empresas concretizarem as sinergias entre bens intangíveis; portanto, embora possa aumentar o incentivo aos investimentos, reduz seu ganho de produtividade. Como apontou Bronwyn Hall, conjuntos combinados de patentes interligadas às vezes atuam como uma barreira à concorrência (Hall, Helmers e Graevenitz, 2015). Em alguns casos, o potencial ganho de produtividade resultante das sinergias é suficientemente forte para que existam bons argumentos a favor do enfraquecimento, em vez do reforço dos direitos de propriedade intelectual — como as patentes de software ou as telecomunicações, em que existem muitas patentes interligadas que tornam demasiado difícil para um empresa inovadora negociar com todos os detentores de patentes relevantes. Outro perigo de reforçar as leis de PI é que é possível fazê-lo de formas desiguais e parciais que favorecem os titulares de direitos e os trolls de patentes (ambos os grupos que frequentemente dedicam recursos significativos ao lobby), enquanto fazem pouco para encorajar novos investimentos intangíveis.

Há, no entanto, bons argumentos para direitos de PI *mais evidentes*. Escritórios de patentes bem administrados estão equipados para rejeitar patentes vagas que criam incerteza. Processos legais claros dão aos proprietários de PI a confiança de que seus direitos fazem o que pensam que fazem e desencorajam processos judiciais vexatórios e o tipo de compras legais que levaram tantos casos de patentes ao tribunal do Distrito Leste do Texas, notoriamente favorável aos trolls.

DIREITOS DE PROPRIEDADE

A economia de alto investimento intangível da República de Foo tem leis de propriedade intelectual claras, tribunais de PI consistentes com jurisdição clara e autoridades de patentes e direitos autorais bem administradas que rejeitam reivindicações de PI confusas ou excessivamente amplas.

O Reino de Bar, por outro lado, tem uma mistura prejudicial de leis de PI muito fortes em áreas específicas onde os detentores de direitos fizeram lobby de forma eficaz, e leis de PI pouco claras e mal administradas em outras áreas, resultando em muitos direitos de PI disputados e de baixa qualidade. A decisão judicial varia enormemente, com alguns tribunais inclinados para os detentores de direitos, e outros, para os réus.

As regras dos bens intangíveis envolvem mais do que a própria lei de propriedade intelectual: os mercados e as normas também são importantes.

Consideremos primeiro os mercados. Como vimos no Capítulo 4, parte da razão pela qual os ativos tangíveis têm menos probabilidade de serem custos irrecuperáveis é o fato de serem transacionáveis e as pessoas saberem quanto valem. Avaliar uma patente ou um direito de autor provavelmente nunca será tão fácil como avaliar uma van usada, mas estabelecer mercados como o Digital Copyright Exchange proposto no Reino Unido por Ian Hargreaves em 2011 pode ajudar esse processo. Os pools de patentes, nos quais as empresas investem conjuntamente em pesquisa e concordam em partilhar os direitos resultantes, têm sido utilizados em uma variedade de indústrias desde o início do século XX.

Dados os avanços suficientes na tecnologia e nas infraestruturas, esses tipos de mercados e instituições não precisam se limitar a ativos intangíveis relevantes, como patentes ou direitos de autor. Podem também ser aplicáveis aos pequenos elementos de dados gerados pelos utilizadores que, coletivamente, constituem as bases de dados e redes imensamente valiosas de empresas como o Google e o Facebook. Jaron Lanier, o filósofo e cientista da computação, defendeu um sistema que permitiria aos criadores de conteúdo gerado pelo usuário — isto é, você e eu toda vez que interagimos online ou, muitas vezes, offline — cobrar uma taxa muito baixa pelo uso de nossos dados. Estabelecer esse tipo de intercâmbio é uma tarefa importante, que exige uma coordenação significativa entre os titulares de direitos, plataformas de conteúdos, agências de cobrança e governos. Mas o esforço pode valer a pena: mercados e plataformas eficientes para o intercâmbio de PI serão economicamente valiosos em uma economia intangível.

Como os bens intangíveis, muitas vezes, têm sinergias valiosas, dependem de normas, regras e padrões sobre como reuni-los. Algumas dessas normas são técnicas, como protocolos tecnológicos que permitem a interação de diferentes softwares; algumas são normas profissionais, como o escalonamento das rodadas de capital de risco; outras são regulatórias, como regras sobre quais dados os sites podem coletar e o que podem fazer com eles, ou os regulamentos que regem as relações entre empresas (por exemplo, entre plataformas como o YouTube e os proprietários de conteúdo de vídeo protegido por direitos autorais). A maioria deles é sustentada pelo consenso social sobre como as coisas deveriam funcionar (a opinião entre os desenvolvedores de que o software deve ser compatível, não proprietário e fechado, por exemplo, ou as opiniões sobre o equilíbrio entre a privacidade pessoal e os direitos das empresas que fundamentam a lei de proteção de dados).

Para maximizar o investimento intangível eficaz, uma economia necessita de regras cuidadosamente pensadas, baseadas em um consenso social fundamentado e relativamente estável. Isso, por sua vez, requer investimento (o desenvolvimento de normas não é gratuito) e capital social. Sociedades divididas, turbulentas ou sem curiosidade, aquelas com capital social insuficiente, são mais propensas a ter opiniões instáveis e em constante mudança sobre o que as regras sobre coisas como a privacidade deveriam tentar alcançar — e quando se trata de incentivar o investimento, a estabilidade pode ser mais importante do que a norma precisa que é adotada. O estabelecimento e a aplicação dessas normas são dispendiosos: exigem escritórios de patentes e reguladores devidamente financiados e que o governo gaste capital político para regular de forma justa (em vez de simplesmente implementar a vontade dos lobistas mais caros).

O FUTURO: PROPRIEDADE INTELECTUAL

A economia baseada em bens intangíveis e de elevado investimento da República de Foo tem mercados profundos para vários direitos de propriedade intelectual, talvez incluindo patentes e direitos do autor. É conhecida pelas suas regras e seus padrões eficazes em tudo, desde privacidade até pesquisa médica. Essas regras não são as mais liberais nem as mais conservadoras do mundo, mas são notáveis pela sua clareza e estabilidade. Essa estabilidade deriva, em parte, de um debate público maduro e informado sobre questões como a privacidade e a utilização de dados, e, em parte, de uma forte base de competências técnicas e práticas.

O Reino de Bar, pelo contrário, carece de mercados eficazes, e seus padrões são mal definidos, mal concebidos e, muitas vezes, pouco confiáveis, estando sujeitos a mudanças instintivas à medida que a opinião pública muda.

Ajudando a Combinar Ideias: Maximizando os Benefícios das Sinergias

As boas políticas públicas devem ser tão assíduas na criação de condições para que o conhecimento se espalhe, misture e frutifique, como na criação de direitos de propriedade para aqueles que investem em bens intangíveis.

Apesar das frequentes previsões de que a internet levará ao fim da distância, por enquanto os transbordamentos entre bens intangíveis acontecem em locais específicos onde as pessoas se reúnem, especialmente nas cidades. Isso torna extremamente importante um bom planejamento urbano e políticas de utilização do solo. É claro que existe uma vasta literatura sobre o que constitui uma boa política para as cidades, mas no contexto dos bens intangíveis, existem dois princípios importantes.

Por um lado, as regras municipais não devem dificultar a construção de novos locais de trabalho e habitações. As cidades devem ter liberdade para crescer e aproveitar ao máximo as sinergias cada vez maiores decorrentes dos bens intangíveis.

Por outro lado, as cidades precisam ser conectadas e habitáveis. É mais provável que as sinergias sejam concretizadas se as pessoas se encontrarem e interagirem do que se a vida urbana for atomizada e isolada. Fazer isso corretamente envolve encontrar um equilíbrio; é necessária uma combinação de liberalismo ao estilo de Jane Jacobs, tolerando áreas confusas e diversas, em vez de construir autoestradas com várias faixas através delas, e de algum planeamento benigno, fornecendo infraestruturas suficientes para as pessoas se deslocarem e locais para se encontrarem. Os tipos de cidades que atraem o que Richard Florida chamou de "classe criativa", ou os "distritos de inovação" que Bruce Katz observou surgir nos Estados Unidos, envolvem uma mistura de planejamento criterioso e crescimento orgânico.

Inevitavelmente, existem tensões nesse tipo de política. Em cidades com utilização intensiva de bens intangíveis, como Nova York e Londres, a liberalização das regras de planejamento para permitir a construção de mais habitações é criticada por causar a destruição de importantes espaços públicos e locais culturais onde as pessoas se reúnem. O bom desenvolvimento, especialmente em uma época de bens intangíveis, envolve a provisão tanto de bens básicos de habitação e transporte como de convívio.

Um leitor cético poderia, neste momento, perguntar o que há de novo sobre a necessidade de um bom planejamento urbano e regras de uso do solo. Afinal de contas, a liberalização das regras de planejamento é uma daquelas políticas que os economistas acadêmicos têm exigido há décadas, mas que é geralmente frustrada por outros fatores, desde o desejo de reduzir a expansão e o desenvolvimento desagradável até a atitude defensiva dos atuais proprietários quanto ao valor de suas propriedades. É verdade que esta é uma questão bastante conhecida. Mas a importância do aumento dos bens intangíveis é que, a cada ano que passa, o custo econômico da má política urbana, da proteção das zonas verdes, da restrição da altura dos edifícios ou da proteção do tamanho dos lotes, aumentará: quanto mais a economia depender dos intangíveis, mais ela perderá restringindo as oportunidades para os intangíveis se combinarem de modo eficaz.

Para ter uma noção da evolução dos custos das restrições de planejamento, consideremos o exemplo significativo do geógrafo Christian Hilber (2016), de Londres. Se você for ao Monte do Rei Henrique VIII, em Richmond Park, 16km a sudoeste da Catedral de São Paulo, em Londres, encontrará uma avenida com árvores, plantadas no início de 1700, de onde se tem uma vista muito limitada da cúpula da Catedral. Essa visão é a mesma desde 1710. Como sobreviveu tanto tempo? Ela está protegida por regulamentos de planejamento, a saber, o *London View Management Framework*.[1] Esses regulamentos proíbem edifícios altos na linha de visão entre o Richmond Park e a Catedral de São Paulo. Eles também não permitem edifícios altos atrás da Catedral, o que os planejadores decidiram que constituiria um cenário inaceitável para essa visão. Como diz a LVMF (2012, p. 175): "Na determinação das aplicações (para novos edifícios), é essencial que o desenvolvimento no fundo da vista esteja subordinado à Catedral e que o perfil de fundo do céu claro da parte superior da cúpula permaneça." Como diz Hilbers, "embora essa vista seja certamente agradável para aqueles que vivem nas proximidades ou para os transeuntes, sem dúvida impõe um 'custo de oportunidade' econômico astronômico e cada vez maior... A vista protegida, por meio da limitação da oferta, aumenta os custos de habitação de todos os londrinos e afeta de maneira adversa a produtividade do capital."

O FUTURO: O USO DO SOLO E INFRAESTRUTURA FÍSICA

A República de Foo, a nossa economia intangível e de elevado investimento do futuro, reformulou significativamente suas regras de utilização do solo, especialmente nas grandes cidades, tornando mais fácil a construção de habitações e locais de trabalho. Ao mesmo tempo, investe significativamente no tipo de infraestruturas necessárias para tornar as cidades habitáveis e conviviais, em particular, transportes eficazes e comodidades cívicas e culturais, desde museus à vida noturna. Em alguns casos, isso envolve a rejeição de grandes planos de desenvolvimento que destroem locais existentes. Enfrentou custos políticos ao fazer essa mudança, especialmente de interesses instaurados que se opõem a novos desenvolvimentos ou à gentrificação, mas o aumento dos benefícios econômicos de centros urbanos vibrantes proporcionou incentivos suficientes para fazer pender a balança de poder a favor do desenvolvimento.

As cidades do Reino de Bar escolheram um de dois caminhos infelizes: em alguns casos, privilegiaram a continuidade em detrimento do dinamismo em suas cidades — criando lugares como Oxford, no Reino Unido, que são bonitos e cheios de espaços públicos de convívio, mas onde é muito difícil construir qualquer coisa, o que significa que poucas pessoas conseguem aproveitar o potencial econômico que o local cria. Outras cidades assemelham-se a Houston, no estado do Texas, na década de 1990 — um paraíso de baixa regulamentação onde a ausência de leis de planejamento mantém baixos os preços das casas e dos escritórios, mas onde a falta de centros acessíveis a pé e de locais de convívio torna mais difícil a multiplicação de bens intangíveis. (Para o crédito de Houston, a situação mudou para melhor nos últimos vinte anos.)

As piores cidades de Bar falham em ambos os aspectos, investindo pouco em comodidades urbanas e dificultando sua construção. Nos três casos, a desvantagem econômica de não ter cidades vibrantes que possam crescer tornou-se cada vez maior à medida que a importância dos bens intangíveis aumentou.

Mas criar a infraestrutura para transbordamentos não envolve apenas espaço físico. Atualmente, as colaborações mais eficazes acontecem diretamente, apesar da variedade vertiginosa de tecnologias digitais para socialização e colaboração, desde o Skype e e-mails até o Facebook e o Slack. Mas só porque a morte da distância amplamente prevista não aconteceu, não significa que nunca acontecerá. Parece muito provável que, em algum momento, as pessoas descubram melhores maneiras de interagir de forma significativa umas com as outras a distância usando TI à medida que novas aplicações se desenvolvem e a força de trabalho se torna povoada por pessoas que cresceram com vidas sociais e hobbies online.

A questão de como as pessoas usam a tecnologia para impulsionar o que alguns chamam de "inteligência coletiva" tem uma longa história: está por trás da famosa "mãe de todas as demonstrações", a apresentação de 1968 em que Douglas Engelbart demonstrou os primeiros exemplos mundiais de videoconferência, vinculação dinâmica de arquivos, controle de revisão e colaboração eletrônica. A inteligência coletiva está intimamente ligada ao desenvolvimento de fenômenos da internet como a Wikipedia e continua a evoluir na forma de plataformas como Slack e GitHub.

Uma economia capaz de desenvolver tecnologias e formas de trabalho que reproduzam o poder social da interação face a face a distância será transformada, especialmente no que diz respeito ao uso da terra. Libertar-se da tirania de propriedades cada vez mais caras no centro da cidade é uma grande vitória econômica. Assim, embora a morte da distância possa ser um tiro no escuro, o tipo de coisa que é prometida muito antes de ser cumprida, suas recompensas econômicas serão muito grandes.

Existem algumas coisas que os governos poderiam fazer para ajudar nesse processo. O governo de Foo, o nosso estado amigo do intangível, poderia seguir o exemplo da DARPA nas décadas de 1960 e 1970 e financiar o desenvolvimento experimental no uso de tecnologias para promover a inteligência coletiva e a colaboração eficaz. (Na verdade, a União Europeia financia atualmente vários programas de pesquisa neste domínio no âmbito do programa Horizonte 2020. Nos Estados Unidos, programas de organizações sem fins lucrativos, como a MacArthur Foundation Research Network on Opening Governance, desempenham um papel semelhante.) De modo mais ambicioso, Foo poderia experimentar ferramentas para trabalho a distância e colaboração em seu próprio negócio. Isso poderia consistir na orientação dos utilizadores dessas ferramentas pelos departamentos governamentais e também envolver a utilização de ferramentas de colaboração digital para realizar consultas públicas, deliberações democráticas e outros exercícios de envolvimento que apenas os governos tendem a fazer.

Uma Arquitetura Financeira para Investimentos Intangíveis

Vimos no Capítulo 8 que os mercados financeiros são concebidos para satisfazer as necessidades das empresas que investem em ativos tangíveis, e não em ativos intangíveis. Mudar o modo como os mercados financeiros funcionam não é fácil, mas a maioria dos governos já o faz até certo ponto, seja oferecendo garantias de empréstimos governamentais, incentivos fiscais para certos tipos de financiamento, como o capital de risco, ou, mais significativamente, tratando os juros da dívida, mas não o custo do financiamento de capital, como despesa dedutível de impostos. O que um país faria de diferente se quisesse criar as condições para que as empresas com utilização intensiva de bens intangíveis obtivessem o capital de que necessitam para prosperar?

Em primeiro lugar, os governos devem encorajar novos modos de financiamento por dívida que facilitem às empresas realizar empréstimos com garantia de propriedade intelectual — ativos intangíveis aos quais podem ser atribuídos direitos de propriedade. Geralmente, o governo não consegue fazer com que a inovação financeira aconteça, mas pode torná-la mais fácil. Como vimos, os governos de Singapura e da Malásia implementaram esquemas para encorajar empréstimos garantidos por intangíveis, em parte subsidiando os empréstimos e em parte instruindo os organismos governamentais responsáveis pela PI (como os gabinetes de patentes) a trabalhar com os bancos para reduzirem os custos legais e as barreiras técnicas.

Em longo prazo, o governo deverá criar as condições para uma mudança do financiamento por dívida para o financiamento por capital próprio. Como vimos, muitas vezes, é difícil obter financiamento por dívida para investimentos intangíveis porque eles estão irrecuperáveis: o banco pode cobrar ou penhorar sua frota de vans ou seu escritório caso você não consiga pagar seus empréstimos, mas é mais difícil fazer o mesmo com uma propriedade intelectual ou uma marca. Como as empresas podem reivindicar benefícios fiscais sobre o pagamento de juros, mas não sobre o custo do capital próprio, a dívida é mais barata do que o capital próprio para qualquer nível de risco. À medida que o investimento intangível se torna mais importante, essa distorção atrasará cada vez mais o investimento.

A criação de um crédito fiscal para financiamento de capital próprio — isto é, a redução da responsabilidade fiscal de uma empresa em um montante que reflita o custo do capital próprio — é um modo de corrigir essa situação; outra é tributar os pagamentos de juros da dívida, mas reduzir as taxas gerais de imposto para compensar. É uma proposta com um pedigree respeitável: existe crédito na Bélgica, e várias versões do crédito foram analisadas e recomendadas pelo prêmio Nobel James

Mirrlees na sua revisão canônica de 2011 do sistema fiscal do Reino Unido (Mirrlees *et al.*, 2011). Os governos não devem ter quaisquer ilusões sobre a dificuldade desse tipo de plano: é o equivalente a uma cirurgia cardíaca de peito aberto em uma parte central do sistema fiscal das sociedades e será combatido por uma série de interesses instalados, cujos modelos de negócio dependem de dívida barata. E tal plano exigiria o surgimento de novas instituições para fornecer financiamento de capital às pequenas e médias empresas, o que também levaria muito tempo. Mas à medida que a importância dos bens intangíveis aumenta, as recompensas por fazer a mudança, em termos de aumento do investimento e da produtividade, serão cada vez maiores.

Seria de esperar que o investimento em capital público fosse dominado mais por instituições, algumas das quais se comprometeriam a assumir participações em longo prazo em empresas ricas em bens intangíveis, permitindo um maior investimento. O governo tem alguns papéis que pode desempenhar aqui. Em primeiro lugar, pode remover regulamentos que desencorajam a participação em bloco (isso inclui requisitos de divulgação, regras sobre as informações que as empresas podem fornecer aos detentores de bloco e sobre quais os acionistas que podem votar com ações emprestadas). Em segundo lugar, pode reexaminar os padrões de contabilidade financeira para identificar melhores formas de refletir os investimentos intangíveis (seguindo o exemplo dos criadores da planejada Bolsa de Valores de Longo Prazo da Califórnia ou da agenda de reformas do estudioso de contabilidade Baruch Lev estabelecida no livro *The End of Accounting*).

Poderá também haver uma estratégia diferente disponível para os governos que têm a sorte de gerir fundos soberanos ou grandes fundos de pensões estatais dotados. Como vimos, os maiores investidores institucionais poderão ser capazes de investir amplamente em um ecossistema, sabendo que podem beneficiar dos transbordamentos dos investimentos intangíveis, mesmo que uma empresa individual que tenham apoiado não o faça. Esses fundos nacionais maiores poderiam ser utilizados para investir em ecossistemas específicos (do mesmo modo que se diz que a Fidelity investiu em todo o império empresarial de uso intensivo de bens intangíveis de Elon Musk).

Em paralelo a essas mudanças regulamentares, podemos esperar cautelosamente uma mudança cultural entre os gestores de grandes empresas e investidores institucionais. O projeto britânico *Purposeful Company* (Big Innovation Centre, 2017) e a iniciativa internacional

Focusing Capital on the Long Term têm defendido que os gestores e os grandes acionistas estejam mais dispostos a fazer investimentos de longo prazo, particularmente em investimentos intangíveis como P&D e capital humano e organizacional. Os céticos argumentarão que palavras bonitas e boas intenções não são suficientes para mudar o comportamento das grandes empresas. Mas, em combinação com outras medidas políticas, podem se revelar eficazes. Parece que o comportamento das empresas que estão dispostas a fazer grandes investimentos de longo prazo em bens intangíveis é, pelo menos em parte, uma questão de cultura.

Embora possamos esperar ver um desenvolvimento contínuo do capital de risco em uma economia cada vez mais intangível, não está claro se os governos podem ou devem fazer muito mais do que já fazem para promovê-lo. Como Josh Lerner mostrou em *The Boulevard of Broken Dreams* (2012), uma vez que as isenções fiscais ou os subsídios ao capital de risco ultrapassam um certo nível, tendem a encorajar o investimento estúpido (uma vez que o ganho fiscal por si só é suficiente para os investidores lucrarem); uma vez que todo o objetivo do capital de risco é o investimento inteligente, incentivos fiscais muito grandes são autodestrutivos. Para que um país desenvolva seu setor de capital de risco, o tempo e as condições de enquadramento favoráveis são mais importantes do que subsídios adicionais.

O FUTURO: ARQUITETURA FINANCEIRA

A República de Foo, nossa jurisdição com conhecimento intangível, implementou muitas dessas recomendações. Ao longo de vários anos, conseguiu alterar radicalmente seu sistema fiscal para equalizar o estatuto fiscal das sociedades da dívida e do capital próprio, apesar de uma oposição política significativa e de dificuldades administrativas. Foo é agora conhecida como um centro de investimento em ações, com mercados de ações cada vez mais profundos para pequenas empresas, bem como um mercado inovador de financiamento por dívida apoiado por PI. Foi ajudada pelo compromisso de vários grandes investidores institucionais nacionais em assumir interesses maiores e de mais longo prazo em empresas públicas, uma medida que parece ter ajudado a encorajar mais investimento entre grandes empresas cotadas e reduziu o volume de recompras.

O Reino de Bar, pelo contrário, continua a enfrentar dificuldades: o financiamento de suas pequenas empresas continua tão dominado pela dívida como sempre foi, em parte porque continua a ser favorecido pelo sistema fiscal e em parte porque muito poucas instituições podem fornecer financiamento de capital para empresas menores. Seguindo os modismos internacionais, gastou milhões na tentativa de desenvolver uma indústria de capital de risco autóctone, mas as frequentes mudanças de política e a falta de atratividade das condições mais amplas para investir em bens intangíveis significam que seus esforços geraram poucos resultados.

Resolvendo a Lacuna de Investimento Intangível

Até agora, sugerimos que os governos deveriam mitigar o problema do subinvestimento colocado por uma economia intangível de três maneiras: fortalecendo as reivindicações de propriedade sobre bens intangíveis, sempre que possível, criando condições para que as empresas possam tirar o máximo partido dos transbordamentos e sinergias intangíveis, e encorajando a reforma financeira para que as empresas enfrentem menos incentivos para subinvestir. Vale a pena fazer tudo isso, mas parece improvável que resolva inteiramente o problema do subinvestimento. Afinal de contas, os incentivos subjacentes para as empresas evitarem investimentos com elevados transbordamentos continuarão a existir. E à medida que os bens intangíveis parecem destinados a se tornar cada vez mais importantes para a economia a cada ano, o problema do subinvestimento só irá piorar.

Existem dois intervenientes na economia que têm interesse em fazer investimentos intangíveis, apesar do risco de os benefícios transbordarem.

O primeiro é o pequeno número de empresas grandes e dominantes que parecem ter capacidade não só de lucrar com seus próprios investimentos, mas também de se apropriar dos benefícios dos investimentos de outras empresas. Essa é uma interpretação do que empresas como o Google ou o Facebook estão fazendo quando apoiam programas de P&D do tipo moonshot, ou quando gastam liberalmente no apoio a "ecossistemas de startups" nas grandes cidades — se você for uma empresa grande e diversificada o suficiente, esses tipos de investimentos podem ser de seu autointeresse esclarecido.

O segundo são o governo e outros organismos de interesse público, tais como grandes fundações sem fins lucrativos, ambos destinados a adotar uma perspectiva mais ampla.

É teoricamente possível que as grandes empresas dominantes possam, ao longo do tempo, investir cada vez mais em bens intangíveis, compensando as lacunas do resto do setor empresarial. Isso seria efetivamente um regresso aos dias de grandes investimentos ao estilo dos Bell Labs. Pode até ser que algumas das mesmas dinâmicas subjacentes os encorajem: tal como a pesquisa de bem público dos Bell Labs foi, de certa forma, uma contrapartida à vontade do governo dos EUA de tolerar o monopólio das telecomunicações da AT&T, talvez as grandes empresas tecnológicas do futuro que gozam de monopólios efetivos devido às redes sejam encorajadas a investir em P&D e outros intangíveis como parte de sua licença para operar. Mas, no geral, isso parece improvável: a relação entre o governo e as empresas na maioria dos países desenvolvidos mudou tanto desde as décadas de 1960 e 1970 que é difícil imaginar que esse tipo de corporativismo seja recriado em uma escala significativa, e é difícil imaginar que não teria outros efeitos negativos que reduziriam a produtividade.[2] (Uma versão em menor escala disso poderá surgir, no entanto, se mais empresas seguirem o padrão da Microsoft, que gerou grande riqueza pessoal para seus fundadores, que então passaram a financiar investimentos intangíveis para o bem público. Exemplos são Bill Gates, cuja Fundação Gates financia pesquisas sobre doenças tropicais, e Nathan Myhrvold, que apoia pesquisas nucleares e de geoengenharia. Mas parece improvável que isso compense a diferença.)

Isso deixa o governo como um investidor de último recurso. É difícil escapar à conclusão de que, se o investimento intangível é mais difícil de ser financiado pelas empresas e está se tornando mais importante para a economia, então, a menos que estejamos preparados para ver uma escassez de investimento, o papel do governo como investidor terá de crescer.

Esse não deveria ser um conceito totalmente estranho nos países desenvolvidos, cujos governos já fazem investimentos significativos em bens intangíveis que as empresas utilizam, especialmente sob a forma de P&D pública e formação subsidiada. No Reino Unido, cerca de um terço de toda a P&D, e uma proporção muito maior da P&D em fase inicial, é financiado pelo governo. Mas qualquer pessoa com alguma familiaridade com projetos de software do setor público saberá que nem todos os investimentos intangíveis financiados pelo governo funcionam bem. Como pode então um país aumentar o investimento financiado publicamente em bens intangíveis sem conduzir a um mau investimento generalizado? Existem algumas opções práticas.

Financiamento público de P&D. A primeira é aumentar a despesa pública em P&D: gastar mais em pesquisa universitária, em institutos de pesquisa públicos ou em pesquisa realizada por empresas. Pagar pela pesquisa é um dos tipos de investimento menos ideologicamente controversos que um governo pode fazer para promover o crescimento: é popular entre Jeremy Corbyn e Bernie Sanders, na esquerda, Peter Thiel, na direita, e um número significativo de políticos e especialistas entre eles. A lógica remonta a um de nossos quatro elementos dos intangíveis: transbordamentos. Dado que os retornos da P&D nem sempre são captados pela pessoa ou empresa que nela investe, as empresas realizam menos P&D do que o ideal para a economia como um todo e, portanto, o governo tem um papel legítimo na intervenção, seja financiando a pesquisa em universidades e institutos ou pagar às empresas para realizarem P&D com subsídios ou incentivos fiscais. No total, em 2013, os países da OCDE gastaram cerca de US$40 bilhões em P&D com financiamento público e outros US$30 bilhões em benefícios fiscais para P&D (Appelt *et al.*, 2016).

A evidência dos benefícios econômicos da pesquisa pública revela-se mais difícil de avaliar do que se imagina, mas a evidência que temos parece bastante positiva. A pesquisa realizada por um dos autores, com Alan Hughes, Peter Goodridge e Gavin Wallis, sugere que o investimento extra do governo do Reino Unido em pesquisa nas universidades aumenta a produtividade nacional em 20% (Haskel *et al.*, 2015). (Houve oscilações substanciais no apoio governamental às universidades ao longo das décadas de 1990 e 2000, e esses altos e baixos estão bem correlacionados com os altos e baixos da produtividade, com um atraso de cerca de três anos.)

Como apontamos, a correlação não prova a causalidade. Por exemplo, muitas universidades estão em áreas economicamente afortunadas. Mas será que isso significa que ter uma boa universidade aumenta as fortunas econômicas locais? Ou as áreas ricas abrem universidades? É necessária uma estratégia para identificar o nexo causal, se existir, entre os gastos universitários e a prosperidade local.

Um modo inteligente de chegar à resposta a essa questão da ligação é estudar mais ou menos uma experiência decorrente de um costume único de financiamento universitário dos EUA. Os economistas Shawn Kantor e Alexander Whalley (2014) salientaram que muitas universidades nos Estados Unidos gastam uma quantia bastante fixa (cerca de 4%) de suas dotações todos os anos. (Essa prática tem um nome, regra de Bengen, em homenagem ao consultor financeiro que calculou que se tratava de uma redução anual sustentável ou de uma taxa de gastos de uma doação ou de um fundo de pensão.) Assim, quando os mercados de ações crescem ou entram em colapso, os gastos universitários tendem a aumentar ou a diminuir os valores de mercado de suas dotações, independentemente das condições econômicas locais. Kantor e Whalley analisaram se havia uma correlação entre as mudanças nas despesas universitárias *per capita* (causadas por esses choques) e as condições econômicas locais (medidas como salários não universitários na área local).

Utilizando uma amostra de 135 faculdades e universidades localizadas em 85 condados dos EUA, eles descobriram que, quando havia um boom no mercado de ações que conduzia a maiores declínios, os aumentos na atividade universitária (principalmente aumento da produção de pesquisa) de fato melhoravam os rendimentos locais. Portanto, existe uma ligação entre a pesquisa universitária e o sucesso econômico local, que dura muito tempo (pelo menos cinco anos, com base nos dados), mas em média é modesta. Curiosamente, a força do link varia. As ligações são maiores se (a) a universidade for intensiva em pesquisa e (b) as condições na área local forem mais propícias à absorção dessa pesquisa. Essas condições são que as empresas na área local sejam mais qualificadas e estejam tecnologicamente mais próximas da pesquisa da universidade (por exemplo, patentes universitárias).

Daí podemos inferir que as políticas de ciências são um complemento das políticas regionais, e não um substituto para elas. Os benefícios de fornecer financiamento às universidades em cidades desfavorecidas serão substancialmente limitados, a menos que as comunidades locais absorvam os resultados do aumento de pesquisas (por exemplo, trabalhadores altamente qualificados e indústrias locais que possam utilizar o produto das pesquisas).

Há um intenso debate sobre que métodos específicos — de financiar pesquisas públicas a programas orientados a missões — funcionam melhor. (No RU, o mix é de cerca de £1 em concessões de P&D para empresas para £3 em benefícios fiscais para P&D de empresas para £10 de ciência acadêmica com financiamento público.) Mas a ideia de que esperaríamos mais dinheiro público gasto em P&D de uma forma ou outra parece uma consequência lógica da crescente importância do investimento intangível.

Porém, P&D não é o único tipo de intangível financiado pelos governos. Historicamente, o setor público desempenhou um papel importante, embora amplamente não divulgado, em financiar outros intangíveis necessários para levar produtos ao mercado. Às vezes, isso ocorre por meio de incentivos fiscais ou financiamento direto. O governo de Singapura subsidia investimento empresarial em uma série de intangíveis por meio de incentivos ficais em vigor, o Sistema de Crédito de Produtividade e Inovação,[3] que abrange a concepção, a automatização de processos, a formação e a aquisição e desenvolvimento de vários tipos de propriedades intelectuais além de P&D. Alguns governos fornecem aconselhamento barato ou gratuito sobre metodologias de produção (como o recentemente descontinuado Manufacturing Advisory Service, do Reino Unido, ou a Manufacturing Extension Partnership, dos EUA) — isto é, na prática, um desenvolvimento organizacional fornecido publicamente ou investimento em design. Os governos também financiam bens intangíveis quando financiam as artes, à medida que isso beneficia as partes da economia que dependem do design, da expressão ou da criatividade estética. A pesquisa Nesta sugeriu que mais de 10% da economia do Reino Unido poderia ser classificada como "criativa" nesse sentido (Higgs, Cunningham e Bakhshi, 2008) e que a arte subsidiada publicamente no Reino Unido deu uma contribuição significativa para as indústrias criativas comerciais.

Compras Públicas. Outro modo pelo qual o governo pode, na prática, financiar investimentos intangíveis é por meio da utilização da alavanca das aquisições. Quando os militares dos EUA financiaram o desenvolvimento da indústria de semicondutores na década de 1950, não financiaram apenas P&D. Ao agirem como clientes principais (muitas vezes pagando com base no custo acrescido), financiaram efetivamente as empresas norte-americanas para investirem nos bens intangíveis necessários para produzir e vender chips, um investimento que se revelou valioso quando as empresas se expandiram para mercados comerciais. O apoio do governo de Taiwan à sua nascente indústria de semicondutores nas décadas de 1970 e 1980 (particularmente por meio da sua agência de tecnologia ITRI) funcionou de modo semelhante: a ITRI não investiu apenas em P&D, incubou empresas como a UMC e a TSMC, investindo nos intangíveis de que necessitavam para operar as fábricas de semicondutores de modo eficaz e ligá-las à cadeia global de fornecimento de semicondutores. A taxa de sucesso da política industrial no apoio às indústrias nascentes é uma questão em aberto, mas, à medida que funciona, é um exemplo de investimento governamental em bens intangíveis públicos não relacionados com P&D.

O estudioso da inovação David Mowery estudou se as compras públicas "inteligentes" funcionam nos Estados Unidos e se o romance sobre exemplos norte-americanos como o DARPA, o programa Small Business Innovation Research ou os programas Apollo e Manhattan é equivocado (Henderson, Newell e Mowery, 2011). Ele observa que o desenvolvimento do setor de TI dos EUA é uma grande história de sucesso para compras. Na década de 1950, as forças armadas dos EUA adquiriram muitos softwares e semicondutores, e essa procura ajudou a Texas Instruments e outras empresas a investir não apenas em P&D, mas também em outros processos necessários para fabricar e vender semicondutores. Ele observa que uma disposição desse programa era a necessidade de mais de um fornecedor, de modo que isso tornou o compartilhamento de informações e padrões na indústria uma prática comum. No final da década de 1960, contudo, os militares compravam uma parcela muito pequena de produtos de TI, e a procura do setor privado tornou-se muito importante. Felizmente, os projetos militares foram, de fato, altamente complementares às necessidades do setor privado. Com o tempo, as coisas mudaram, e a indústria de software amadureceu a tal ponto que os militares agora compram software do setor privado. Uma tentativa dos militares dos EUA, na década de 1980, de fabricar seu próprio software foi um fracasso. Assim, em última análise, o sucesso residiu no desenvolvimento de algo que era muito complementar às necessidades do setor privado, e o setor privado simplesmente assumiu a liderança.

Embora o desenvolvimento da indústria de TI dos EUA seja um exemplo de compras que incentivam efetivamente o investimento intangível, também houve algumas falhas. Nas décadas de 1970 e 1980, a Força Aérea dos EUA investiu no desenvolvimento de máquinas-ferramentas assistidas por computador, mas seus esforços foram superados por aquelas das empresas japonesas. A energia nuclear civil também se beneficiou de grande parte do financiamento da defesa e das despesas com aquisições, mas, no mínimo, as necessidades do setor da defesa (como o fornecimento de energia a submarinos e a criação de plutônio para armas atômicas) impediram, em vez de ajudar, a evolução de tecnologias nucleares eficazes.

Tudo isso mostra que utilizar as compras públicas para incentivar o investimento intangível não é algo que está isento de riscos. Há quatro coisas que os governos devem acreditar que podem acertar se quiserem que essa estratégia funcione. Em primeiro lugar, há a questão da escala. Os especialistas em política de todo o mundo muitas vezes olham com inveja para a DARPA, a agência de inovação em defesa dos EUA, que gasta cerca de US$3 bilhões por ano em um misto de pesquisa e desafios inovadores e tem desempenhado um papel importante no desenvolvimento de tecnologias, desde o mouse do computador ao carro autônomo. Mas a DARPA funciona, em parte, por ser apoiada pelo orçamento de aquisições de defesa de US$600 bilhões dos Estados Unidos, um dos princípios do qual é manter a superioridade tecnológica das forças armadas norte-americanas.

Em segundo lugar, deve haver um nível suficiente de compromisso político. Utilizar as compras públicas para incentivar a inovação envolve um risco de fracasso. Se um governo não puder tolerar isso e tentar constantemente mitigar o risco de fracasso, é pouco provável que gere inovação. Uma das razões pelas quais as compras públicas de defesa foram, no passado, boas no incentivo à inovação é o fato de terem sido normalmente isoladas de muitas pressões políticas, libertando os beneficiários do financiamento da defesa para assumirem mais riscos.

Em terceiro lugar, existe uma tensão inerente entre os incentivos normais das compras — obter uma boa relação qualidade/preço — e os riscos e as mentalidades envolvidos na promoção da inovação. Não se trata apenas de uma questão de pessoal, embora isso seja importante — os tipos de funcionários que são bons em obter uma boa relação qualidade/preço serão muitas vezes tipos de pessoas diferentes daqueles que são bons em promover avanços radicais. Mais preocupante é que, quando as aquisições com boa relação qualidade/preço falham, a inovação é, muitas vezes, utilizada como desculpa ("perdemos dinheiro, mas estávamos tentando algo novo!"). Isso gera o risco de que a realização de demasiadas aquisições de inovação sirva para encobrir o fracasso habitual das aquisições.

A última pergunta para qualquer governo que esteja considerando usar a inovação para promover compras é a de Clint Eastwood, no papel do Det. Harry Callahan em *Perseguidor Implacável*: "Você sente que está com sorte?" É muito difícil saber quais são as reais probabilidades de sucesso nas aquisições de inovação, em parte porque o preconceito de sobrevivência é grande (quantas tentativas fracassadas de usar as aquisições para promover a inovação simplesmente não conhecemos?), e em parte porque o que fez com que funcionasse é muito indefinido (até que ponto a promoção da inovação em semicondutores ou comunicações de dados foi questão de sorte? Quão fácil seria escolher o próximo vencedor?).

Formação e Educação. Poderíamos também prever um papel público crescente no financiamento de determinados tipos de formação e educação. O envolvimento dos governos na formação relaciona-se principalmente com o financiamento da educação dos jovens (que tem muitos efeitos e propósitos, um dos quais é melhorar a produtividade dos cidadãos como trabalhadores) e com o fornecimento de alguns subsídios para programas de formação industrial, tais como (em alguns países) estágios.

Pagar para que os cidadãos frequentassem a escola durante mais tempo foi, durante grande parte do século XX, um modo importante de os governos aumentarem a produtividade. Os economistas Claudia Goldin e Lawrence Katz documentaram o papel vital da educação no crescimento econômico dos Estados Unidos, salientando, por exemplo, que enquanto 62% da coorte de nascimentos dos EUA em 1930 se formou no ensino secundário, essa porcentagem em 1975 foi de 85% (Goldin e Katz, 2008). Robert Gordon e Tyler Cowen argumentaram que aqui há retornos decrescentes — as crianças e os jovens só podem passar um certo tempo na escola ou na faculdade — e que isso provará ser um grande obstáculo ao crescimento econômico dos EUA no futuro (Gordon, 2016; Cowen, 2011).

Descobrir como enfrentar esses retornos decrescentes revelou-se um desafio. Goldin e Katz sugerem um apoio mais direcionado em todas as fases do ensino para aumentar a oferta de trabalhadores qualificados: mais apoio nas fases iniciais, turmas menores para escolas secundárias e mais apoio para o ensino superior. E, claro, algumas pessoas estão passando mais tempo na escola, uma vez que mais profissões exigem diplomas ou mesmo pós-graduações. Mas o desafio de tentar encaixar mais educação no número finito de anos da juventude de uma pessoa permanece.

Outros defenderam que a resposta reside em mudar não o quanto ensinamos, mas o que ensinamos. Nos últimos anos, tornou-se moda argumentar que determinados tipos de educação podem ser extraordinariamente valiosos: consideremos, por exemplo, a moda de ensinar codificação nas escolas, ou de encorajar crianças e estudantes a aprender competências colaborativas de resolução de problemas, ambas as quais, argumenta-se, lhes proporcionarão competências que serão particularmente úteis na economia do futuro.

No entanto, devemos ser um tanto céticos quanto à nossa capacidade de prever de quais competências a economia do futuro necessitará e a nossa capacidade de ensiná-las. Talvez dentro de vinte anos a codificação seja, em sua maior parte, automatizada. Talvez a resolução colaborativa de problemas não possa ser inculcada por meio da mudança do currículo.

Mas existe uma alternativa que pode resolver tanto o problema de quando ensinar as pessoas como a questão do que lhes ensinar: aumentar a quantidade de formação que as pessoas recebem na idade adulta. A educação de adultos sempre foi a Cinderela do sistema educativo, carente de prestígio e de financiamento público. Mas sua utilidade em uma economia cada vez mais rica em bens intangíveis parece clara.

Em primeiro lugar, a educação de adultos, por definição, não deve atrasar a entrada das pessoas no mercado de trabalho; ser capaz de investir na educação de uma pessoa ao longo da vida disponibiliza muitas outras décadas. Em segundo lugar, a disponibilidade de educação de adultos reduz o problema de tentar adivinhar quais as competências que serão valiosas dentro de vinte ou trinta anos. Apesar de toda a excelente pesquisa realizada sobre as competências necessárias à economia do futuro, prever algumas décadas à frente lembra o conselho de Sam Goldwyn: "Nunca faça previsões — especialmente sobre o futuro." Mas se as pessoas tiverem a oportunidade de adquirir mais competências durante sua vida profissional, a previsão torna-se menos importante: a educação de adultos proporciona às pessoas valor de opção. Pode também ajudar a mitigar alguns dos problemas de desigualdade que descrevemos no Capítulo 6: à medida que o crescimento dos bens intangíveis prejudica aqueles com poucas competências e torna algumas competências obsoletas, a disponibilidade de formação oferece uma forma de corrigir o desequilíbrio.

Contudo, qualquer pessoa que planeja expandir a educação de adultos enfrenta um problema estratégico: como ministrar essa educação de forma eficaz. Escolas, universidades e faculdades de ensino superior/comunitárias são organizações bem estabelecidas com um longo histórico. Podem não ser perfeitas, mas evoluíram e melhoraram ao longo de muitos anos, e a sociedade evoluiu com elas, de tal forma que a frequência à escola e o ensino superior são uma parte esperada do percurso de vida da maioria das pessoas, pelo menos nos países desenvolvidos. A quantidade de educação de adultos é menos conhecida. Além disso, parece provável que as novas tecnologias deveriam facilitar a educação dos adultos: as tecnologias digitais deveriam oferecer formas de ensino menos custosas e convenientes. (Os MOOCs — Massive Open Online Courses — parecem até agora não ter cumprido sua promessa inicial, mas o campo ainda tem menos de duas décadas, e é demasiado cedo para dizer se versões melhores poderiam ser substancialmente mais eficazes.) É necessário um investimento significativo na inovação do modo como ministramos a educação de adultos, para identificar novos modelos que funcionem de forma rentável e em grande escala. Mesmo que essas formas de educação acabem por ser pagas pelos próprios estudantes adultos, e não pelos contribuintes, a pesquisa para desenvolver novos modelos que funcionem parece ser um objetivo digno das políticas públicas.

O financiamento governamental também pode ajudar a reduzir os problemas de coordenação que impedem as empresas de investir. Suponhamos que existam grandes ganhos econômicos decorrentes do desenvolvimento de automóveis autônomos e da reconfiguração de nossas cidades à sua volta (menos acidentes de trânsito, deslocamentos mais produtivos, liberação de espaços de estacionamento para revitalizações, e assim por diante). Mas a concretização desses benefícios exige a realização conjunta de muitos investimentos (tecnologia de automóveis autônomos, planejamento urbano, novas apólices de seguro etc.); é possível que nenhuma empresa esteja disposta a fazer investimentos por si só, a menos que saiba que outras farão investimentos complementares. Nesse caso, é possível que o investimento governamental não só seja útil (ao financiar investimentos com grandes transbordamentos que outros não fariam), mas também encorajaria investimentos mais amplos, aumentando a probabilidade de complementação por terceiros. O papel do governo na realização desse tipo de investimentos em "bancos de ensaio" aumentará em uma economia intangível.

Os Desafios do Investimento Público

A ideia de que o governo necessitará financiar uma parcela maior do investimento não é uma sugestão leviana. Ela apresenta pelo menos mais três desafios — competência e preconceito, como pagar por esse financiamento e a questão da legitimidade —, cada um dos quais destaca uma mudança importante que terá de ocorrer para que a economia intangível prospere.

Muitas críticas ao envolvimento do governo na economia, e particularmente às tentativas do governo de fazer investimentos, centram-se na questão do "fracasso do governo". Como saberão os governos onde investir e, mesmo que o façam, como poderemos ter a certeza de que não serão influenciados por interesses próprios? Na pior das hipóteses, os governos poderão apoiar tecnologias indesejadas ou inviáveis, quer por ignorância, quer por causa do lobby bem-sucedido de certas empresas. Essa visão pode ignorar até que ponto os governos já fazem investimentos bastante específicos e "escolhem os vencedores", mas o perigo que identifica é real. Isso pode ser mitigado até certo ponto pela honestidade e pelo conhecimento. O julgamento imparcial pode reduzir a eficácia do lobby da indústria; uma melhor utilização de dados e análises pode melhorar a capacidade dos funcionários de administrar esquemas de aquisições ou executar bancos de testes.

Isso significa que, se quisermos ver governos dispostos a investir mais em bens intangíveis do que fazem atualmente, então precisaríamos ver um aumento constante na honestidade, na competência e no conhecimento econômico dos decisores políticos. A boa administração representaria um prêmio cada vez maior para um governo em uma economia intangível, uma vez que as oportunidades para maus investimentos e para permitir a procura de renda aumentarão.

O segundo problema é o das finanças públicas. Gastar mais dinheiro em pesquisa universitária, bolsas de pesquisa ou aquisições inovadoras gera outro apelo aos orçamentos públicos, que estão sobrecarregados em todo o mundo desenvolvido. De uma forma ou de outra, isso precisaria ser pago. Uma proposta para financiar esse tipo de despesa é que os governos assumam participações acionárias em empresas que se beneficiam de financiamento público de P&D e apliquem os retornos na próxima geração de investimento intangível (essa recomendação foi feita por Mariana Mazzucato no seu best-seller *The Entrepreneurial State*). Mas não é claro se essa proposta contorna o problema dos transbordamentos intangíveis: a razão exata pela qual o governo financia investimentos intangíveis é porque os benefícios não revertem de forma confiável para a empresa que faz o investimento; simplesmente assumir uma participação em uma empresa em que o governo investe não proporcionará uma fonte confiável de financiamento. Além disso, tornar o governo dependente do desempenho de determinadas empresas para seu futuro orçamento operacional provavelmente aumentará os conflitos de interesses, tornando mais difícil que ele faça investimentos de forma imparcial, o que, como vimos, se torna mais importante quanto mais decisões de investimento o próprio governo tomar. Na verdade, a forma mais confiável de o governo financiar investimentos intangíveis é por meio da tributação geral: isso lhe permite se beneficiar dos transbordamentos do investimento intangível onde quer que surjam e reduz sua dependência em um subconjunto de empresas nas quais detém capital. Assim, o aumento do investimento público em bens intangíveis implica um aumento da carga fiscal ou uma redução em outras áreas da despesa pública.

Isso leva a uma terceira implicação: para obter aprovação para mais despesas públicas financiadas, quer por meio do aumento de impostos, quer mediante a redução de outras áreas de gastos, os governos democráticos terão de apresentar argumentos mais fortes sobre a razão pela qual elas são necessárias. Tradicionalmente, a política científica e tecnológica (a bandeira sob a qual foi feita a maior parte dos investimentos intangíveis do governo em P&D) tem sido tecnocrática, em vez de democrática. Os objetivos da pesquisa científica foram estabelecidos por cientistas ou agências de financiamento não políticas; a questão de quanto financiar a ciência raramente tem sido um tema político controverso. A visão de financiar a pesquisa baseada apenas no mérito científico, e não na promoção de objetivos específicos, foi estabelecida nos Estados Unidos por Vannevar Bush em *Science: The Endless Frontier*, e no Reino Unido formou a base para o que se tornou conhecido (de modo um tanto mítico) como o Princípio de Haldane. Embora houvesse exceções (a corrida espacial e o financiamento da DARPA nos Estados Unidos foram ambos altamente orientados para a missão), na maior parte dos casos, o investimento público em ciência fez um acordo tácito com a política democrática: as decisões de financiamento da ciência seriam tomadas por tecnocratas, e não pelos eleitores. Mas, em troca, seria uma rubrica orçamental relativamente pequena nos planos de despesas do governo. Para que os governos democráticos se comprometam com um aumento significativo do investimento intangível, poderá ser necessária uma solução política diferente. Um modo possível de o conseguir é obter maior adesão pública aos investimentos intangíveis que o governo planeja fazer: mostrando que tais investimentos contribuem para objetivos específicos que os eleitores valorizam, por exemplo. (Pesquisas de opinião sugerem que, pelo menos no Reino Unido, alinhar o financiamento científico com missões específicas é a chave para construir uma coligação de apoio de mais de 50% da população.) Há, claro, uma tensão aqui: maior controle democrático das coisas como o financiamento de pesquisas poderia levar a mais maus investimentos — o público pode ser pior em destinar o financiamento do que os tecnocratas ou os cientistas. Mas em uma democracia, aumentar a legitimidade do processo de financiamento pode ser a forma mais eficaz de defender um financiamento público maior.

Para ver qual poderá ser o resultado do coinvestimento público em bens intangíveis, voltemos aos nossos dois países imaginários, a República de Foo e o Reino de Bar. Apesar das medidas sensatas que tomou para codificar os direitos de PI, gerir os transbordamentos dos bens intangíveis e criar um sistema financeiro favorável aos intangíveis, as empresas da República de Foo ainda investem menos em bens intangíveis do que o ideal para a economia. Embora parte da lacuna tenha sido assumida por fundações sem fins lucrativos (criadas com os lucros inesperados de alguns dos negócios intangíveis bem-sucedidos da República), o déficit ainda persistiria se o governo, ao longo do tempo, não tivesse intervindo para realizar alguns desses investimentos passados. Essa mudança tem sido fonte de considerável estresse e tensão política: a ideia de que o governo deveria financiar mais investimentos em áreas como a ciência e a formação não foi inicialmente popular entre os eleitores, a maioria dos quais tinha outras prioridades para a despesa pública e pensava que esses investimentos deveriam ser deixados para as empresas. Fazer a mudança só foi possível porque sucessivos governos foram capazes de apresentar o investimento público em pesquisa, formação e aquisições como a resposta aos desafios nacionais prementes, e esse investimento conquistou gradualmente o apoio popular para um financiamento maior. A República tem sido ajudada nesse aspecto pela qualidade de sua cultura política, que frequentemente se encontra perto do fim das tabelas de classificação da corrupção e perto do topo das tabelas da qualidade da administração pública. Apesar disso, tem havido escândalos ocasionais por mau investimento e até de suborno relacionados com investimentos públicos — mas até agora, felizmente, em pequena escala. O infeliz Reino de Bar, pelo contrário, nada fez para aumentar o investimento público em pesquisa, formação ou outros bens intangíveis. Com suas outras falhas, isso resultou em um nível de investimento significativamente mais baixo e em uma década de crescimento da produtividade decepcionante. Mesmo confrontados com o exemplo de outros países cujos governos investem e cujas economias parecem estar prosperando, ninguém ficou convencido de que mais investimento público ajudaria o Reino, em parte porque a maioria dos eleitores ainda vê o investimento em pesquisa como uma questão tecnocrática menor e em parte porque os escândalos regulares de corrupção que assolam o governo não dão a ninguém a confiança de que o investimento público seria alocado de forma sensata ou imparcial.

Box 10.1. Uma Oportunidade para Pequenas Nações: ou o que a Ruritânia Deveria Fazer?

A maioria das mudanças econômicas traz oportunidades para esses países com rapidez suficiente para responder a elas. A mudança para intangíveis não é exceção. Pode muito bem haver uma vantagem em ser o pioneiro entre os países capazes de se adaptar rapidamente às necessidades de uma economia intangível. As políticas necessárias são mais facilmente implementadas em economias pequenas e abertas, com coesão política e competência administrativa suficientes para chegar a acordos sobre objetivos rapidamente e executá-los de forma eficaz — chamamos o nosso exemplo deste tipo de país de Ruritânia.

Ao contrário da maioria das recomendações deste capítulo, as ideias que a Ruritânia adota tendem a ser jogos de soma zero: baseiam-se no princípio de atrair atividade econômica de outros países, e, à medida que a Ruritânia ganha, outros países perdem. Isso não quer dizer que os governos não queiram experimentá-los.

Consideremos algumas políticas que a Ruritânia adotou e que lhe deram um impulso econômico significativo.

Torne-se um Centro de Arbitragem para Reivindicações Intangíveis

Os investidores em bens intangíveis gostam de ter certeza sobre o que possuem, mas isso muitas vezes não é claro, em parte devido à incerteza jurídica, e em parte devido à variabilidade das diferentes jurisdições na aplicação da lei. A Ruritânia investiu em leis claras e atualizadas sobre a propriedade de PI e em tribunais eficazes e bem financiados para administrá-las. Como resultado, as empresas de muitos países vizinhos optaram por redigir seus contratos de acordo com a lei ruritana.

Oferecer Taxas de Impostos Favoráveis sobre Capital Intangível

O capital intangível é, muitas vezes, mais móvel do que o capital tangível: é difícil mover uma fábrica ou um centro comercial, mas é relativamente fácil mover uma patente, uma marca ou a localização de um conjunto de procedimentos operacionais. A Ruritânia capitalizou isso ao conceber um código fiscal muito favorável aos intangíveis, proporcionando deduções significativas para lucros relacionados com ativos intangíveis. Isso pode não ter sido uma boa ideia do ponto de vista das próprias empresas da Ruritânia (existem evidências limitadas de que grandes incentivos fiscais, como os patent boxes, contribuem muito para encorajar novos investimentos intangíveis), mas o código fez um excelente trabalho ao atrair negócios intangíveis de outros países para estabelecerem a si mesmos ou às suas sucursais locais, na Ruritânia, gerando empregos e, muitas vezes, investimento subsequente.

Desenvolver Clusters Financeiros e Intelectuais

Depois de a Ruritânia ter conseguido atrair sedes regionais e se ter tornado um centro local de contratação e resolução de litígios sobre propriedade intelectual, baseou-se nesses atributos, promovendo um setor de serviços financeiros bem orientado para o financiamento de negócios intensivos em bens intangíveis (com ênfase em empréstimos garantidos por PI e capital de risco). Também investiu em pesquisa pública ao lado das empresas intensivas em intangíveis que ali se instalaram para tirar partido de seu enquadramento fiscal e jurídico. (Ambas teriam sido boas táticas para qualquer país, como vimos, mas o estatuto da Ruritânia como um centro intangível aumenta a probabilidade de sucesso.)

Fortalecer o Capital Social

A Ruritânia, sendo um país pequeno e relativamente rico, sempre foi bastante coesa socialmente. Essa vantagem serviu-lhe bem quando procurou prosperar na economia intangível: essas redes sociais facilitaram a propagação de ideias pela economia e tornaram mais viável politicamente atenuar os potenciais aumentos da desigualdade decorrentes da economia intangível.

É evidente que nem todas as nações podem imitar a Ruritânia, uma vez que nem todas podem ser um centro e a concorrência fiscal generalizada é contraproducente. Mas para um país pequeno e ágil que procura uma forma de responder às mudanças na economia, este pode representar um caminho viável. Os observadores de Singapura e da Irlanda poderão notar aspectos familiares da estratégia da Ruritânia no desenvolvimento recente desses dois países.

Lidar Com a Desigualdade Intangível

A última grande questão que os governos terão de abordar em uma era intangível é como lidar com os tipos específicos de desigualdade que surgem de uma economia dependente de intangíveis.

Como vimos no Capítulo 5, uma economia rica em bens intangíveis tende a criar um pequeno número de empresas altamente lucrativas, em parte porque os bens intangíveis valiosos podem ser dimensionados para um volume muito grande de negócios, e em parte porque as melhores empresas parecem lucrar com seus próprios investimentos intangíveis e com a apropriação dos benefícios dos intangíveis de outras empresas. No Capítulo 6, vimos que essa tendência de as empresas se dividirem em líderes e retardatárias foi parcialmente responsável pelos aumentos em longo prazo da desigualdade de rendimentos. Especulamos também que as características psicológicas e culturais dos trabalhadores que prosperam em uma economia intangível poderiam estar em conflito com a mentalidade daqueles que a economia intangível deixa para trás, com o resultado de que a desigualdade econômica fomentada pelo crescimento dos intangíveis está interligada com um cisma social.

O Capítulo 7 mostrou que uma economia intangível bem-sucedida depende muito daquilo a que chamamos de infraestruturas leves: as normas, os valores e o capital social que permitem às pessoas e às empresas partilhar transbordamentos, explorar sinergias e trabalhar em colaboração.

Isso cria um duplo dilema particularmente vexatório para os governos. Para começar, parece que o modo de produção dominante na economia do futuro terá maior probabilidade de dar origem à desigualdade, que muitos eleitores consideram problemática em si mesma. Mas, além disso, os governos consideram que as formas de desigualdade particularmente divisivas que a economia intangível parece causar ameaçam, de fato, as instituições sociais das quais depende uma economia intangível próspera. Há uma série de métricas que os pesquisadores desenvolveram que podem nos ajudar a prever quais países e lugares terão melhor desempenho, e estas incluem confiança, distância de poder (quão hierárquica é a sociedade) e abertura à experiência (quão interessadas e tolerantes as pessoas são em relação às novidades). Alguns destes são traços culturais profundamente arraigados, mas outros fatores importantes podem ser influenciados pela política governamental. Sociedades muito desiguais tendem a apresentar menor confiança; os muito conservadores estarão menos abertos à experiência. Uma pesquisa recente de Alex Bell e seus colegas (2016) descobriu que a exposição precoce à tecnologia tornou os norte-americanos muito mais propensos a serem inventores mais tarde na vida e que essa exposição precoce tendia a ser influenciada pela riqueza e pela classe. Uma implicação disso é que a criação de mais oportunidades para que as crianças em idade escolar sejam expostas à tecnologia pode aumentar o número de pessoas que podem partilhar ideias, aumentando, assim, a possibilidade de sinergias positivas entre bens intangíveis em um país.

A desigualdade também pode ser economicamente contraproducente em termos das empresas. E as poderosas empresas ricas em bens intangíveis têm um incentivo para fazer lobby junto do governo em busca de vantagens injustas, o que mais uma vez dissuade os incentivos de outros para investir.

Tudo isso cria um profundo desafio para os governos. Para ajudar a economia intangível a prosperar, os decisores políticos quererão encorajar a confiança, instituições fortes e oportunidades, mitigar conflitos sociais divisivos e impedir que empresas poderosas se entreguem à procura de rendimentos. Mas, ao mesmo tempo, uma economia intangível eficaz parece exacerbar todos esses problemas, criando formas de desigualdade com particular carga social, ameaçando o capital social e criando empresas poderosas com um forte interesse em proteger os seus ativos intangíveis contestados.

Gostaríamos de dizer a vocês que temos uma solução para esse problema, mas, tal como a maioria dos políticos do mundo desenvolvido, não temos. Nem sequer está claro como seria um mundo em que esses problemas tivessem sido resolvidos com sucesso. Mas estamos confiantes de que essa tensão dominará a economia política dos próximos anos e que qualquer país que consiga resolvê-la abrirá o caminho para uma grande prosperidade.

11

RESUMO, CONCLUSÃO E O CAMINHO A SEGUIR

ESTE LIVRO TRATA DA mudança no tipo de investimento observada em mais ou menos todos os países desenvolvidos ao longo dos últimos quarenta anos. Analisamos o *investimento*, as despesas que as empresas e os governos realizam para construir a capacidade produtiva futura. O investimento costumava ser majoritariamente *físico* ou *tangível*, ou seja, em maquinaria, veículos e edifícios e, no caso do governo, em infraestruturas. Agora, grande parte do investimento é intangível, ou seja, em produtos relacionados com o conhecimento, como software, P&D, design, originais artísticos, estudos de mercado, formação e novos processos empresariais. Exploramos como uma economia intensiva em intangíveis parece muito diferente de uma economia intensiva em tangíveis porque os intangíveis têm características subjacentes diferentes. E utilizamos a lógica dessas características subjacentes para tentar compreender a desaceleração do crescimento e a estagnação secular, a desigualdade e os desafios às finanças e às políticas públicas.

Ao longo do caminho, tentamos ilustrar essas mudanças com uma combinação de exemplos empresariais do mundo real e dados macroeconômicos (os dados estão nos Capítulos 2 e 3). Nossos exemplos nos levaram à academia (Capítulo 2), onde a Les Mills transformou as academias modernas para dependerem não apenas dos ativos tangíveis dos pesos e esteiras, mas também dos intangíveis dos regimes de exercício de marca e da formação de instrutores; inovação e inervação. Examinamos a EpiPen (Capítulos 4 e 5) e como um produto aparentemente muito simples de copiar permaneceu, ainda assim, líder de mercado pelo uso de investimentos intangíveis em branding e treinamento. E olhamos para trás na história, desde um período de poucos bens intangíveis (o século XI, Capítulo 1), até fornos de micro-ondas, scanners corporais e os Beatles (Capítulo 4). Tentamos também tornar evidentes os termos (por vezes confusos) nesta área: investimento, capital, ativos (Capítulo 2); conhecimento, informação, ideias (Box 4.1); produtividade e rentabilidade (Box 5.1); rendimento, ganhos e riqueza (Box 6.1).

Nosso argumento tem várias partes:

1. Houve, e continua havendo, uma mudança de longo prazo do investimento tangível para o intangível.
2. Grande parte dessa mudança não aparece nos balanços das empresas e nas contas nacionais porque os contadores e os estatísticos tendem a não contabilizar as despesas intangíveis como um investimento, mas sim como despesas do dia a dia.
3. Os ativos intangíveis baseados no conhecimento que o investimento intangível constrói têm propriedades diferentes relativamente aos ativos tangíveis: são mais suscetíveis de ser *escaláveis* e de ter custos *afundados* ou *irrecuperáveis*, e é mais provável que seus benefícios *transbordem* e exibam *sinergias* com outros bens intangíveis.
4. Essas características têm consequências para a economia. Em particular, argumentamos que contribuem para:
   a. Estagnação secular. O investimento parece demasiado baixo, uma vez que parte não é registrada; a escalabilidade dos bens intangíveis permite o surgimento de empresas grandes e lucrativas, aumentando a disparidade de produtividade e de lucros entre os líderes e os retardatários; o ritmo lento de construção de capital intangível após a Grande Recessão provocou menos transbordamentos e permitiu menos expansão, desacelerando, assim, a produtividade total dos fatores.
   b. Desigualdade. A desigualdade de rendimentos aumenta à medida que as sinergias e os transbordamentos aumentam a disparidade na rentabilidade entre empresas concorrentes, aumentando a procura por gestores e líderes com competências de coordenação; a desigualdade de riqueza aumenta à medida que as cidades, onde os transbordamentos e as sinergias são abundantes, se tornam cada vez mais atrativas, fazendo subir os preços dos imóveis; a desigualdade de estima aumenta à medida que traços

psicológicos como a abertura à experiência se tornam mais importantes.

c. Desafios ao sistema financeiro, especificamente relacionados com o financiamento do investimento empresarial. O financiamento por dívida é menos apropriado para empresas com mais ativos irrecuperáveis; os mercados de ações públicas parecem subvalorizar pelo menos alguns ativos intangíveis, em parte devido à subnotificação de tais ativos, mas também devido à incerteza em torno dos ativos intangíveis; o capital de risco, uma resposta ao afundamento e à incerteza em torno dos bens intangíveis, é atualmente difícil de escalar para muitas indústrias.

d. Novos requisitos para infraestrutura. Em particular, a mudança de ativos tangíveis para intangíveis aumentou a necessidade de infraestruturas de TI e de espaço acessível nas grandes cidades, ao mesmo tempo que impôs maiores exigências à nossa "infraestrutura leve": as normas, os padrões e as regras que regem a colaboração e a interação entre as pessoas, governos e empresas.

5. Essa mudança tem implicações para a gestão e o investimento financeiro. As empresas que utilizam bens intangíveis tornam-se mais autoritárias; aquelas que geram bens intangíveis precisarão de mais liderança; os investidores financeiros terão de encontrar informações muito além das demonstrações financeiras atuais que pretendem descrever os negócios atuais.

6. A mudança também altera a agenda das políticas públicas. Os decisores políticos terão de se concentrar na facilitação das infraestruturas de conhecimento — como a educação, a Internet e a tecnologia das comunicações, o planeamento urbano e as despesas públicas em ciência — e na clarificação da regulamentação da PI, mas não necessariamente em seu reforço.

Vale a pena rever até onde esses pontos são controversos — e onde reside o equilíbrio das provas. O primeiro ponto, de que houve uma mudança de despesas tangíveis para intangíveis, é relativamente amplamente aceito. A maior controvérsia gira em torno de como medir o investimento em processos empresariais, o que é intrinsecamente muito difícil, mas mesmo que desconsideremos totalmente esses tipos de intangíveis, a crescente importância relativa do investimento intangível ainda se mantém. Da mesma forma, o segundo ponto, o de que grande parte dessas despesas intangíveis não é registrada, é reconhecido por aqueles que elaboram as convenções contábeis que regem o tratamento dos intangíveis.

O terceiro ponto, ou seja, as propriedades dos intangíveis, é mais conceitual. A escalabilidade e os transbordamentos decorrem das propriedades fundamentais do conhecimento como um bem (pode ser usado repetidamente e pode ser difícil impedir que outros o utilizem). Até certo ponto, o afundamento (a incapacidade de recuperar o investimento intangível específico depois de gasto) é uma consequência da falta de mercados para ativos intangíveis e pode ser reduzido à medida que os mercados para ativos intangíveis se desenvolvem. E as sinergias entre bens intangíveis parecem uma propriedade natural do poder das ideias combinadas.

O quarto ponto, as consequências para a economia, é inevitavelmente especulativo. Nosso objetivo neste livro foi propor como essa importante mudança no estoque de capital da economia poderia ajudar a explicar certos problemas e enigmas econômicos atuais. É pouco provável que a mudança para bens intangíveis seja a única causa de qualquer um desses fenômenos generalizados e complexos, mas esperamos ter demonstrado que pode desempenhar um papel — que na sua maior parte não foi amplamente reconhecido.

Os pontos cinco e seis, as implicações para a gestão e o investimento e para as políticas públicas, respectivamente, incluem uma série de recomendações que serão familiares para alguns. Não pretendemos que a ideia de financiar publicamente a P&D ou de prestar atenção à liderança nas empresas seja nova, mas argumentamos que o aumento constante e de longo prazo do investimento intangível coloca essas recomendações em contexto e ajuda os gestores e os decisores políticos a estabelecer prioridades. Os países enfrentam uma gama vertiginosa de escolhas políticas. Esperamos que este livro defenda que as estratégias que acompanham o crescimento de longo prazo do investimento intangível, como as que aqui apresentamos, tenham maior probabilidade de garantir a prosperidade do que aquelas que vão contra ela.

NOTAS

Capítulo 1: Introdução

1. O item do Domesday Book para "Stansted [Mountfitchet]" está em http://opendomesday.org/place/TL5124/stansted-mountfitchet/.
2. Veja Office for National Statistics 2016.
3. Veja o demonstrativo financeiro da Microsoft: https://www.microsoft.com/investor/reports/ar06/staticversion/10k_fr_bal.html.

Capítulo 2: A Lei do Desaparecimento de Capital

1. SNA 2008, parágrafo 10.32. Se um produtor também vender ativos, então a medida são os novos ativos menos quaisquer ativos vendidos. Há uma complicação adicional relacionada com as melhorias na terra decorrentes do tratamento específico dado a ela ou, mais genericamente, dos ativos não produzidos, nas contas nacionais. A mesma definição do SNA encontra-se no ESA 2010, ponto 3.124.
2. SNA 2008, 617.
3. Embora não tenha sido o primeiro a usar o termo, Marx talvez seja quem popularizou o termo "capitalismo". Para ele, "capitalismo" é quando a produção é organizada na sociedade de tal forma que o capital (no sentido acima de máquinas e infraestruturas) é propriedade privada. Em sua obra, "capital" é usado de diversas maneiras para descrever estoques e fluxos associados ao capital no sentido citado, mas também de outras maneiras, por exemplo, capital de giro (dinheiro armazenado para pagar salários), capital constante (que inclui depreciação) etc. Veja Blaug 1978 sobre tudo isso. Ver Box 6.1 para uma explicação sobre capital, rendimentos e riqueza e Box 6.2 para um esboço do modelo de capital de Piketty.
4. A data exata da passagem depende um pouco das melhorias e revisões contínuas dos dados, mas o padrão de crescente importância intangível é coerente nos dados. (Veja, por exemplo, Nakamura 2010.)
5. Estes são conhecidos pelas siglas COINVEST (www.coinvest.org.uk), INNODRIVE (www.innodrive.org) SPINTAN, (www.SPINTAN.net) e INTAN-Invest (www.intan-invest.net).

6. O livro de Beniger, *The Control Revolution*, está repleto de fascinantes exemplos históricos pré-TI de investimentos intangíveis. A história da comida para o café da manhã é uma delas: a invenção da aveia Quaker por Henry P. Crowell em 1879 exigiu, argumentou Beniger, uma extenuante campanha publicitária para convencer os consumidores de que a comida não era forragem para cavalos. As inovações de Crowell em marketing incluíram prêmios, endossos e ofertas especiais (Beniger, 1986, p. 266). Da mesma forma, no Reino Unido, James Spratt, o primeiro fabricante de biscoitos para cães, precisou convencer os consumidores céticos na década de 1860 e ergueu o primeiro outdoor em Londres. Seu funcionário Charles Cruft montou uma exposição de cães, e a empresa de Spratt anunciou seus biscoitos como sendo usados com hora marcada para a Rainha Vitória.
7. Uma exploração mais formal dessa relação revela que o investimento intangível está negativamente correlacionado com o rigor do emprego e as restrições do mercado de produtos, controlando outros fatores (Corrado, *et al.*, 2016).

Capítulo 3: Como Medir o Investimento Intangível

1. Um guia muito útil para medir o investimento e o PIB, repleto de dados, é disponibilizado pelo Eurostat: http://ec.europa.eu/eurostat/statistics-explained/index.php/National_accounts_and_GDP.
2. Smith, *The Wealth of Nations*, Livro 2, Capítulo 3.
3. Assim, temos as observações de Alan Greenspan em 2000 sobre os desafios enfrentados pelo Bureau of Economic Analysis dos EUA na definição e cálculo do PIB: "Tornou-se evidente que tem havido uma mudança tecnológica crescente no nosso sistema, o que turvou a distinção entre o que chamamos de investimento de capital e despesas correntes. E há vinte ou trinta anos, quando se construiu uma siderúrgica, era perfeitamente óbvio o que era e estava capitalizado. E quando você consumia coque ou minério, isso era contabilizado. Mas no mundo de hoje, tornou-se muito mais difícil descobrir se um gasto específico é contabilizado como despesa e não incluído na medida do PIB, ou se é capitalizado, e é." https://www.bea.gov/scb/account_articles/general/0100od/maintext.htm.
4. Poderíamos argumentar que tudo isso é "P&D", e nós concordaríamos: no entanto, a definição oficial de P&D refere-se ao trabalho para resolver incertezas científicas e técnicas, o que normalmente, pelo menos em espírito, exclui coisas como design e empreendimentos artísticos . Assim, essas categorias são separadas de P&D.
5. Um exemplo de pesquisa é: http://www.ons.gov.uk/file?uri=/surveys/informationforbusinesses/businesssurveys/quarterlyacquisitionsand disposalsofcapitalassetssurvey/ft14qcastcm77375040.pdf.

6. Tais alterações no valor de um ativo podem ser devidas ao "desgaste", que é o que os contadores normalmente entendem por depreciação, ou devido ao seu valor ser reduzido por meio do processo competitivo, que é o que os economistas, seguindo Triplett, chamam de "obsolescência". Consulte o apêndice deste capítulo para obter mais informações sobre isso.
7. Isso não será verdade se, por exemplo, a distribuição dos retornos das despesas for altamente distorcida, de modo que um pequeno número de projetos tenha muito sucesso. Hall, Jaffe e Trajtenberg (2005) concluem que as citações de patentes têm uma distribuição muito distorcida, mas sabe-se menos sobre a distorção dos retornos em designs, software e gastos com marketing
8. Existem alguns dados sobre como o tempo é gasto no setor público. Por exemplo, O'Mahony cita o estudo de Klinke e Muller (2008), que entrevistou médicos em hospitais alemães, no qual estes tiveram de indicar a quantidade de tempo gasto em seis áreas de tarefas diferentes. Em média, os médicos dedicavam 4,3 horas por dia de trabalho a tarefas médicas; 2,1 horas a tarefas administrativas; 1,4 hora conversando com pacientes e familiares; e 1,2 hora escrevendo relatórios médicos. Se as tarefas médicas e as conversas com os pacientes forem agrupadas em tarefas "próximas ao paciente", juntas, ocuparão 5,7 horas de um expediente normal de trabalho. Se as tarefas administrativas e a elaboração de relatórios médicos forem classificadas como tarefas "a distância do paciente", juntas, ocupariam 3,3 horas. Dessa forma, os inquéritos indicaram uma relação de cerca de 2:1 entre os serviços diretos aos pacientes e a administração dos pacientes.
9. O estado de direito pode ser considerado um fator importante que afeta os incentivos à construção de ativos, mas em si não é diretamente um ativo.
10. Em um artigo famoso, o economista norte-americano Martin Weitzman (1976) mostrou que, embora o PIB não seja uma medida de bem-estar, uma medida estreitamente relacionada, o produto interno líquido (ajustado de forma adequada ao preço) é uma medida útil, se os consumidores procuram maximizar seu fluxo de consumo. A razão pela qual o investimento, que está no PIB, aparece em uma medida de bem-estar baseada no consumo é que os consumidores valorizam o investimento atual, uma vez que entendem, no seu modelo, que este produzirá consumo futuro.

Capítulo 4: O que É Diferente sobre o Investimento Intangível?

1. Os economistas chamam frequentemente as sinergias de "complementaridades", uma vez que a presença de um ativo aumenta o valor de outro.
2. Em economia, a escalabilidade, estritamente falando, é propriedade de uma relação insumo/produto, e não do próprio capital. Os economistas

utilizam frequentemente "escala" quando falam de "economias de escala", o que significa que quando uma empresa duplica todos seus fatores de produção, mais do que duplica a produção. A não rivalidade ou, em nossa linguagem, a escalabilidade está relacionada. Para ver isso, suponhamos que recriemos o planeta Terra e coloquemos nele todos os mesmos recursos naturais, trabalhos e insumos de capital que temos atualmente. Então, suponhamos que duplicamos os recursos, o trabalho e os insumos de capital. Precisaríamos também duplicar a contribuição de ideias (recriar a álgebra, por exemplo) para obter o mesmo resultado que o planeta atual? Não. Podemos simplesmente escalar as mesmas ideias do planeta original devido à não rivalidade. Portanto, quando falamos sobre ativos intangíveis serem "escaláveis", estritamente falando, é o conhecimento subjacente ao ativo que está sendo usado continuamente.

3. Sutton (1991) faz a discussão clássica sobre escalabilidade e custos irrecuperáveis e seus efeitos na estrutura do mercado.

4. http://www.mckinsey.com/business-functions/strategy-and-corporate-finance/our-insights/learning-to-let-go-making-better-exit-decisions.

5. Avinash Dixit (1992) salienta que, se o investimento envolver alguns custos irrecuperáveis, se houver incerteza contínua e se a oportunidade de investimento puder ocorrer novamente mais tarde, então a espera tem algum valor: a espera evitará custos irrecuperáveis e revelará mais sobre o futuro. Dixit e Pindyck (1995) expuseram o exemplo de um projeto de investimento irrecuperável em P&D em duas fases, onde a fase um, que é muito dispendiosa, revela informações sobre a rentabilidade da fase dois (menos dispendiosa). Um simples cálculo do valor presente líquido em seu exemplo revela que a primeira fase não vale a pena, devido aos seus elevados custos irrecuperáveis. Mas se o retorno da resolução da incerteza também for contabilizado, a fase um pode se revelar muito valiosa, uma vez que cria uma "opção", isto é, a oportunidade de decidir se deve avançar para a fase dois. Assim, investir em intangíveis, mesmo que não criem diretamente um ativo, como na primeira fase, é muito valioso e pode ser descrito como tendo o que Carol Corrado e Charles Hulten (2010) chamam de propriedade "estratégica".

6. *The Writings of Thomas Jefferson*. 1905. Editado por Andrew A. Lipscomb e Albert Ellery Bergh. Thomas Jefferson Memorial Association, 13: 333–35.

7. O Artigo I, Seção 8, Cláusula 8 da Constituição dos Estados Unidos autoriza o Congresso dos Estados Unidos a: "Promover o progresso da ciência e das artes úteis, assegurando, por tempo limitado, aos autores e inventores o direito exclusivo aos seus respectivos escritos e descobertas."

Capítulo 5: Intangíveis, Investimento, Produtividade e Estagnação Secular

1. Publicado como Summers, 2015. Summers desenvolveu ainda mais seus pontos de vista em um discurso de abertura na National Association for Business Economics Policy Conference, em 24 de fevereiro de 2014, publicado como Summers, 2014. Paul Krugman também popularizou o termo "armadilha de liquidez", que se refere a uma posição em que as taxas de juros não possam mais ser reduzidas, e assim, a política monetária, que funciona ajustando as taxas de juro e alterando, dessa forma, o investimento e o consumo, perde seu poder de afetar a atividade.
2. Existem várias medidas diferentes de lucros. Uma dessas medidas é publicada por agências de estatística. Elas medem os lucros das empresas em toda a economia (muitas vezes, sem setores removidos, por exemplo, bancos ou indústrias petrolíferas) que dividem pelo capital comercial de toda a economia para produzir um retorno sobre o capital empregado. (Uma alternativa relacionada são os lucros das empresas divididos pelo PIB, no entanto, este não é um retorno sobre o capital empregado, mas sim a participação desses lucros nos rendimentos totais.) Outras medidas por vezes referidas como "lucros" são provenientes de avaliações do mercado de ações — por exemplo, o Q de Tobin (proporção entre o valor de mercado das sociedades não financeiras e o valor de seu capital tangível) ou o valor de mercado das ações em percentagem do PIB.
3. Um desafio a esta visão surge no trabalho de James Bessen (2016). Ele combina o valor de mercado da empresa com dados sobre (i) intangíveis da empresa, usando P&D, publicidade e gastos gerais em custos administrativos e (ii) dados do setor sobre a extensão da regulamentação, lobby e busca de renda nesse setor. Tal como outros estudos, ele encontra uma correlação estatisticamente significativa entre os valores de mercado e as diversas medidas intangíveis e as medidas de lobby/busca de renda. No entanto, em seus dados da década de 2000, a proporção de capital intangível/tangível está caindo, pelo que conclui que os intangíveis não podem explicar o aumento dos lucros na década de 2000, embora possam explicar o aumento de 1980 a 2000. Como ele reconhece, no entanto, sua regulamentação e suas medidas de P&D estão altamente concentradas em apenas algumas indústrias, como a farmacêutica e a de transportes. Portanto, ele não está medindo a gama mais ampla de intangíveis que usamos.
4. Lembre-se de que a PTF mede até que ponto as empresas estão utilizando seus fatores de produção (ou seja, o produto por unidade de todos seus fatores de produção). Se conseguirem escalá-los ou, melhor ainda, beneficiar-se dos insumos de outras empresas, então a PTF aumenta.
5. Veja, por exemplo, http://stumblingandmumbling.typepad.com/ stumbling_and_mumbling/2016/03/barriers-to-productivity-growth.html.

Capítulo 6: Os Intangíveis e o Aumento da Desigualdade

1. São chamadas de mulas porque eram um híbrido de duas invenções anteriores, a moldura de água e a máquina giratória, uma bela demonstração de que as sinergias entre investimentos intangíveis — neste caso, diferentes tipos de P&D — não são uma descoberta recente.
2. Louis Anslow, https://timeline.com/robots-have-been-about-to-ake-all-the-jobs-for-more-than-200-years-5c9c08a2f41d#.wh363gjar. Veja também Bakhshi, Frey e Osborne 2015.
3. Veja, por exemplo, seu post: http://stumblingandmumbling.typepad.com/stumbling_and_mumbling/2011/10/the-bosses-pay-con-trick.html.
4. Há uma razão mais profunda por trás dessa lógica: a tributação do capital móvel acaba por custar caro aos trabalhadores. Como é possível que uma fatura fiscal que os proprietários de capital têm de pagar acabe por ser paga pelos trabalhadores? A resposta é a diferença entre a incidência jurídica e econômica do imposto. A incidência legal é a identidade de quem assina o cheque. A incidência econômica é a identidade da parte cujo rendimento muda como consequência. Assim, se um governo tributa o capital, que pode deslocar-se para o estrangeiro, a incidência legal recai de fato sobre o proprietário do capital que tem de pagar. Neste exemplo, ninguém paga o imposto, pois todo o capital vai para o exterior. Mas com menos capital para trabalhar, os trabalhadores são menos produtivos, e, portanto, seus salários caem. Assim, a incidência econômica recai sobre eles.
5. Relatado em Krueger 2016.

Capítulo 7: Infraestrutura para Intangíveis e Infraestrutura Intangível

1. John Fairley pinta um retrato vívido dos 300 mil cavalos em 1900 em Londres que "eram sustentados por uma infraestrutura de extraordinária complexidade e sofisticação organizacional (...) a Great Western Railway construiu uma hospedaria equina com estábulos de quatro andares (...) com um exército igualmente grande de cavalariços, ferradores, veterinários e carroceiros" (*Horses of the Great War*, 2016, prólogo).
2. Edgerton também aponta que as alegações sobre a morte da distância já existem há bastante tempo. Ele cita George Orwell, escrevendo em 1944: "As pessoas continuam repetindo certas frases que estavam na moda antes de 1914. Duas das grandes favoritas são 'a abolição da distância' e 'o desaparecimento das fronteiras'. Não sei quantas vezes me deparei com afirmações de que 'o avião e o rádio aboliram a distância' e 'todas as partes

do mundo são agora interdependentes'". Orwell, "As I Please", *Tribune*, 12 de maio de 1944.

3. Os economistas que avaliam políticas "de base local" encontraram dois problemas importantes. Em primeiro lugar, como sempre acontece na política, é difícil saber o que é o contrafactual, isto é, o que teria acontecido na ausência do cluster. Em segundo lugar, os economistas continuaram a encontrar provas de "deslocamento". Os economistas Henry Overman e Elias Einio analisaram a Local Enterprise Growth Initiative, uma iniciativa do Reino Unido de 2006–2011 que subsidiou o emprego em áreas desfavorecidas. Descobriram que aumentou o emprego em 5% nas zonas desfavorecidas, mas que reduziu em 5% nas zonas vizinhas. Pior ainda, quando o programa terminou, após seis anos, todas as empresas voltaram para a área original. Assim, o programa gastou cerca de £418 milhões para deslocar temporariamente empresas cerca de oitocentos metros.
4. Sua carta de demissão está disponível em https://shift.newco.co/letter-of-resignation-from-the-palo-alto-planning-and-transportation-commission-f7b6facd94f5#.9oa7winlu, citada no blog Marginal Revolution: http://marginalrevolution.com/marginalrevolution/2016/08/colective-land-ownership-in-palo-alto.html.
5. O livro de Daniel Davies e Tess Read, *The Secret Life of Money*, tem um excelente capítulo sobre a economia das feiras comerciais (D. Davies e Read, 2015).

Capítulo 8: O Desafio de Financiar uma Economia Intangível

1. No livro *General Theory of Employment, Interest and Money*, Keynes, no Capítulo 12, distingue entre especulação como "a atividade de prever a psicologia do mercado" e o termo empreendimento para "a atividade de prever o rendimento prospectivo de ativos durante toda a sua vida. (Se for um) investidor (...) não comprará prontamente um investimento, exceto na esperança de valorização do capital (...) ele é, no sentido acima, um especulador. Os especuladores podem não causar danos enquanto bolhas num fluxo constante de empreendimentos. Mas a situação é grave quando as empresas se transformam de uma bolha em um redemoinho de especulação. Quando o desenvolvimento do capital de um país se torna um subproduto das atividades de um cassino, o trabalho provavelmente será mal executado".
2. Um argumento com mais nuances é o de que a P&D disponível ao público está sendo sufocada. Um estudo realizado por Arora, Belenzon e Patacconi (2015) analisou publicações científicas de empresas norte-americanas na bolsa de valores dos EUA entre 1980 e 2007 e descobriu que, embora as empresas públicas estejam registrando mais patentes e o valor destas pareça ser estável, elas estão publicando cada vez menos suas pesquisas em periódicos.

3. Um relatório recente da CMA/FCA concluiu que apenas 25% das pequenas empresas pensavam que “seu banco apoia os seus negócios”.
4. *Hamlet*, Ato 1, Cena 3, linhas 75 e 76.
5. Para as regras dos Estados Unidos, veja, por exemplo, http://www.federalreserve.gov/bankinforeg/stress-tests/2014-revised-capital-framework.htm#f37r.
6. Isso parece persistir mesmo quando ajustamos o impacto dos impostos.
7. Parte disso é discutido no *Economist*: http://www.economist.com/news/briefing/21651220-most-western-economies-sweeten-cost-borrowing-bad-idea-senseless-subsidy.
8. http://www.bloomberg.com/news/articles/2014-10-06/s-p-500-companies-spend-almost-all-profits-on-buybacks-payouts.
9. Deve-se notar que Ikenberry, Lakonishok e Vermaelen (1995) argumentam que as recompras de ações criam valor no curto prazo e ainda mais valor no longo prazo.
10. Isso está relacionado com um famoso argumento apresentado pelos economistas Sanford Grossman e Oliver Hart (1980), que salientaram que os pequenos acionistas não dedicarão recursos para se livrar de gestores com fraco desempenho, mas sim confiarão implicitamente no trabalho de terceiros (em particular, invasores corporativos) por meio do preço das ações.
11. Veja seu perfil na *Forbes Magazine*, http://archive.fortune.com/magazines/fortune/fortune_archive/1998/10/26/250008/index.htm.

Capítulo 9: Competindo, Gerenciando e Investindo em uma Economia Intangível

1. Sarah O’Connor, “Amazon Unpacked”, 8 de fevereiro de 2013, https:// www.ft.com/content/ed6a985c-70bd-11e2-85d0-00144feab49a.
2. A vantagem sustentada não deve ser confundida com a sustentabilidade, muitas vezes referida não como uma medida de longevidade, mas como uma preocupação ambiental. Em muitos casos, porém, ambos serão objetivos congruentes, uma vez que a legislação e a pressão pública provavelmente garantirão que as empresas queiram fazer ambos. Mas sempre haverá casos em que as empresas podem, por exemplo, aumentar os lucros em curto prazo causando danos ambientais (por exemplo, eliminando resíduos de forma inadequada). Da mesma forma, o modo mais fácil de aumentar os lucros em curto prazo é renegar as promessas feitas aos fornecedores (e talvez aos clientes): nenhuma dessas táticas é sustentável no longo prazo, e, portanto, as descartamos.
3. http://data.ers.usda.gov/reports.aspx?StateFIPS=16&StateName=Idaho&ID=10633#.U-5XxfldXzg.

4. Para mais discussão, consulte o tratamento muito acessível de Lev e Gu (2016) e Foss e Stieglitz (2012). Kay (1993) agrupa os ativos distintos que as empresas podem criar em três categorias: inovação, reputação e arquitetura (sendo esta última característica da organização).

5. http://stumblingandmumbling.typepad.com/.

6. Uma literatura muito viva pergunta quem deveria ter essa autoridade: os gestores, os trabalhadores ou os proprietários?

7. Relatado, por exemplo, em www.sfgate.com (http://www.sfgate.com/bayarea/article/Court-to-FedEx-Your-drivers-are-full-time-5717048.php). Foi relatado que, embora a FedEx exigisse que seus motoristas fornecessem seus próprios veículos, eles especificaram "as suas dimensões, prateleiras e cor da pintura".

8. E o trabalho do inquérito à gestão tenta corrigir esse efeito: assim, por exemplo, o inquérito à gestão mundial pergunta sobre o horizonte temporal dos objetivos e atribui uma pontuação elevada se "os objetivos de longo prazo são traduzidos em objetivos específicos de curto prazo para que as metas de curto prazo se tornem uma 'escada' para alcançar as metas de longo prazo" (World Management Survey, pergunta 10, questionário de manufatura, http://worldmanagementsurvey.org/wp-content/images/2010/09/Manufacturing-Survey-Instrument.pdf).

9. É claro que existem muitas complicações que vão além desses princípios gerais. Primeiro, nas contas das empresas, os ativos intangíveis são frequentemente divididos em "intangíveis que não são goodwill" (como a patente discutida) e "goodwill". O goodwill é gerado apenas de forma externa, quando um negócio é combinado com outro, por exemplo, por meio de uma aquisição. O goodwill mede a diferença entre o que é pago pelo negócio e o valor de seus ativos tangíveis. Essa medida de goodwill é tratada como um ativo e depois amortizada (ou, se o valor do goodwill cair de uma forma acordada, denominada imparidade, então é registrada uma despesa para isso). Para orientação do Reino Unido sobre isso, veja o Conselho de Relatórios Financeiros do Reino Unido, FRS102, Capítulos 18 e 19. O Apêndice A de Lev (2001) relata as regras para os Estados Unidos, que seguem o mesmo padrão, com uma série de exceções complicadas, por exemplo, relativas à compra de informações em uma carteira de cartão de crédito, bibliotecas de empresas de cinema e TV e direitos de minérios e aterrissagem em aeroportos.

10. Como salientam Lev e Gu (2016), em 2011, a HP adquiriu a Autonomy por US$10 bilhões, sendo que grande parte desse valor era de software; mas cancelou quase tudo no ano seguinte.

11. Demonstrativo financeiro da BAT, 2015: www.bat.com/ar/2015/assets/downloads/BAT_Financial_Statements_2015.pdf.

Capítulo 10: Políticas Públicas em uma Economia Intangível

1. Os regulamentos específicos são definidos na parte 1 de Framework, p. 89 ("London View Management Framework", 2012).

2. Por um lado, é pouco provável que permitir que alguns monopólios que podem ter gerado alguns benefícios para abanar todo o cão da política de concorrência seja uma boa política. Por outro lado, fixar-se em uma política de concorrência que crie uma estrutura de mercado com muitas pequenas empresas não será uma boa decisão política, uma vez que os consumidores não usufruirão dos muitos benefícios que advêm de empresas ricas em bens intangíveis (presumivelmente grandes). Em vez disso, a política de concorrência deve centrar-se na questão de saber se um mercado proporciona rivalidade, por exemplo, permitindo a introdução de novas empresas ou produtos.

3. Veja https://www.iras.gov.sg/irashome/Schemes/Businesses/Productivity-and-Innovation-Credit-Scheme/#title5.

REFERÊNCIAS BIBLIOGRÁFICAS

Aghion, Philippe e Peter Howitt. 1992. "A Model of Growth through Creative Destruction". *Econometrica* 60 (2): 323–51. doi:10.2307/2951599.

______, John Van Reenen e Luigi Zingales. 2013. "Innovation and Institutional Ownership". *American Economic Review* 103 (1): 277–304. doi:10.1257/aer.103.1.277.

Allen, Robert C. 1983. "Collective Invention". *Journal of Economic Behavior & Organization* 4 (1): 1–24. doi:10.1016/0167-2681(83)90023-9. Alvaredo, Facudo, Anthony B. Atkinson, Thomas Piketty e Emmanuel Saez. 2013. "The Top 1 Percent in International and Historical Perspective". *Journal of Economic Perspectives* 27 (3): 3–20. http://www.aeaweb.org/articles?id=10.1257/jep.27.3.3.

Amore, Mario Daniele, Cédric Schneider e Alminas Zaldokas. 2012. "Credit Supply and Corporate Innovations". *SSRN Electronic Journal*. doi:10.2139/ssrn.2022235.

Andrews, Dan, Chiara Criscuolo e Peter Gal. 2016. "Mind the Gap: Productivity Divergence between the Global Frontier and Laggard Firms". OECD Productivity Working Papers.

Appelt, Silvia, Matej Bajgar, Chiara Criscuolo e Fernando Galindo-Rueda. 2016. "R&D Tax Incentives: Evidence on Design, Incidence and Impacts". OECD Science, Technology and Industry Policy Papers, Nº 32. http://dx.doi.org/10.1787/5jlr8fldqk7j-en.

Arora, Ashish, Sharon Belenzon e Andrea Patacconi. 2015. "Killing the Golden Goose? The Changing Nature of Corporate Research, 1980–2007". Fuqua Business School, Working Paper. https://faculty.fuqua.duke.edu/~sb135/bio/w20902.pdf.

Arrow, Kenneth. 1962. "Economic Welfare and the Allocation of Resources for Invention". In *The Rate and Direction of Inventive Activity: Economic and Social Factors*, editado por Universities-National Bureau, 1:609–26. National Bureau of Economic Research, Inc. http://ideas.repec.org/h/nbr/nberch/2144.html.

Arthur, W. Brian. 2009. *The Nature of Technology: What It Is and How It Evolves*. Free Press.

Autor, David H. 2013. "The Task Approach to Labor Markets: An Overview". *Journal for Labour Market Research* 46 (3): 185–99. https://ideas.repec.org/a/iab/iabjlr/v2013i3p185-199.html.

______. 2014. "Skills, Education, and the Rise of Earnings Inequality among the 'Other 99 Percent.'" *Science* 344 (6186).

Awano, G., M. Franklin, J. Haskel e Z. Kastrinaki. 2010. "Measuring Investment in Intangible Assets in the UK: Results from a New Survey. *Economic & Labour Market Review* 4 (7): 66–71.

Bakhshi, Hasan, Carl Benedikt Frey e Mike Osborne. 2015. "Creativity vs. Robots". http://www.nesta.org.uk/sites/default/files/creativity_vs._robots_wv.pdf.

Bakhshi, Hasan, Juan Mateos-Garcia e Andrew Whitby. 2014. "Model Workers: How Leading Companies Are Recruiting and Managing Data Talent". http://www.nesta.org.uk/publications/model-workers-how-leading-companies-are-recruiting-and-managing-data-talent.

Bandiera, Oriana, Luigi Guiso, Andrea Prat e Raffaella Sadun. 2011. "What Do CEOs Do?" Harvard Business School, Working Paper, n. 11-081.

Barth, Mary E., Ron Kasznik e Maureen F. McNichols. 2001. "Analyst Coverage and Intangible Assets". *Journal of Accounting Research* 39 (1): 1–34. doi:10.1111/1475-679X.00001.

Belfield, Chris, Jonathan Cribb, Andrew Hood e Robert Joyce. 2014. *Living Standards, Poverty and Inequality in the UK: 2014*. IFS Reports, Institute for Fiscal Studies.

Bell, Alex, Raj Chetty, Xavier Jaravel, Neviana Petkova e John Van Reenen. 2016. "The Lifecycle of Inventors". *SSRN Electronic Journal*. doi:10.2139/ssrn.2838018.

Bell, Brian D. e John Van Reenen. 2013. "Extreme Wage Inequality: Pay at the Very Top". *American Economic Review* 103 (3): 153–57. http://www.jstor.org/stable/23469720.

Beniger, James R. 1986. *The Control Revolution: Technological and Economic Origins of the Information Society*. Harvard University Press.

Berliner, J. S. 1957. *Factory and Manager in the Soviet Union*. Cambridge University Press.

Bernstein, Shai. 2015. "Does Going Public Affect Innovation?" *Journal of Finance* 70 (4): 1365–1403. doi:10.1111/jofi.12275.

Bessen, James. 2015. "Toil and Technology". *Finance and Development* 52 (1). http://www.imf.org/external/pubs/ft/fandd/2015/03/bessen.htm.

______. 2016. "Accounting for Rising Corporate Profits: Intangibles or Regulatory Rents?" Boston University School of Law, Law & Economics, Working Paper, n. 16–18. http://www.bu.edu/law/faculty-scholarship/working-paper-series/.

Big Innovation Centre. 2017. "The Purposeful Company: Policy Report". http://biginnovationcentre.com/media/uploads/pdf/TPC_Policy Report.pdf.

Black, Jane, David de Meza e David Jeffreys. 1996. "House Prices, the Supply of Collateral and the Enterprise Economy". *Economic Journal* 106 (434): 60. doi:10.2307/2234931.

Blaug, Mark. 1978. *Economic Theory in Retrospect*. 3. ed. Cambridge University Press.

Bloom, Nicholas, Christos Genakos, Raffaella Sadun e John Van Reenen. 2011. "Management Practices across Firms and Countries". Harvard Business School, Working Paper, n. 12-052.

Bloom, Nicholas, Raffaella Sadun e John Van Reenen. 2012. "Americans Do IT Better: US Multinationals and the Productivity Miracle". *American Economic Review* 102 (1): 167–201. http://ideas.repec.org/a/aea/aecrev/v102y2012i1p167-201.html.

Bonnet, Odran, Pierre-Henri Bono, Guillaume Chapelle e Etienne Wasmer. 2014. "Does Housing Capital Contribute to Inequality? A Comment on Thomas Piketty's Capital in the 21st Century". SciencesPo Economics Discussion Paper 2014-07. http://econpapers.repec.org/RePEc:spo:wpecon:info:hdl:2441/30nstiku669glbr66l6n7 mc2oq.

Bower, M. 1979. *Perspective on McKinsey*. Internal McKinsey publication.

Braggion, Fabio e Lyndon Moore. 2013. "The Economic Benefits of Political Connections in Late Victorian Britain". *Journal of Economic History* 73 (1): 142–76. doi:10.1017/S0022050713000053.

Brynjolfsson, Erik, Loren Hitt e Shinkyu Yang. 2002. "Intangible As- sets: How the Interaction of Computers and Organizational Structure Affects Stock Market Valuations". *Brookings Papers on Economic Activity* 33 (1): 137–98.

Brynjolfsson, Erik e Andrew McAffee. 2014. *The Second Machine Age*. W. W. Norton and Co.

Chen, Ester, Ilanit Gavious e Baruch Lev. 2015. "The Positive Externalities of IFRS R&D Rule: Enhanced Voluntary Disclosure". http://people.stern.nyu.edu/blev/files/Positive-Externalities-of-IFRS_March_30_2015_k4gn98s2.pdf.

Chesson, Adrian. 2001. "Estimation of Software in the UK National Accounts—Recent Developments". OECD STD/NA(2001)23. http://www.oecd.org/std/na/1908892.doc.

Colecchia, Alessandra e Paul Schreyer. 2002. "ICT Investment and Economic Growth in the 1990s: Is the United States a Unique Case?" *Review of Economic Dynamics* 5 (2): 408–42. doi:10.1006/ redy.2002.0170.

Corrado, Carol A. 2010. "Intangible Capital and Economic Growth". https://www.wilsoncenter.org/sites/default/files/Corrado Presentation.pdf.

______ e Janet X Hao. 2013. "Brands as Productive Assets: Concepts, Measurement and Global Trends". http://www.wipo.int/export/sites/www/econ_stat/en/economics/pdf/wp13.pdf.

______, Jonathan Haskel, Cecilia Jona-Lasinio e Massimiliano Iommi. 2013. "Innovation and Intangible Investment in Europe, Japan, and the United States". *Oxford Review of Economic Policy* 29 (2): 261–86. http://ideas.repec.org/a/oup/oxford/v29y2013i2p261-286.html.

______. 2016. "Intangible Investment in the EU and US before and since the Great Recession and Its Contribution to Productivity Growth". EIB Working Paper, n. 2016/08. http://www.eib.org/attachments/efs/economics_working_paper_2016_08_en.pdf.

______ e Charles R Hulten. 2010. "How Do You Measure a 'Technological Revolution'?" *American Economic Review* 100 (2): 99–104. doi:10.1257/aer.100.2.99.

______, Charles Hulten e Daniel Sichel. 2005. "Measur- ing Capital and Technology: An Expanded Framework". In *Measuring Capital in the New Economy*, editado por Carol A. Corrado, John Haltiwanger e Daniel Sichel. University of Chicago Press.

______. 2009. "Intangible Capital and U.S. Economic Growth". *Review of Income and Wealth* 55 (3): 661–85.

______, M. O'Mahony e Lea Samek. 2015. "Measuring Education Services as Intangible Social Infrastructure". SPINTAN Working Paper Series, n. 19.

Cowen, Tyler. 2011. *The Great Stagnation: How America Ate All the Low-Hanging Fruit of Modern History, Got Sick, and Will (Eventually) Feel Better*. Penguin especial from Dutton.

CQ Researcher. 2016. "The Iron and Steel Industry". http://library.cqpress.com/cqresearcher/document.php?id=cqresrre1930050100. Crawford, Rowena, Dave

Innes e Cormac O'Dea. 2016. "Household Wealth in Great Britain: Distribution, Composition and Changes 2006–12".*Fiscal Studies* 37 (1):35–54.doi:10.1111/j.1475-5890.2016.12083.

David, Paul. 1990. "The Dynamo and the Computer: An Historical Perspective on the Modern Productivity Paradox". *American Economic Review* 80 (2): 355–61.

Davies, Daniel e Tess Read. 2015. *Secret Life of Money Everyday Economics Explained*. Metro.

Davies, Richard, Andrew Haldane, Mette Nielsen e Silvia Pezzini. 2014. "Measuring the Costs of Short-Termism". *Journal of Financial Stability* 12 (junho): 16–25.

Dixit, Avinash. 1992. "Investment and Hysteresis". *Journal of Economic Perspectives* 6 (1): 107–32. http://www.aeaweb.org/articles?id=10.1257/jep.6.1.107.

Dixit, Avinash e Robert S. Pindyck. 1995. "The Options Approach to Capital Investment". *Harvard Business Review* 73 (3). https://hbr.org/1995/05/the-options--approach-to-capital-investment.

Dodgson, Mark, David Gann e Ammon J. Salter. 2005. *Think, Play, Do: Technology, Innovation, and Organization*. Oxford University Press.

Domar, Evsey D. 1961. "On the Measurement of Technological Change".

Economic Journal 71 (284): 709–29.

Edgerton, David. 2011. *Shock of the Old: Technology and Global History since 1900*. Profile.

Edmans, Alex. 2009. "Blockholder Trading, Market Efficiency, and Managerial Myopia". *Journal of Finance* 64 (6): 2481–2513. doi:10.1111/j.1540-6261.2009.01508.x.

______. 2011. "Does the Stock Market Fully Value Intangibles? Employee Satisfaction and Equity Prices". *Journal of Financial Economics* 101 (3): 621–40. doi:10.1016/j.jfineco.2011.03.021.

______. 2014. "Blockholders and Corporate Governance". *Annual Review of Financial Economics* 6 (1): 23–50. doi:10.1146/annurev-financial-110613-034455.

Edmans, Alex, Vivian W. Fang e Katharina Lewellen. 2013. "Equity Vesting and Managerial Myopia". NBER, Working Paper, Nº 19407, 1–60. doi:10.2139/ssrn.2270027.

Forman, Chris, Avi Goldfarb e Shane Greenstein. 2016. "Agglomera- tion of Invention in the Bay Area: Not Just ICT". *American Economic Review* 106 (5): 146–51. doi:10.1257/aer.p20161018.

Forth, T. 2015 "The North-South Divide: We Never Even Tried". http://www.tomforth.co.uk/wenevertried/.

Foss, Nicolaï e Nils Stieglitz. 2012. "Modern Resource-Based Theory(ies)". In *Handbook on the Economics and Theory of the Firm*, editado por Michael Dietrich e Jackie Krafft. Edward Elgar Publishing, Inc. doi:10.4337/9781781002407.00030.

Fraser, Stuart. 2012. "The Impact of the Financial Crisis on Bank Lend- ing to SMEs". http://mbsportal.bl.uk/taster/subjareas/smlbusentrep/bis/13799212_949_bank_lending_smes.pdf.

Freeman, Richard. 2007. "The Great Doubling: The Challenge of the New Global Labor Market". In *Ending Poverty in America: How to Restore the American Dream*, editado por John Edwards, Marion Crain e Arne L. Kalleberg. New Press.

Fukao, Kyoji, Tsutomu Miyagawa, Kentaro Mukai, Yukio Shinoda e Konomi Tonogi. 2009. "Intangible Investment in Japan: Measurement and Contribution to Economic Growth". *Review of Income and Wealth* 55 (3): 717–36.

Garicano, Luis. 2000. "Hierarchies and the Organization of Knowledge in Production". *Journal of Political Economy* 108 (5): 874–904. doi:10.1086/317671.

Garicano, Luis e Thomas N. Hubbard. 2007. "Managerial Leverage Is Limited by the Extent of the Market: Hierarchies, Specialization, and the Utilization of Lawyers' Human Capital". *Journal of Law and Economics* 50 (1): 1–43.

Gaspar, Jess e Edward L. Glaeser. 1998. "Information Technology and the Future of Cities". *Journal of Urban Economics* 43 (1): 136–56.

Giorgio Marrano, Mauro e Jonathan Haskel. 2007. "How Much Does the UK Invest in Intangible Assets?" CEPR Discussion Papers, n. DP6287. http://ideas.repec.org/p/cpr/ceprdp/6287.html.

Giorgio Marrano, Mauro, Jonathan Haskel e Gavin Wallis. 2009. "What Happened to the Knowledge Economy? ICT, Intangible Investment and Britain's Productivity Record Revisited". *Review of Income and Wealth* 55 (3): 686–716.

Glaeser, Edward L. 2011. *Triumph of the City*. Macmillan.

Glaeser, Edward L., Hedi D. Kallal, José A. Scheinkman e Andrei Shle- ifer. 1992. "Growth in Cities". *Journal of Political Economy* 100 (6): 1126–52. doi:10.1086/261856.

Goldin, Claudia e Lawrence F. Katz. 2008. *The Race between Education and Technology*. Harvard University Press.

Goodridge, P. R. e J. Haskel. 2016. "Big Data in UK Industries: An Intangible Investment Approach". Imperial College Business School. http://hdl.handle.net/10044/1/32279.

Goodridge, P. R., J. Haskel e G. Wallis. 2016. "Accounting for the UK Productivity Puzzle: A Decomposition and Predictions". *Economica* (Dec). doi:10.1111/ecca.12219.

Goos, Maarten e Alan Manning. 2007. "Lousy and Lovely Jobs: The Rising Polarization of Work in Britain". *Review of Economics and Statistics* 89 (1): 118–33. http://ideas.repec.org/a/tpr/restat/v89y2007i1p118-133.html.

Gordon, Robert J. 2016. *The Rise and Fall of American Growth: The U.S. Standard of Living since the Civil War*. Princeton University Press.

Graham, John R., Campbell R. Harvey e Shiva Rajgopal. 2005. "The Economic Implications of Corporate Financial Reporting". *Journal of Accounting and Economics* 40 (1): 3–73. doi:10.1016/j.jacceco.2005.01.002.

Griliches, Zvi. 1992. "The Search for R&D Spillovers". *Scandinavian Journal of Economics* 94 (supplement): S29–47.

Grossman, Sanford J. e Oliver D. Hart. 1980. "Takeover Bids, the Free- Rider Problem, and the Theory of the Corporation". *Bell Journal of Economics* 11 (1): 42–64. doi:10.2307/3003400.

Groysberg, Boris, Andrew McLean e Nitin Nohria. 2006. "Are Leaders Portable?" *Harvard Business Review* 84 (5): 92–100.

Guy, Frederick. 2014. "Technological Change, Bargaining Power and Wages". In *Our Work Here Is Done: Visions of a Robot Economy*, editado por Stian Westlake. Nesta.

Håkanson, Christina, Erik Lindqvist e Jonas Vlachos. 2015. "Firms and Skills: The Evolution of Worker Sorting". IFAU — Institute for Evaluation of Labour Market and Education Policy, Working Paper, n. 2015:9

Hall, Bronwyn H., Christian Helmers e Georg von Graevenitz. 2015. "Technology Entry in the Presence of Patent Thickets". NBER, Working Paper, n. 21455. doi:10.3386/w21455.

Hall, Bronwyn H., Adam Jaffe e Manuel Trajtenberg. 2005. "Market Value and Patent Citations". *RAND Journal of Economics* 36 (1): 16–38.

______ e Josh Lerner. 2010. "The Financing of R&D and Innovation". In *Handbook of the Economics of Innovation*, editado por Bronwyn H. Hall e Nathan Rosenberg. Elsevier B.V.

Hall, Robert E. 2001. "Struggling to Understand the Stock Market". *American Economic Review* 91 (2): 1–11. http://ideas.repec.org/a/aea/aecrev/v91y2001i2p1-11.html.

Haskel, J., P. Goodridge, A. Hughes e G. Wallis. 2015. "The Contribution of Public and Private R&D to UK Productivity Growth". Imperial College Business School. http://hdl.handle.net/10044/1/21171.

Henderson, Rebecca M., Richard G. Newell e David C. Mowery. 2011. "Federal Policy and the Development of Semiconductors, Computer Hardware, and Computer Software: A Policy Model for Climate Change R&D?" In *Accelerating Energy Innovation: Insights from Multiple Sectors*, editado por Rebecca M. Henderson e Richard G. Newell. University of Chicago Press. http://www.nber.org/chapters/c11753.

Hermalin, Benjamin E. 1998. "Toward an Economic Theory of Leadership: Leading by Example". *American Economic Review* 88 (5): 1188–1206. http://ideas.repec.org/a/aea/aecrev/v88y1998i5p1188-1206.html.

Higgs, Peter, Stuart Cunningham e Hasan Bakhshi. 2008. "Beyond the Creative Industries". Nesta Technical Report.

Hilber, Christian. 2016. "The UK Planning System: Fit for Purpose?" *Planning & Building Control Today* (julho): 8–11.

Hulten, Charles R. 1978. "Growth Accounting with Intermediate Inputs". *Review of Economic Studies* 45 (3): 511–18.

______. 2001. "Total Factor Productivity: A Short Biography". In *New Developments in Productivity Analysis*, editado por Charles R. Hulten, Edwin R. Dean e Michael J. Harper. University of Chicago Press. http://ideas.repec.org/h/nbr/nberch/10122.html.

______. 2010. "Decoding Microsoft: Intangible Capital as a Source of Company Growth". NBER, Working Paper, n. 15799. doi:10.3386/ w15799.

Hulten, Charles R. e Frank C. Wykoff. 1981. "The Estimation of Economic Depreciation Using Vintage Asset Prices". *Journal of Econometrics* 15 (3): 367–96. doi:10.1016/0304-4076(81)90101-9.

Ikenberry, D., J. Lakonishok e T. Vermaelen. 1995. "Market Underreaction to Open Market Share Repurchases". *Journal of Financial Economics* 39 (1995): 181–208. http://www.sciencedirect.com/science/ article/pii/0304405X9500826Z.

Kahneman, Daniel, Dan Lovallo e Olivier Sibony. 2011. "The Big Idea: Before You Make That Big Decision". *Harvard Business Review* 89 (6): 51–60. https://hbr.org/2011/06/the-big-idea-before -you-make-that-big-decision.

Kantor, Shawn e Alexander Whalley. 2014. "Knowledge Spillovers from Research Universities: Evidence from Endowment Value Shocks". *Review of Economics and Statistics* 96 (1): 171–88. doi:10.1162/ REST_a_00357.

Kaufman, E. 2016a. "Brexit Voters: Not the Left Behind". *Fabian Review*, 24 de junho de 2016.

______. 2016b. "It's NOT the Economy, Stupid: Brexit as a Story of Personal Values". *LSE British Politics and Policy Blog*, 7 de julho de 2016. http://blogs.lse.ac.uk/politicsandpolicy/personal-values-brexit-vote/.

Kay, John. 1993. *Foundations of Corporate Success*. Oxford University Press. https://www.johnkay.com/1993/12/06/foundations-of-corporate-success-1993/.

______. 2003. "The High Cost of ICI's Fall from Grace". http://www.johnkay.com/2003/02/13/the-high-cost-of-icis-fall-from-grace/.

______. 2011. *Obliquity: Why Our Goals Are Best Achieved Indirectly*. Profile Books.

______. 2015. *Other People's Money*. Profile Books.

Khan, B. 2008. "An Economic History of Patent Institutions". *EH.net Encyclopedia*. https://eh.net/encyclopedia/an-economic-history-of-patent-institutions/.

Krueger, Joachaim I. 2016. "The Personality of Brexit Voters". *Psychology Today Blog*, 29 de junho de 2016. https://www.psychologytoday.com/blog/one-among-many/201606/the-personality-brexit-voters.

Lakhani, Karim R. e Jill A. Panetta. 2007. "The Principles of Distrib- uted Innovation". *Innovations: Technology, Governance, Globalization* 2 (3): 97–112. doi:10.1162/itgg.2007.2.3.97.

Lazonick, William. 1979. "Industrial Relations and Technical Change: The Case of the Self-Acting Mule". *Cambridge Journal of Economics* 3 (3): 231–62. doi:10.1093/OXFORDJOURNALS.CJE.A035423.

Lerner, Josh. 2012. *Boulevard of Broken Dreams: Why Public Efforts to Boost Entrepreneurship and Venture Capital Have Failed — and What to Do about It*. Princeton University Press.

Lev, Baruch. 2001. *Intangibles*. Brookings Institution Press. https://www.brookings.edu/book/intangibles/.

Lev, Baruch e Feng Gu. 2016. *The End of Accounting*. Wiley.

London View Management Framework. 2012. https://www.london.gov.uk/file/7988/download?token=YJoKa7uK.

Lucas, Robert E. 1993. "Making a Miracle". *Econometrica* 61 (2): 251–72. doi:10.2307/2951551.

Machlup, Fritz. 1962. *The Production and Distribution of Knowledge in the United States*. Princeton University Press.

Maizlin, Zeev V. e Patrick M. Vos. 2012. "Do We Really Need to Thank the Beatles for the Financing of the Development of the Computed Tomography Scanner?" *Journal of Computer Assisted Tomography* 36 (2): 161–64. doi:10.1097/RCT.0b013e318249416f.

Mann, W. 2014. "Creditor Rights and Innovation: Evidence from Patent Collateral". Wharton Job Market Paper.

Mazzucato, Mariana. 2013. "Debunking the Market Mechanism: Organisations, Innovation and Inequality — A Response to John Kay". *The Political Quarterly* 84 (4): 444–47. doi:10.1111/j.1467-923X.2013.12039.x.

______. 2015. *The Entrepreneurial State: Debunking Public vs. Private Sector Myths.* Anthem Press.

Miglani, Jitender. 2016. "Apple Revenues and Profits 2000 to 2015: Pre- and Post--iPhone". *R&P Research* 4 de janeiro de 2016. http://revenues andprofits.com/apple-revenues-and-profits-2000-to-2015-pre-and-post-iphone/.

Milanović, Branko. 2005. *Worlds Apart: Measuring International and Global Inequality.* Princeton University Press.

Miles, David. 1993. "Testing for Short Termism in the UK Stock Market".

Economic Journal 103 (421): 1379–96. doi:10.2307/2234472.

Milgrom, Paul e John Roberts. 1988. "An Economic Approach to Influence Activities in Organizations". *American Journal of Sociology* 94: S154–79. http://www.jstor.org/stable/2780245.

Mintzberg, Henry. 1990. "The Manager's Job: Folklore and Fact". *Harvard Business Review* 90 (2): 163–76.

Mirrlees, James, Stuart Adam, Tim Besley, Richard Blundell, Stephen Bond, Robert Chote, Malcolm Gammie, Paul Johnson, Gareth Myles e James M Poterba. 2011. *Tax by Design.* Institute for Fiscal Stud- ies. http://www.ifs.org.uk/docs/taxbydesign.pdf.

Mokyr, Joel. 2002. *The Gifts of Athena: Historical Origins of the Knowledge Economy.* Princeton University Press.

Moulton, Brent R., Robert P. Parker e Eugene P. Seskin. 1999. "A Preview of the 1999 Comprehensive Revision of the National Income and Product Accounts: Definitional and Classificational Changes". *Survey of Current Business*, agosto.

Nakamura, Leonard I. 2001. "What Is the U.S. Gross Investment in Intangibles? (at Least) One Trillion Dollars a Year!" Federal Reserve Bank of Philadelphia, Working Paper, Nº 01-15.

______. 2010. "Intangible Assets and National Income Accounting". *Review of Income and Wealth* 56 (s1): S135–55. doi:10.1111/j.1475-4991.2010.00390.x.

Nightingale, Paul. 2004. "Technological Capabilities, Invisible Infrastructure and the Un-Social Construction of Predictability: The Overlooked Fixed Costs of Useful Research". *Research Policy* 33 (9): 1259–84. doi:10.1016/j.respol.2004.08.008.

OECD. 2015. *Frascati Manual 2015: Guidelines for Collecting and Reporting Data on Research and Experimental Development.* OECD Publish- ing. doi:http://dx.doi.org/10.1787/9789264239012-en.

OECD Secretariat. 1998. "Measuring Intangible Investment: Selected Bibliography". Presented at a conference on OECD Work on Measuring Intangible Investment, Amsterdam, junho de 1999. https://www.oecd.org/sti/ind/1943317.pdf.

Office for National Statistics. 2016. *UK National Accounts, The Blue Book: 2016.* https://www.ons.gov.uk/economy/grossdomesticproductgdp/compendium/

unitedkingdomnationalaccountsthebluebook/2016edition/unitedkingdomnationalaccountsthebluebook2015edition.

Oliner, Stephen D. e Daniel E. Sichel. 1994. "Computers and Output Growth Revisited: How Big Is the Puzzle?" *Brookings Papers on Economic Activity* 1994 (2): 273–334. doi:10.2307/2534658.

______. 2000. "The Resurgence of Growth in the Late 1990s: Is Information Technology the Story?" *Journal of Economic Perspectives* 14 (4): 3–22. doi:10.1257/jep.14.4.3.

Pardey, Philip G., Julian M. Alston e Connie Chan-Kang. 2013. "Public Agricultural R&D over the Past Half Century: An Emerging New World Order". *Agricultural Economics* 44 (s1): 103–13. doi:10.1111/ agec.12055.

Parviainen, Jaana. 2011. "The Standardization Process of Movement in the Fitness Industry: The Experience Design of Les Mills Choreographies". *European Journal of Cultural Studies* 14 (5): 526–41. http://ecs.sagepub.com/content/14/5/526.abstract.

Perez, Carlota. 2002. *Technological Revolutions and Financial Capital: The Dynamics of Bubbles and Golden Ages*. Edward Elgar Publishing, Inc.

Piketty, Thomas. 2014. *Capital in the Twenty-First Century*. Harvard University Press.

Pisano, Gary e Willy C. Shih. 2009. "Restoring American Competitiveness". *Harvard Business Review* 2 (julho–agosto).

Rauch, Ferdinand. 2011. "Advertising Expenditure and Consumer Prices". CEP Discussion Paper n. 1073. http://cep.lse.ac.uk/pubs/download/dp1073.pdf.

Ridley, Matt. 2010. *The Rational Optimist: How Prosperity Evolves*. Fourth Estate.

Roberts, Russell D. 2014. *How Adam Smith Can Change Your Life: An Unexpected Guide to Human Nature and Happiness*. Portfolio/Penguin.

Rognlie, Matthew. 2015. "A Note on Piketty and Diminishing Returns to Capital". MIT. http://mattrognlie.com/piketty_diminishing_returns.pdf. Romer, Paul M. 1990. "Endogenous Technological Change". *Journal of Political Economy* 98 (5): S71–102.

Rosen, Sherwin. 1981. "The Economics of Superstars". *American Economic Review* 71 (5): 845–58. http://www.jstor.org/stable/1803469.

Sampson, Rachelle C. e Yuan Shi. 2016. "Evidence and Implications of Short-Termism in US Public Capital Markets: 1980–2013". *SSRN Electronic Journal*. doi:10.2139/ ssrn.2837524.

Smil, Vaclav. 2005. *Creating the Twentieth Century: Technical Innovations of 1867–1914 and Their Lasting Impact*. Oxford University Press. doi: 10.1093/0195168747.001.0001.

Solow, Robert M. 1957. "Technical Change and the Aggregate Production Function". *Review of Economics and Statistics* 39 (3): 312–20. doi:10.2307/1926047.

Solow, Robert M. 1987. "We'd Better Watch Out". *New York Times Book Re- view*. http://www.standupeconomist.com/pdf/misc/solow-computer-productivity.pdf.

______. 2014. "Thomas Piketty Is Right: Everything You Need to Know about 'Capital in the Twenty-First Century'". *New Republic*, 22 de abril de 2014. https://newrepublic.com/article/117429/capital-twenty-first-century-thomas-piketty-reviewed.

Song, Jae, David J. Price, Fatih Guvenen, Nicholas Bloom e Till von Wachter. 2015. *Firming Up Inequality*. NBER, Working Paper, Nº 21199. doi:10.3386/w21199.

Soto, Hernando de. 2001. *The Mystery of Capital: Why Capitalism Triumphs in the West and Fails Everywhere Else*. Black Swan.

Sutton, John. 1991. *Sunk Costs and Market Structure: Price Competition, Advertising e the Evolution of Concentration*. MIT Press.

Summers, Lawrence H. 2014. "U.S. Economic Prospects: Secular Stagnation, Hysteresis e the Zero Lower Bound". *Business Economics* 49 (2): 65–73.

______. 2015. "Have We Entered an Age of Secular Stagnation?" *IMF Economic Review* 63 (1): 277–80.

______. 2016. "Corporate Profits Are Near Record Highs. Here's Why That's a Problem". *Washington Post Wonkblog*, 30 de março de 2016. http://larrysummers.com/2016/03/30/corporate-profits-are-near-record-highs-heres-why-thats-a--problem/.

Thwaites, Gregory. 2015. "Why Are Real Interest Rates So Low? Secular Stagnation and the Relative Price of Investment Goods". Bank of England Staff Working Paper, n. 564. http://www.bankofengland.co.uk/research/Pages/workingpapers/2015/swp564.aspx.

Triplett, J. E. 1996. "Depreciation in Production Accounts and in Income and Wealth Accounts: Resolution of an Old Debate". *Economic Inquiry* 34 (1): 93–115.

van Ark, Bart, Janet Hao, Carol Corrado e Charles Hulten. 2009. "Measuring Intangible Capital and Its Contribution to Economic Growth in Europe". *European Investment Bank Papers* 14 (1): 62–93.

Vanguard. 2015. "Can Active Funds Deliver Persistent Performance?" https://www.vanguard.co.uk/documents/adv/literature/can-active-funds-deliver-persistent-performance.pdf.

Walters, Ben. 2016."What Are Queer Spaces for Anyway?" Not Television. http://www.nottelevision.net/what-are-queer-spaces-for-anyway/.

Weitzmann, M. L. 1976. "On the Welfare Significance of National Product in a Dynamic Economy". *Quarterly Journal of Economics* 90 (1): 156–62. http://www.jstor.org/stable/1886092.

______. 1980. "The 'Ratchet Principle' and Performance Incentives". *Bell Journal of Economics* 11 (1): 302–8.

Willetts, David. 2010. *The Pinch: How the Baby Boomers Took Their Children's Future—and Why They Should Give It Back*. Atlantic Books.

Young, Alison. 1998. "Towards an Interim Statistical Framework: Selecting the Core Components of Intangible Investment". OECD Secretariat. https://www.oecd.org/sti/ind/1943301.pdf.

ÍNDICE

M

N

O

P

Q

R

S